长篇报告文学

英雄生死录

唐正学　著

九州出版社
JIUZHOUPRESS

图书在版编目（CIP）数据

英雄生死录 / 唐正学著． -- 北京 ：九州出版社，
2023.3

ISBN 978-7-5225-1711-7

Ⅰ．①英… Ⅱ．①唐… Ⅲ．①贾宝执－传记 Ⅳ．
①K828.1

中国国家版本馆 CIP 数据核字 (2023) 第 049909 号

英雄生死录

作　　者　唐正学 著

责任编辑　刘　嘉

出版发行　九州出版社

地　　址　北京市西城区阜外大街甲 35 号（100037）

发行电话　（010）68992190/3/5/6

网　　址　www.jiuzhoupress.com

印　　刷　成都市兴雅致印务有限责任公司

开　　本　787 毫米 ×1092 毫米　16 开

印　　张　20

字　　数　287 千字

版　　次　2023 年 3 月第 1 版

印　　次　2023 年 3 月第 1 次印刷

书　　号　ISBN 978-7-5225-1711-7

定　　价　89.00 元

为英雄立传
为民族增光

刘润为
二〇二二年十月六日

刘润为，中国红色文化研究会会长，季羡林基金丛书编委会主任，《求是》原副总编，著名评论家。

季羡林基金丛书编委会

谨以此书献给

　　中国共产党成立 100 周年

暨致诚纪念

　　贾宝执烈士牺牲 50 周年

人生的目的，在发展自己的生命。可是，也有为发展生命必须牺牲生命的时候。因为平凡的发展，有时不如壮烈的牺牲足以延长生命的音响和光华。绝美的风景，多在奇险的山川。绝壮的音乐，多是悲凉的韵调。高尚的生活，常在壮烈的牺牲中。

——李大钊《牺牲》

山西省吕梁市兴县白家沟原党支部书记贾宝执

1964年，白家沟"老八户"合影。前排左起分别是：贾宝执、贾孩、徐侯奴、贾挨多，后排左起分别是：贾来生、贾豹子、贾浪民、贾由儿（贾建宜之子，贾建宜因公牺牲）

贾宝执向青年们描述艰苦奋斗开创未来的愿景

1973 年 1 月，时任山西省委常委、省革委会副主任、晋东南地委副书记、平顺县委书记的全国劳模李顺达（中）和吕梁地委副书记王铭三（右二）亲临白家沟看望贾宝执（左二）

1974年1月6日，贾宝执烈士追悼大会会场

此面纪念墙立于白家沟村史馆广场

山西省有关领导参观"贾宝执烈士纪念馆"。其中有山西省法律研究会会长、山西大学博士生导师陈晋胜（右二）和兴县县委副书记刘云（左二）、吕梁市老促会常务副会长闫巨海（右一）、兴县老促会会长刘五娥（左三）、魏家滩镇党委书记白旭军（左一）及贾宝执烈士之女贾巧香（居中）等

前　言

本书所记录的，是乡村党支部书记、全国劳模、革命英烈贾宝执一生感天动地的故事。

贾宝执系山西省吕梁市兴县白家沟村农民，生于1918年。七七事变后参加革命活动，1940年2月加入中国共产党，后任村党支部书记。1944年2月，响应毛主席的号召，带领贫苦农民在晋绥边区树起第一面"组织起来，走共同富裕道路"的旗帜。同年12月，出席晋绥边区群英会，被评为甲等劳动模范。1950年，出席全国战斗英雄、工农兵劳动模范代表大会，被评为全国劳动模范，受到毛泽东主席等党和国家领导人接见。1951年秋，他领导的白家沟土地运输合作社，被山西省人民政府树为全省办社十杆红旗之一。1952年4月，随中国农民代表团赴苏联参观访问。1955年冬，他联合八个自然村成立高级农业合作社，社名为"吕梁先锋农林牧高级生产合作社"。1956年，他的办社经验被载入《中国农村的社会主义高潮》一书。同年9月，出席中国共产党第八次全国代表大会。1958年9月，吕梁先锋农林牧高级生产合作社与周边六个自然村联合，率先过渡为白家沟人民公社，并成立白家沟管理区，贾宝执先后担任公社主任与管理区党总支书记。1959年4月，出席第二届全国人民代表大会第一次会议。同年12月，出席全国农业社会主义建设积极分子代表大会，获得周恩来总理颁发的亲笔奖状。1963年11月，在全国人大二届四次会上，再次受到毛泽东主席等党和国家领导人接见。1964年12月，出席第三届全国人民代表大会第一次会议。1972年10月，任中共兴县县委常委、县革委副主任，兼任白家沟公社主任并白家沟生产大队党支部书记。

自1944年走上农业合作化道路，二十年间，贾宝执带领白家沟人民群众，经过艰苦卓绝的奋斗，把一个"糠菜半年粮，四季缺衣裳"的穷山村，变成了牛羊满圈、骡马成群、家家有余粮、户户有存款，欣欣向荣的社会主义新农村，成为全国农业战线一面鲜艳旗帜。"文革"期间，贾宝执经受磨难。1972年平反复出，痛感集体经济被人为破坏，便重整旗鼓，带领社员群众展开轰轰烈烈的农田基本建设。不幸于1973年12月2日，在工地为保护村民壮烈牺牲。其时，中共兴县县委、县革委召开了隆重追悼会，山西省革命委员会追认贾宝执为革命烈士。

季羡林基金丛书编委会

2022年9月

序 一

王 宁[①]

金圣叹评《水浒传》论及文章之为物，曾云：在天而为云彩，起于肤寸，渐舒渐卷，倏忽而变，灿然为章；在地而为山川，迤逦而入，千转百合，争流竞秀，窅冥无际；在草木而为花朵，依枝安叶，依蒂安英，依英安瓣，依瓣安须；在鸟兽而为翚尾，青渐入碧，碧渐入紫，紫渐入金。读《英雄生死录》以此观之，方可识其峥嵘。

《英雄生死录》是一部不可多得的长篇报告文学。作者用他娴熟的文字与饱含深情的笔触，婉转真实地记录了书中主人公贾宝执（1918—1973）光彩夺目的一生，读来感人心脾，久久难以释怀。

当笔者读罢平静下来，不由得思考两个问题，即一个土生土长的普通农民，为什么能够在贫瘠的土地上带领村民创造人间奇迹？又为什么在危急关头毫不犹豫舍身泼命，成为可歌可泣的人民英雄？

此事恐怕要"起于肤寸"，从头道来，细研端详。

诚如书中记载，当年未成年的贾宝执给地主老财揽工打短，食野菜喝稀汤，好不容易自己养活了一头大犍牛，却差点被地主老财强行谋算了去。只因来了共产党领导的红军，其冒险抗争才得以平安无事。随着家乡解放，当家做了主人，看到了生活的希望。从此，他跟定共产党，积极参加党领导的减租减息、锄奸反霸等抗日活动。由于表现出众，1940年加入中国共产党，被选为白家沟村党支部书记，领导村民劳武结合，发展生

---

① 王宁，季美林基金丛书编委会执行主任，上海交通大学文学院院长，中国比较文学学会长，中国中外文艺理论学会副会长，中国文艺理论学会副会长，欧洲科学院院士，拉丁美洲科学院院士。

产，支援抗日前线。然而，一家一户的个体生产，不少村民困难重重，以致温饱依然难以解决。身为党支部书记，他何其焦虑。当此之际，1944年初，他从毛主席刚刚发表的"组织起来"的讲话中找到了活路。于是，他领导村民从互助组到合作社再到人民公社，一年一个翻身仗，用了不到二十年时间，把一个贫困落后的穷山村，改变为牛羊满圈、骡马成群、家家有余粮、户户有存款，欣欣向荣的社会主义新农村，成为全国农业战线一面鲜艳的旗帜。

古人云：看书要有眼力，非可随文发放。如果本文到此为止，那我们实在是没有眼力了。你看作者迤逦而入，在第三回写贾宝执找到了"活路"，迫不及待赶回村里，召集村民们传达毛主席的讲话精神。开始众人欢欣鼓舞，谁料真到组建互助组时，许多村民却畏首畏尾了，而希望互助的贫困户，则被晾在一边。面对此情，他率先把被晾在一边的几户农民组织起来，史称"老八户"。由此，贾宝执领导的白家沟合作社一天比一天壮大，一年又一年翻开历史新篇章。到"文革"之前，尽管遭受多次自然灾害，以及来自"上面"的冲击，一直屹立不倒，且从一次又一次挫折中发展壮大。其原因到底何在？仅凭贾宝执坚定的社会主义信仰与坚强的党性原则吗？当然不是。本书可贵之处，就在于作者若网在纲，有条不紊，把一个个真实的故事"渐舒渐卷，倏忽而变，灿然为章"，让我们感悟到问题的深层缘由。

如若不信，请跟随笔者看看"老八户"互助组的经历吧。当时在全村相比，论土地，数他们最差；论农具量，数他们最少；论劳动力，数他们最弱；然而，秋后粮食产量却数他们最高。事实胜于雄辩。次年开春，白家沟的农民们便纷纷踊跃加入，集体经济形成第一波发展高潮，互助组不得不转为合作社。书中写到一位富裕农民，读来着实有趣。建组初时，他拒绝参加，说什么"宁可合伙过年，岂可合伙种田。七老八少圪渣户，谁与他们合伙谁倒霉"。结果，他自己辛辛苦苦一年下来，亩产还不及"圪渣户"的百分之八十。财大气粗的他，终于服输了，拉上耕牛，带上农具及几十垧地也加入了合作社。此其一。作者到第六回写一个受苦人，七岁时跟父亲上山给财主放羊，三十个年头过去了，父亲亡故，家里依然一贫如洗，过着牛马不如的生活。自从加入合作社，吃穿不愁，仿佛进了人间天堂，一家老小活得扬眉吐气。他把合作社当成自己的家，勤恳卖力，被评为劳动模范上了光荣榜，后来其事迹还被写入《中国农村的社会主义高潮》一书。此其二。再看第八回，一个浪子回头的故事，也叫人印象深刻。这个浪子平日里在外游荡，贾宝执将其劝回入社。不到一年时间，被人撺掇退社跑买卖，赔了个精光，连遮风挡雨的房屋也抵了债，只好带上媳妇在村外挖了个土洞栖身。回到村里，贾宝执又让其进社。这年夏天，遭遇卡脖子大旱，他以为自己建房盖屋在合作社是指望不上了，便再次退社外出经商。结果，闯荡俩月，一分钱没有挣下，又揽下一屁股阎王债。等他再次回到合作社，不仅有了吃住，连两个没有母乳的双胞胎婴儿，也由集体帮助抚养了。后来成了模范饲养员，有人与他开玩笑说，你又可以出去跑跶了，他则响亮地回答："这辈子就是用棒槌也把俺撵不走了。"作者在书中提供一个数据：从互助组到人民公社二十年间，白家沟遭受大灾七次，小灾五次。不管大灾小灾，无不是凭借合作社集体经济的活力与韧劲胜利渡过难关。正如无产阶级革命导师列宁指出的：工人阶级是从切身利益领悟到革命真理的。白家沟的农民们之所以认定"组织起来，共同富裕"是他们唯一的康庄大道，不是唯书唯本，而是这条大道让他们切切实实、平平安安地过上了前所未有的好日子。因此，书中写道，当"上面"派来工作组以"整社"名义，企图拆散合作社的时候，一个曾经单干时龙口夺粮，累得吐血的社员对工作组说："当初要不是合作社的乡亲们帮忙，俺早就没命了。你们不待见合作社，俺们庄户人家可离不了哦。"凡此种种，在本书作者笔下"千转百合，争流竞秀，窅冥无际"，到此果然让人明白，贾宝执领导的白家沟合作社屹立不倒，其根本原因，不是别的，是"组织起来，共同富裕"这一条社会主义光明大道，合乎民心、顺乎民意之故。从马克思主义理论上讲，它既是科学社会主义本质之要求，亦为人类历史发展之必然，故而具有强大的创造力与生命力就不足为怪了。

毛主席说过，政治路线确定之后，干部就是决定的因素。可见，在坚持社会主义集体经济过程中，贾宝执个人的作用是确定无疑的。那么，他作用之发挥究竟在哪里？只要读完《英雄生死录》，你就会发现，这个问题自然迎刃而解。

现在让我们来看看，作者是如何"依枝安叶，依蒂安英，依英安瓣，依瓣安须"，将贾宝执的动人故事娓娓道来。作者开篇写到合作社，首先便写春耕生产动员大会。正是在这次大会上，贾宝执学习了毛主席关于"组织起来"的讲话，而且知道了一条前所未闻的真理，即"几千年来一家一户为单位的个体经济，就是封建统治的经济基础，而使农民自己陷于永远穷苦"。因此，当开天辟地第一回组织互助组，却意外面临孤立之时，他坚信这条由真理衍生之真理，即"组织起来"是他们"由穷变富裕的必由之路"，于是毅然决然带领几家贫困户迈开历史性的一步。当春种秋收，互助组旗开得胜，转为合作社敲锣打鼓迎春之时，贾宝执本能地想起一个人。这个人孤苦伶仃在山上为财主放羊，被剥削压榨整三十年，几乎被乡亲们遗忘，他不顾个别社领导百般阻挠，顶着暴风雪上山将其接回村来参加合作社。他对那位干部说，"组织起来"是普天下穷人共同富裕的唯一道路，一个也不能落下。其情使书中人物泣不成声，在书外则令读者热泪盈眶。接下来写到回头浪子，贾宝执的举动更是叫人动容。浪子两进两出合作社，第三进时双胞胎儿子降生，却没有母乳。恰巧，贾宝执的妻子同月生下一个儿子也无奶水。其时，合作社经济尚不宽裕，为了保浪子的双胞胎儿子，贾宝执做出一个让妻子肝肠寸断、令众乡亲一时难以理解的决断：把自己的亲生儿子送人，双胞胎则由合作社花钱请奶母喂养。此事何其无情，却又何其情淹山川，以致世代流传至今，依然高山仰止。文章顺理下来，又"依英安瓣"，写到第一十三回，开场诗云："……非亲非故非医者，疾秽视仁同。言以施善，行则惊世，佛祖留踪。"说的是白家沟人民公社一名社员治病的故事。因长期胃病，身体已经十分虚弱，却患上胃穿孔，生命垂危。翻山越岭送至医院，因未有住院押金而被挡在医院大门之外。贾宝执得知赶去，向医院郑重保证说，病人是人民公社社员，医疗费用由公社来承担，医院这才把病人收下。当晚为病人施行手术，他守候一旁，寸步未离。不期手术之间，停电、缺氧、无血等事故接连发生，怎奈都是由他一人摸黑顶酷热冒疾雨、东奔西求而化险为夷。面对此情此况，医院上下无不感佩，医生们无不尽职尽责，也无不愧怍难当。看罢这则故事，不知读者可曾想到，佛祖足迹竟是由共产党人贾宝执来踏出，在当年乡亲们是何感想。除上述之外，作者"依瓣安须"，接二连三，前前后后，讲出贾宝执更多情真意切的故事。比如，卖牛买布的故事、带头学习牲畜繁殖技术的故事、一碗软米糕的故事、一个树上落地苹果的故事、一生免费接骨的故事、儿子从后门购得毛毯的故事、女儿盼父买暖鞋的故事，等等，好似恒河沙数，作者都难以尽述。这些故事，全方位多视角讲述了贾宝执一意为公、全心为民，公私分明、两袖清风，严于律己、苛刻家人，其林林总总，渊渟岳峙，无不感人至深，催人泪下。由此，笔者豁然想到，在社会领域揭示真理的，必定是道德高尚的伟人，因而只有道德高尚的人，才能将其付诸实施，变成现实。而《英雄生死录》要告诉我们的，正是德配其位的贾宝执，将"组织起来，共同富裕"这条颠扑不破的真理在白家沟深深扎根，枝繁叶茂，开出绚烂耀眼的花朵。

《英雄生死录》记述贾宝执一生坎坷，唯有在那场运动中发生在眼前的事情，使他最为痛心，也最为无助。尽管如此，面对是非混淆、人妖颠倒的乱局，虽有过茫然，但坚信党中央、毛主席，坚信社会主义道路，其立场始终没有丝毫改变。面对打着红旗反红旗的所谓"造反派"，他有理必争，有话必讲，始终旗帜鲜明。尽管职务被无理剥夺，但他依旧极尽所能为群众做事，为集体操心，可见其初心未改，矢志不渝。被"造反派"恶意批斗折磨致病，他不曾吭过一声，然而当看到集体经济遭受重创，村民蒙冤遇害，他却暗自伤心垂泪。平反复出，为了重振集体经济，他不计前嫌，三番五次去团结那些伤害过自己的人。面对惨遭破坏的集体经济，面对村民生活困境，他振作精神一如既往，笃定再创辉煌。于是，作者写到《千钧力年轻人脱险，万仞山老主任殉职》之第二十三回，才有贾宝执践行"为共产主义奋斗……，随时准备为党和人民牺牲一切"的入党誓词那最后一刻，是何其惊天地、泣鬼神。故而开场诗云："……德重道高天也妒，危机方显英雄。一声巨响玉山崩。试看千载后，谁可与争功。"《英雄生死录》作者之笔法，将通篇故事讲述至此，犹如鸟兽之"翠尾，青渐入碧，碧渐入紫，紫渐入金"了。正如书中那位钟先生所言："一介农民加入了中国共产党，用他一生的奋斗表明，他既是人民的代表，又是党的化身。"在钟先生眼里，这就是中国共产党始终立于不败之地的根源。在笔者看来，这也是中华民族伟大复兴的根本保证。

《英雄生死录》"内视之而成彩，外望之而成耀"，将因共产党人贾宝执的光辉榜样与作者衔华佩实之章而长存于世。

应作者之嘱，拙笔聊且为序。

2022年9月于北京寓所

序 二

高继标[①]

　　《英雄生死录》是唐正学先生创作的一部长篇报告文学，选择在今年出版，是作为庆祝中国共产党成立100周年的献礼。作者序言寥寥数语，声明出版的目的"与金钱名位毫不相干"。一语铮铮，未刻捧读，浩气清濯，跃然纸上。

　　《英雄生死录》取材自一个真实的人物故事——山西省兴县白家沟的一个贫苦农民贾宝执，由抗日到加入中国共产党，响应党中央号召，团结群众坚定执行革命指示，"忧国奉公、负芒披苇"的英雄事迹。与其说《英雄生死录》是一部报告文学，倒不如当它是一部带有浓厚文学色彩而取材自真实故事的人物传奇小说，更容易让人明白本书的特色。

　　《英雄生死录》是一本很优秀的报告文学。论规模格局、语言风格、故事结构、人物形象、情景交融各方面的雕彩文心，麻雀虽小而五脏俱全，足堪媲美现代甚至古典的长篇小说。书中主角虽然是半世纪前的人物，却仍然具有鲜活的生命气息。满载家国情怀的英雄传奇故事从书中跳脱而出，通过作者的千秋史笔，召唤着一代又一代的中华儿女。本书承袭了宋元话本、明清小说的章回体格式，每回设以联句为回目，正文之前冠以开场诗词一首，为故事情节提纲挈领，让读者在展读下一回之前燃起悬

---

　　① 高继标，香港中文大学文学士，香港大学文学硕士，理工大学社会学高级文凭。1995年，被新华社香港分社委任为香港地区事务顾问。1996年，担纲新香港联盟总干事，协助第一届香港特区行政长官参选人工作。著述颇丰，其代表作有《中国文学史简编》《政海观澜》《是非成败转头空》《秋瑾研究》等。

念，这既有利于吸引读者追索故事的兴趣，又大大平添了文学色彩，的确是文学创作手法"古为今用"的成功例子。

全书启首有一章《楔子》，交代本书出土面世的原委。作者通过一位老华侨钟先生，偕同洋义女凯丽在新冠疫情下归国，居家隔离期间在寓所中意外地发现老同学行者先生的旧作《英雄生死录》。由于凯丽爱学中文，所以钟先生让爱女每日朗诵一个章节，在居家结束前正好把这个英雄故事讲述了一遍。这种安排乍看并无亮点，细品却别有深意，绝非闲笔。叙述钟先生居欧三十年，久别国土，竟然仍保有一份浓烈的黄土情怀，若无血浓于水的民族情感，又怎会因建国复兴的英雄故事而扼腕感叹？每回的首尾，钟先生常为不了解中国国情的洋义女凯丽释疑解难，引导她正确地认识中国，考之当世，倍觉具有迫切的时代意义。贾宝执的英雄故事就在有血有肉的民族感情和不同族群文化的融合互动之中，树立出普世的价值。

唐先生是说故事的能手，擅于抓住四时景物的特质，衬托出故事情节和人物情操。例如在第一回，借红艳如火的山丹丹花，写英雄的形象："世之奇伟，常在险远而人迹罕至之地"，如"深海藏蛟"。花木本含恩，风雨可贻情，意象之间所起的通感，可以不着一字而尽得风流，胜却七宝楼塔，炫人眼目，拆碎下来，不成片段。

在描写场景的手法上，尤为可观。每次更换场景，作者都花了不少心思，营造合适的环境气氛以配合故事情节的有机发展。有时是漫天风雪，有时是日落斜晖，有时是晴空万里，有时是秋风萧瑟，有时是群山披上金色的盛装，有时是雄鸡挺着高冠亢奋啼鸣。情势紧张就让一群山鸡跃起，否极泰来就洒上一度扑面的晨光。作者写景的手法，匠心独运，层出不穷，变化多端，足可媲美电影蒙太奇的拍摄效果，令人仿佛置身于电影院中，观看着一部辽阔壮丽的英雄电影。书中对场景的精彩描写，几乎俯拾皆是。例如：第十二回，写三年大旱期间，贾宝执带领社员上山开荒，翻出油黑泥土，喜不自胜。作者用当晚的月色侧写贾宝执的喜悦心情："这天正是农历十五，入夜皓月当空，四下银辉好似铺就一层白霜，清凉舒适。抬眼望去，双双山清晰可见，那山脉映着月光分外雄奇嵯峨……山下酷热难耐，此处竟惬意无比；村里因粮荒而烦躁，这里因希望而舒心。"轻施笔墨，舒畅的心情就和清凉的月色结成一体，情景交叠，丝丝入扣。又第十九回贾宝执开完会，空着肚子，以轻快的心情赶回白家沟。作者通过他眼中所见白家沟的远景，烘托贾宝执的心情："白家沟大队的地界，长有高粱、谷子和玉米。放眼望望，红的黄的，高高低低，参差不齐。微风一吹，满沟荡漾起来，好似一湖波浪，直冲白家沟而去。"贾宝执内心涌现出"喜看稻菽千重浪"的那种喜悦，也就不用细说了。又二十一回，写贾宝执为儿子购买毛毯及软米糕诸事与甄有仁争论，甄不满贾顾虑过多，甩臂而去。作者通过这样的环境描述，写出贾宝执忐忑纳闷起伏的心情："一绺灰色的云遮没了圆月，蛐蛐儿停止了弹唱，青蛙也不再鼓噪，只听得沟谷里溪水撞击卵石的潺潺浪花声，霎时间山野显得昏暗而沉寂。"这般细腻的描写，人物的内心世界就呼之欲出了。又二十二回，写贾宝执对因误入歧路而意志消沉的刘志高晓以大义，志高感激得拉着贾宝执和刘二虎回村吃午饭。此刻的背景描写是如何烘托刘志高在一瞬间燃起新希望的心情呢？作者是这样写的："三人慢慢起身，忽听得背后土塄上噗的一声响，都惊了一跳。回头看时，却是两只山鸡朝对面山坳飞走了。"用这么几句，就把刘志高重新振作的决心，随着山鸡的跃起而腾飞起来了。举重若轻，不费吹灰之力，非妙手岂有这般功力。

贾宝执的英雄故事来自山西省兴县白家沟，为了突出地方特色，作者大量运用可能只流行于晋绥一带的方言、俗谚、俚语、农谚、歇后语，不仅加强了乡土文学的真实感，语言夹带着的那股土气，配置在小汝、黑乌蛇、章同、贾鼠奴、务东妈、二虎、秀英婆婆等山区小人物的身上，越发显得活灵活现，栩栩如生。土谚中以歇后语最多，也最入神入骨，惟妙惟肖。随手举些例子：油糕打刺猬——没得招架；茶壶煮饺子——道（倒）不出来；秃子头上的虱子——明摆着的；扁担打狼——直来直去；菜碟舀水——一眼看到底；铁锅炒豆子——炸了锅；傻大姐下棋——抢先一步；张飞穿针——大眼瞪小眼；外甥打灯笼——照旧（舅）；站庙门的罗汉——

做不了主；猴子爬竿——顶了天；蜜糖加了老陈醋——酸不酸，甜不甜。像这类的土腔俚语，几乎充斥全书，琳琅满目，蔚为大观；部分用于旁述事态，部分以量体裁衣的手法，巧妙地配置到不同人物的说话当中，精准刁钻，令人拍案叫绝。

书中主人公贾宝执原是晋绥山区的一个贫穷农民，最终被评为劳动模范，建设社会主义的人民英雄，当然不是浪得。贾宝执由平凡的人生走进英雄的殿堂，相信是许多言情小说家时刻要寻找和经营的革命浪漫故事。在浪漫的迷思中，谁也不会多花时间去辨析一下，什么才是英雄的本色。

罗贯中《三国演义》第二十一回里，记载了曹操煮酒论英雄的一段说话，被视为对英雄的经典诠释。曹操曰："夫英雄者，胸怀大志，腹有内谋，有包藏宇宙之机，吞吐天地之志者也。"如此看来，一个人必须有宏大的志向和政治的谋略，也要有吞吐天地、一统山河的政治欲想和抱负，才称得上英雄。若把这些标准横搁在贾宝执的身上，又能否找到他足以成为英雄的条件呢？答案可能会令多数人感到失望。那么，既然贾宝执不符合曹操口中的英雄素质，为什么《英雄生死录》（甚至整个新中国的文化思维）仍然以"英雄"来评价贾宝执这类贫下中农呢？我以为这个概念的改变，正是作者要向世人提出的一个重要的价值观念。

贾宝执幼年失学，文化修养低，也从来没有李白、杜甫建功立业的宏图大志，更没有刘邦、曹操吞吐天下的政治抱负，他只是一个在家庭和群众中努力做好分内事情的老实人。那么，他凭什么条件赢得别人的尊重和信任，最终成就非凡事业，成为可歌可泣的英雄人物呢？从故事的情节中，不难搜出端倪。在作者笔下，贾宝执虽然未受过正规教育，却是个明白事理、处事有度的英雄胚子。个性刚正不阿、嫉恶如仇，面对土豪恶霸能对抗到底，当反击付古兴等败类之时，又做到有理有节，不愠不躁。贾宝执善于团结群众，匡扶弱小（如小汝、章同、二虎），宽厚待人（如贾鼠奴、刘志高），教育群众从地主欺凌、封建遗毒和日军"三光"政策的苦难生活中吸取教训，带领群众迈往光明的道路，奋发图强。贾宝执人如其名，天赋一身顽强斗志，择环"宝"而固执。每事身先士卒，迎难而上，从不推辞工作，事事先为别人设想，拥有一种远超常理的自我牺牲精神（例如，在条件不足的情况下，他为了要保住贾鼠奴一对孪生幼儿，宁愿把自己的亲骨肉送人），甚至到了生死存亡的一刻，仍然不顾自身安危，以保护年轻同志的生命为己任。这种宁损己以利人的柔肠侠骨，大概只会出现在贾宝执这类人民英雄的身上。

历史总有残酷的一刻。贾宝执在老区土改运动中饱受折腾，身心受创，后来又在那个特殊年代重病缠身的日子里，仍然没有对党和国家失去信心，固守初心，静待黎明。有为、有守、有猷的高风亮节，正是贾宝执出身寒微，虽无包藏宇宙之机、吞吐天地之志，却可以站立在英雄纪念碑之前而毫无愧色的原因。

在革命浪漫主义的笔调下，贾宝执除了稍显狷介之外，几乎是一个看不出有任何缺点的完人。从传奇文学的角度看，我们不必怀疑书中的人物和情节是否都一成不变地做了如实的报告，毕竟文学作品总有增补润饰的成分。我觉得，作者这部文学传记的主要目的，并不在乎要阐述某个小人物怎样经历千辛万苦，最终成功跻身英雄榜的故事。更重要的，是教大家认识一个小人物之所以能够成为万代崇敬的英雄，是因为他具有炽热的爱国情怀，为改革社会无怨无悔地奉献一生。当我们回过头来去比较曹操口中的英雄模样，我们会瞬间觉醒，以个人政治野心出发的草莽英雄，又岂能与毕生委身服务人民的志士仁人相提并论。

今日中国，风云翼起，稻菽千重。成功路上，靠的不是以追求个人名利物欲为目标的"英雄"，而是千千万万在夕烟下辛劳耕拓，不求闻达名扬的"好汉"。希望《英雄生死录》一书能够激发起世世代代的中华儿女，以无名英雄作为安身立命的人生抱负。

2021年6月25日写于加拿大多伦多

自　序

　　吾作此书遵循实录，而以文艺笔法记之，故谓"报告文学"。盖因时局迭变，初稿与成书，其间中断数十春秋。诚为贴近新生代读者，精思附会若干文字，亦属史料实事采撷，仍不失"报告"一端。为此，余霞思云想，苦心孤诣，终得顺理成章，令全书自成一格，面目一新，故而轩轩甚得，倍感欣然。

　　世事难料矣。谁承想，而立之年落笔，继而再书已到古稀之岁。看官或许有问，作者如今了身达命，白发婆娑，却还孜孜矻矻，犹如蜗牛攀树，朝始暮寸，惨淡经营，何以？

　　世人皆知：宇宙轰然爆炸，才有日月星辰闪耀苍穹；厚土之下岩浆激荡喷发，方得珠穆朗玛遗世独立；九天之间风雨雷电，铸就江河湖海绰约多姿。而他，是苍穹一颗北斗，可照亮人生锦绣前程；是圣洁珠穆朗玛，尝令君子无地自容；是江河湖海，教人博大胸怀。他，便是书中所记，革命烈士贾宝执也。虽时过境迁，余堂堂七尺男儿立于天地之间，怎能把他忘记，又怎敢忘记？倘若抛掷脑后，任其英灵湮灭于世，岂非堕落背叛。此其至要也。

　　古往今来，诗以言情，传以记人。自华夏文明起始，帝王将相，才子佳人，贤臣骚客，谁无传记载于《史记》《汉书》《晋书》《资治通鉴》《南史》《北史》《新五代史》《东观汉记》《华阳国志》《烈女传》《高僧传》等等，数不胜数。其中又有分教，诸如正史传、野史传、外传、别传、补传、自传等，无一而足。然则，各位看官何曾见过"农民传""工人传""士兵传""百姓传"？鲜闻也。而他，一介地道农民，一名铮铮烈士，一尊佛祖报身，上可比拟穹庐闪亮之明星，下可比肩圣洁之珠穆朗玛。倘若不为其树碑立传，天理难容；立传而不出新，愧天怍人；出新而不出版，忝窃虚名；面世而不令人为之捧读者，岂不终身抱恨。于是，作者身临其境，逾年之旷，左右采获，百感交集，泪染成篇。而今物换星移，无论体裁结构、叙事文华，均不可同日而语了。因之，本书又是奉献给世人的一部可以咀嚼回味之章回体例传记新作。今日吾含泪著之，明天人必含泪读之，后来者必因前人含泪而含泪诵之歌之。如是，吾之将来亦可含笑九泉了。

各位看官，行文至此，有一点务须申明：作者并非本书之缘起，不过奉命承事而已。或可断言，当初若无中共山西省委决策，地、县两级党委部署落实，并拟定公开出版，吾之初稿何来之有。故此，本书应视为党事国事天下事，而非作者个人之风月闲笔。叹可叹，物是人非，恍若隔世，书稿之出版发行，今次当谁来问津？天公无语。尴尬踌躇之际，阔别多年同窗，武警某部黄少南政委，不期而至，与吾心灵相契。他百般周旋，几番不遂而未弃，遂邀得吾党贤达名流，为拙书分别题词作序，并以"季羡林基金丛书编委会"之名义付梓。不啻深明大义，其良苦用心，亦不言而喻了。

以上所述，尽管拙笔多有自诩，然毋庸讳言：吾作此书与金钱名位，毫不相干也。但求英烈事迹汇入中国共产党精神谱系，广播天下，利国利民足矣。此心昭昭日月，立此为证。

时壬寅金秋于苦志斋题记

目录
CONTENTS

楔 子

诗曰：大江东去浪淘沙，千古风流代代夸。

辟地开天盘古氏，三皇五帝稼桑麻。

树心立命为人圣，赴难行生见彩霞。

庚子之年多惑乱，漂男奇遇在谁家。

是岁，公元 2020 年，干支纪年庚子也。

话说这一年灾祸频仍，诡异无常，不知看官你信几何。据某君载言，自公元 220 年至今，计一十四个庚子，无非是曹操呜呼、西晋灭吴、楼兰匿迹、方腊起义、朱棣降生之类。然则一千八百年来，枭雄显帝、奇闻大事何其多矣，却多未发生于斯，不知某君何以自圆其说。那《地母经》之类，更是推敲不得的无稽之谈。至于本年全球新冠病毒肆虐，是天灾还是人祸，与庚子有关还是无关，不待著者赘言，看官自有高论。倒是著者以下所讲故事，其奇特之处，则不能不说与庚子不无干系了。

著者早年有一位老友，姓钟名飞硕，字漂男，绰号友驴。公元 2020 春节到来之前，在外游荡三十余载之他，突然带着个洋养女从国外归来了。看官，你会质疑，这有何奇特之处？莫急，听著者慢慢道来。先说这归国之事。钟先生自公元 2016 年便计划动身，蹊跷的是，每次订下机票，不是阑尾炎便是胃穿孔，不是朋友挽留便是签证受阻，总之难以成行。此次倒好，顺风顺水。孰料飞机一落地，便碰上新冠疫情，与养女凯丽一起被隔离，接着便是封城。一十四天之后，只好就地租房暂住。房屋是一座青砖四合小院，正房四间，两明两暗。房屋虽旧，内装还算现代。另有西房三间，厨房兼饭厅；东房两间，通作书房。这书房名儿倒也不俗，曰"无聊斋"。内藏图书堆积如山，门却无锁。据中介介绍，房主是位大学教授，十年前退休去了欧洲，书中典籍名著悉数随身带走，故而不曾上锁。

钟先生见状，心想，如此岂不可以打发时光了，于是喜出望外。待一切安顿停当，钟先生信步踏进书房，几只老鼠四处逃散，着实吓了一跳。那养女十八芳龄，碧眼金发，直鼻樱口，面若桃花，却是中文硕士，对中华文化情有独钟。见养父进了"无聊斋"，也跟了进去，就地"淘宝"了。钟先生挨着书架依次翻看，心下思忖：虽无典籍名著，倘获《绣像英烈传》《鼓掌绝尘》《绿野仙踪》之类，也足可免除寂寥。凯丽女孩儿家却不同，专在地上画报杂志堆里寻觅。良久，在墙角一处，故纸堆旁，一本厚厚破书残缺封面，赫然几个墨笔手书大字"英雄生死录"跳入眼帘，惊异之余，令她兴味勃然。她轻轻拂去书上尘埃，却难打开书页，有粘连的，有破损的，惨不忍睹，无从下手，于是叫道："爹爹，您快来看，我淘到宝贝了。"

那钟先生将书架翻腾大半，竟一无所获。正踟蹰沮丧，听得凯丽唤他，定了定神，绕过地上书堆走去，从凯丽手里接过书来。毕竟钟先生老道，用手指轻轻拨弄，便将那书页开启。推了推老花眼镜，仔细一瞧，不觉吃了一惊，自语道："这不是手抄本，是手稿！"凯丽不解，问道："什么手稿什么手抄本呀？爹爹。"钟先生向养女解释道："简单地说，此书可能是并未公开发表的原著。你看，不少地方有删改文字，墨迹有红有蓝。这就是手稿。如果是手抄本，便不是这个样子的，至多有阅读批语而已。"说着，他脑海里一个闪念，"难道这是房东教授的著述？"转念又一想，"NO，若是教授著述，为何随意丢弃？"他仔细检看，在"英雄生死录"几个大字底下，确无作者署名，只于括弧内注明"长篇报告文学"字样。房东系外文系教授，何以杜撰报告文学？如此一想，钟先生断言，此书作者必有他主。而凯丽看见"报告文学"几个汉字，愈发糊涂了，便问道："爹爹，什么叫'报告文学'呢？"钟先生解答：用文学艺术语言讲述真实的人物故事与社会事件。生怕养女闹不明白，便用英语说道："Non fiction writing. Non fiction prose writing that is based on facts, and real people, such as biography or history."见凯丽点头，便埋头继续翻看。凭着直觉，他意识到此书或有来头。因年深日远，纸张陈旧泛黄，墨迹漫滤，且多破损残缺，不宜手上翻检。于是带回北房，置于桌上，沏一壶清茶，慢慢阅览起来。原本令他关注的乃作者署名，既然无从得知也罢，索性先看看回目再说了。翻过两页，见第一回目写着"七宿七天晴日泪雨，千人千口云霄玉碑"，慨然自语道："这是何等英雄，做出何等伟业，民众方有如此情绪？"内心不免肃然起敬，愈发生出阅读欲望。无奈书本未能承受时光之轻，粘连甚多，每每未翻三页两码，便卡住了。钟先生青年时代学习新闻，后来成了专栏作家，故对语言文字颇有造诣。既然书启不畅，姑且看看修改文字，也未必不是乐趣。至此，钟先生方才注意到，这修改文字不仅墨色不同，而且笔迹也异，间或看过几组，他判定这修改文字系二人所为，一位自然是作者，另一位不是出版编辑便是作者友人。临末，越过残页黏章，翻至终篇，忽见一组文字云："行者老弟，大作拜读甫毕，不胜欣喜。自京华一别，整十载矣。曾闻贤弟下放农村，默然而去。熟知'不鸣则已，一鸣惊人'，可喜可贺。大块文章竟多乡音土语，真真意料之外；故事情节感人至深，则又于情理之中。难得难得。"虽无落款之获，然"行者"二字则令钟先生惊喜。你道何故？原来这"行者贤弟"是他大学同窗。如若确然，那自称与作者"京华一别"之阅稿人，又是谁呢？是房东教授，抑或另有墨客？一连串问题，竟让钟先生顿时兴奋起来。看官有所不知，原来钟先生此次回国，第一个欲会之人，正是这位"行者"。不过，凯丽置疑：倘若是同名者何？尽管如此，却丝毫未减钟先生对此书兴趣，反而愈发亢奋。他连用三日，终将书页逐一分离，接着便夙兴夜寐，一睹为快。从书中蛛丝马迹及其遣词叙事、情感宣泄等手法，他认定作者不是别人，正是同窗好友行者无疑。

却说连着数日，那凯丽见养父废寝忘食研读《英雄生死录》，且尝表现相见恨晚之情，亦颇受感染。这日，她忍不住对养父道："爹爹，何时也叫女儿读一读呢？那可是女儿淘到的哟。"钟先生辗然而笑，答道："那是那是，自然自然，女儿功不可没。"略一沉思，接道："凯丽，你可知道这英雄二字的含义？"

"Yes. I know, It means hero." 凯丽回答道。

"不过，女儿，"钟先生说道，"汉语英雄与英语英雄可不尽相同哦。英语把什么美式大型三明治、意式小面包之类也称作英雄，哈哈哈，开什么国际玩笑呵。我们中国人，使用英雄这个词，是极其严肃的。唯有顶天立地者，方堪称其名。而对那些自私自利之猥士小人，大家则冠之以'狗熊'之美谓。哈哈哈！"凯丽见养父乐了，开心地问道："爹爹，把中国的英雄说来听听可好？"

钟先生品了品茶，正襟危坐，陷入深深思索。迟久，这才开口道："我中华民族上下五千年，历尽磨难而不衰不倒，正是因为有灿若繁星的英雄群体。正所谓，英雄不绝，民族不灭。以传说盘古开天辟地为发端，中华民族便英雄辈出。我中华民族之英雄，有圣凡之别，却无贵贱之分。为天地树心的，为生民立命的，为民族继绝学的，为万世开太平的，此为圣雄。拼命硬干的，埋头苦干的，舍身求法的，为民请命的，此为英雄。圣雄为母，英雄为子。圣雄为师，英雄为徒。圣雄为帅，英雄为卒。圣雄为鲜，英雄为众。有什么样的圣雄，便有什么样的英雄。上古有三皇五帝，后来有秦皇汉武、唐宗宋祖。远古有孔孟老庄，后继方得程朱理学二王者流。诸如此类，其精神信仰一脉相承，世世代代，不绝如缕。为国赴难，屈原'路漫漫其修远兮，吾上下而求索'，文天祥'人生自古谁无死，留取丹心照汗青'；为民求生存，陈胜吴广揭竿而起，中国工农红军筚路蓝缕不惜跋涉二万五千里征途；为民族图存，岳飞'壮志饥餐胡虏肉，笑谈渴饮匈奴血'，国共两党势不两立而救亡抗日却能并肩战斗；为保民族气节，苏武手持'旄节'孤独荒囚南望中原一十九年，朱自清'宁可饿死也不吃嗟来之食'；维新变法失败，谭嗣同赴死慷慨高歌'我自横刀向天笑，去留肝胆两昆仑'；为民族独立人民解放，董存瑞手托炸药包拉燃导火索，向战友们高呼'为了新中国，冲啊'，王成战斗到最后一刻呼喊'首长、同志们，为了胜利，向我开炮'；为国家富强，新中国总理'鞠躬尽瘁，死而后已'，石油工人王进喜呐喊'宁可少活二十年，拼命也要拿下大油田'。凯丽呵，你看看，我们中华民族这些英雄们，无论为国家拼命的，为民族苦干的；战死沙场的，鞠躬尽瘁的；声名显赫的，默默无闻的，一个个何等伟大呀，这是一个何等伟大的民族才有的优秀子孙呢！"钟先生说到此处，禁不住热泪盈眶。在外漂泊数十载，仿佛此刻他才突然感到祖国母亲原来如此伟大。

凯丽见养父这般动情，也激动不已。她为养父茶杯续水，一边递去纸巾，说道："爹爹，你心脏不好，可不要过分……"钟先生接道："我知道，我知道。刚才我也不想那样，女儿啊，情不自禁哦。"呷了几口茶水，抬头望望窗外，神情变得愈发凝重。只见他调整一下情绪，回过头来缓缓地说道："在如此众多的英雄当中，在爹爹看来，最令人惋惜的，是那些无名英雄哦。"

"那《英雄生死录》这本书里的英雄呢？"凯丽用好奇的目光看着养父问道。

"这个嘛，就有点特殊了。"钟先生犹豫片刻，说道，"根据书中记载，这位英雄生前曾随新中国农民访苏代表团去过苏联，见过斯大林哩。不过我想，他当年的名气，恐怕主要源于他的业绩与贡献，而他高尚的魂灵，外界并不知情。未知我这位老同学是何机缘，才将其写进这本书里。高尚魂灵惊天地泣鬼神，却不知为何埋进故纸堆里，以致半个世纪了，没有人知道他是谁。女儿啊，你知晓几位英雄生前的感人故事吗？你一个都不知晓。可这本书将让我们知道，他不仅死得壮烈，其平凡一生崇高而伟大。"

"爹爹，你这位老同学真了不起。我们什么时候才能会到他呢？"

"是啊，了不起，真了不起。只不知他近况如何，我们多年没有联系了。"

"那爹爹赶紧与他联系啊。"

"哈哈，傻女儿。你不晓得中国这三十年变化有多大？我离开时，电话机只有机关单位安装少许，而如今，通话手机全中国数亿人民，几乎人人皆备。爹爹跟谁联系呵？"

"What shall we do then?"

"那只有等到这座城市解封，爹爹去老同学原单位打听了。"钟先生笑道，"爹爹忽然有个想法。看这解封尚需时日，与其闲着无聊，不如女儿来阅读《英雄生死录》，爹爹一旁辅导，一者可以学习汉语，二来看看书中主人翁是不是我女儿崇拜的英雄。如何？"

"好哇好哇，爹爹，就这样说定了。"

"坐言起行，咱们明日就开始。"

父女二人正说得高兴，只听院门门铃响了。凯丽急忙起身跑去开开院门，见是一位街道办大妈，便迎进院子，钟先生从里屋也迎了出来。那大妈乐呵呵地告诉他们，她姓张，是代表街道办来送口罩的，说着递过一沓口罩便转身去了。不在话下。

看官，读到这里，是否觉得这父女二人庚子之行蹊跷而惬意。不过，更为离奇的故事还在后面，此处暂且不表，且听凯丽小姐慢慢读来。

第一回

七宿七天晴日泪雨　千人千口云霄玉碑

第一天

　　钟先生与凯丽商议好阅读《英雄生死录》，当晚过目数回，将其难认之字都注了拼音方才就寝。次日清晨，父女俩洗漱停当，用罢早点，凯丽净手焚香为养父沏了一杯清茶，便端坐于书桌一旁，只等着爹爹就座。那钟先生则慢条斯理，抱拳搓掌走来，莞然而笑，坐定，对凯丽言道："第一次诵读手写体中文，紧张了吧？"见凯丽点点头，笑道："不怕，爹爹都为你标注拼音了，难不住你的。唉，先莫急，听爹爹说上几句，然后开场，好吗？"凯丽答道："好，爹爹请讲。"钟先生略一思索，笑问道："你会哭吗？"凯丽乐了，回道："谁不会哭啊？爹爹。"钟先生端起茶杯抿了一口，说道："不错，谁都会哭。古人云，哭泣者，灵性之现象也。灵性生感情，感情生哭泣。人类系灵性之生物也，焉能不哭乎。不过，这哭泣古人颇有说道。其言曰：哭泣分两类，'一为有力类，一为无力类。痴儿娱女，失果则啼，遗簪亦泣，此为无力类之哭泣。城崩杞妇之哭，竹染湘妃之泪，此为有力类之哭泣也。'好，爹爹考考你，读罢后面一章，你要回答爹爹，其间所述哭泣当属哪类？"凯丽笑了，随即撒娇道："爹爹，这有点难吧？"

　　"对于我女儿来讲，不难。"钟先生鼓励道，"答对了有奖。"

　　"爹爹，奖什么呀？"

　　"到北京爬长城。"

　　"好哇好哇，我这就开读啦。"

　　于是，凯丽那银铃般的嗓音，用欧人英语腔调之普通话朗读起来——

词曰：花开总在土崖头，艳绝少知周。历经风雨，还迎料峭，干挺心柔。　　英雄去也难回首，山色冷清秋。追情鬼泣，忆恩寸断，感泪奔流。

话说公元1974年初夏，兴县城来了一位年轻人，容止都雅，目秀眉清，姓谭名途，字基则，号百里。临行前，地委王铭三书记告诉他，一位名叫贾宝执的老劳模牺牲了，民众反响巨大，你下去看看。他不敢怠慢，资料室查阅了有关资料，便带上笔记本出发了。这天，他乘坐的北京吉普刚进县委大院，县委书记陈明光与县革委主任温亮信便已站在檐下迎候。进得小会议室，接待员又是拿烟又是送茶，让谭基则受宠若惊。那温主任虽是陕北人，老家与兴县一河之隔，在此工作多年，也算是老兴县了。寒暄之后，只听他说道："谭基则同志，铭三书记亲自来过电话了，我们欢迎你，一定配合你的工作，你有甚要求尽管提。我们这垯条件差，照顾不到的地方，还望你担待些。"听老革命一番话，谭基则心下愈发忐忑。那陈书记系外来干部，待温主任说罢，也热情洋溢讲了一番欢迎之类的话。原本两位老领导要他休整休整再行下村，他哪里耐得，要求次日行动。用过午餐稍作休息，温主任领着几位干部来到小招待所，向谭基则介绍有关情况。临末，温主任深沉地说道："基则同志，你明日就去白家沟了，那里的庄户人会告诉你有关他的一切。"皆因温主任用当地口音叫了谭基则一声"基则同志"，此后当地干部群众都称呼他"记者同志"或"谭记者"了。这是后话。

且说吕梁山南北绵延千里，莽莽苍苍，亘古雄浑。《汾州府志》载云：左望太行，右临华山，常山为靠，嵩山为抱，衡山为朝，穹窿居中，为天地之脊梁，故而又名骨脊山，传说当年大禹治水便始于此。自春秋战国以降，均为战略屏障。抗日战争时期，贺龙元帅率领一二〇师，在这里筑起保卫党中央及陕甘宁边区的铜墙铁壁，成为抗击日本侵略者的坚固堡垒，涌现出无数可歌可泣的英雄儿女。曾有西戎、马烽所著小说《吕梁英雄传》记载，在全国风靡一时。因此，谭基则一踏进这座山，整个身心便被虔诚沁润着。

夜里下过一场细雨，一大清早，谭基则沐浴着灿灿霞光，呼吸着凉爽晨气，特意拜谒了晋绥解放区烈士纪念塔，便离开兴县城，坐车望白家沟而去。

却说黄土高原的春天，脚步总是姗姗。论节令，眼前已经入夏，可玉米、高粱刚刚没膝，谷子一炷香高低，还是定苗之时。倚着车窗一眼望去，山山峁峁似裹绿雾，沟沟洼洼铺如翡翠。山势连绵起伏，浓淡辉映，一望无际的高原竟成了碧波万顷的湖海一般。看着眼前这番景致，一幅放大图片便在谭基则脑海里悄然浮现：浓眉眼，络腮胡，紫铜色脸膛刻着道道皱纹；头上扎着羊肚子毛巾，腰间束白布腰带，身披老羊皮短袄，旧棉裤用绳绳扎住裤腿，脚踏结结实实的爬山鞋。他记得，这是在吕梁地区农业学大寨经验交流会上所见的贾宝执。其时，谭基则只知他是全国农业劳动模范，竟不知他还是中共八大代表，第二、三届全国人大代表，中共兴县县委常委、县革委副主任。直到昨日他才略知，贾宝执的一生崎岖坎坷，却又绚丽多彩。他暗自叹息，斯人已逝，再也不能见到他了。也许正因如此，谭基则此时巴不得汽车长上翅膀，即刻飞到白家沟，他要在庄户人家口里见识这位不凡的英雄。此种心情，令谭基则有些急不可耐了。于是，他忍不住开口向陪同老李问道："你和贾宝执同志熟悉吗？"老李本县人氏，平四十年纪，一身基层干部打扮，不善言谈，像红高粱一样朴实。见谭基则询问，他摇摇头说道："不惯熟。俺参加工作，一直在县机关，很少到这垯下乡。"听罢，谭基则难免几分失落。吉普车在黄土高原上颠簸着，时而傍着山巅白云，时而驶过沟壑溪流。山路本为马车道，窄而陡峭，行车十分缓慢，不时呜呜地喘着粗气。大概觉察到谭基则的急切心情，老李便主动拉起闲篇来。他从家乡的风土人情，谈及人物地理典故传说，倒也引人入胜。渐渐地，谭基则居然听不到汽车的呜呜声了。一个听得津津兴味，一个谈意正浓。俄而，老李问道："记者同志，你瞅见过山丹丹花吗？"谭基则一听这响脆的花名，不觉眼前一亮，心里不由得荡漾起来。呵，山丹丹，这不是陕北道情"山丹丹花开红艳艳"里唱的山丹丹吗？曾几何时，广播里一响起这支陕北民歌，便激起他对老解放区的无限神往。于是兴奋地问道："咱们这一带有吗？"老李也激动起来，说道："那还用说！眼下正是开花时节哩。"谭基则忙问："今天能见上吗？"老李说："难说哩，兴许能见到吧。"谭基则欠起身来，朝车窗外路旁探看，一面问："这花是什么样子的？"老李回道："你瞅吧，一根枝枝顶着个圪都都，圪都都黄杏杏的，长出六个花瓣瓣，像心肝肝似的，红彤彤的就是。"谭基则靠近车窗，探看了好一截路程，只见黄灿灿的猫眼花，粉酥酥的野桃花和兰紫紫的马莲花，以及好些叫不上名儿的山野之花，唯独不见山丹丹。他恋恋地抽回身来，听老李说道："山丹丹这花，喜爱山陬岩，野地荒坡。这样人来人往的大路，你是瞅不见它的。你要瞅，等回时步行，咱们抄小路走去，准能撞见。"谭基则心想也是。故古人云：世之奇伟，常在险远而人迹罕至之地。所谓"深海藏蛟"，大概道理就在于此。谭基则歇了心，专等返程之日了。

　　吉普车依然颠簸着，耳边又响起令人烦躁的呜呜声。他们都不再言语，各自想着心事。过了一阵工夫，车拐个急弯，驶进一道平川，在松软的沙滩上，如水行舟，噪音也小了。只见溪水泛着粼光，潺潺地流着。一阵凉风，夹带着禾苗的清香，迎面灌进车来。突然，那老李叹口气道："哎，老贾可是个好人咧。他牺牲没几天，我来白家沟。你可不知道，谭记者，那情景谁见了谁不难受哩。"他沉思片刻，又道："那天晌午，我赶到白家沟村口，就碰上个担水的老汉汉。他约莫看出俺是县上干部，老远望着俺，愣愣地站住，等走到跟前，他伸出双手颤巍巍地拉住俺，嘴唇颤抖着，说了声'同志哩，咱白家沟可动下天大的乱子哩，老主任他……'说着就像孩儿家见到亲人那样，伤心的连声儿也哭不出来了。走进村子，到处阴惨惨的，只见人们都戴着黑纱，来来往往，谁也不吱声，悄悄地忙乎着。大队部挤满了人，脸上都是泪痕。听说不少人是从外村赶来的，还有路过停下不走的。记者同志，你想想，一个与贾宝执一不沾亲、二不带故的庄户人，领着一家老小三代，翻山跨沟赶到贾宝执灵堂，硬要给贾宝执披麻戴孝、三跪九叩，这里面到底包含多少往事？一个远在城市做工的普通工人，在大街上得知贾宝执牺牲的噩耗，竟然当场蹲到地下，抱头失声痛哭，这里面蕴藏着多少山海情义？有个队干部，五十大几，与贾宝执一垯里工作过二十多年。安葬贾宝执那日，他多想参加追悼会哦，只因'文革'上当受骗，跟上坏人批斗过贾宝执，追悼会那日，他走到场外，却迈不动腿了。人们在灵堂里哀天号地，他自个儿在场外涕泪涟涟。贾宝执遗体落墓时，人们围着墓穴放声哭嚎，他却躲到无人处悄悄抹泪。当天夜里他痛苦难熬，通宵不能合眼。挨到凌晨，天色未明，他独自一人去到贾宝执墓前，供上祭品，烧了纸钱，便一头趴在墓上，说着'老主任哩，俺对不住你呀'，这才放声大哭开来。据说，那哭声呜呜咿咿、嗷嗷嚎嚎，惊动了山神，沉寂的荒野一片哭声；那泪水汩汩长流，浸透了墓上刚培的新土。"……（此处残缺数行）

　　却说谭基则听得老李讲述，已被一张无形的情网缚住了。随后到得白家沟村中，他仿佛投进了情之渊薮。

　　话说这日，白家沟公社党委成员武子玉、裴丕明、贾维藩，及新任村支书贾占荣等，集体接受谭基则采访。几位除去贾维藩，均当盛年。公社书记暂时由武子玉代理。这武书记是个板板实实的高个子，戴白边近视眼镜，为人随和，举止沉稳。贾宝执牺牲时，他在地区党校学习。他告诉谭基则说，接到噩耗，想回回不了，直挨到半个月后赶回公社，行至大门，伙房师傅田宝堂老汉见到他，先是愣住，接着声音嘶哑地说："老武回来啦？……老武啊，你看看，你走了，咱错下这个事情哩……"武子玉宽慰道："俺晓下哩……"话音未落，二人都忍不住相对哭开了。常言道：男儿有泪不轻弹，只因未到伤心处。此事已经过去半载，武子玉说到此处，竟不由得失声痛哭起来。其余几位，刚才还只是一脸阴郁，此刻却也掩面而泣。过了半晌，众人方才平静一些。那武子玉抹了抹泪眼，低着头哽咽道："平常老贾和我一同住在大队部楼上，白天一块儿去地里劳动，一到晚上就来与我说话。……他很少待在他自己家里……，他每天起得很早，怕惊动我，慢慢地穿好衣服，慢慢地闭上门子，一声不响地就走了。……一般情况，他先到饲养场，看马喂了没有，牛喂上没有，然后才到村里招呼大家。可现在……"说着说着，猛然一声长长哀叹，顿时涕泪交下，如丧考妣。一时间，满屋好似阴雾弥漫，令人窒息……（此处残缺）这样的情景，谭基则几乎每天都要承受。恁时，正是锄谷的紧要关口。村民们得知谭基则是上级派来听取老主任事迹的，白天不肯歇晌，晚间不愿睡觉，争着倾情讲述。常常是，一人诉着说着，忽然间咿呀一声抱头痛哭，其余的人也跟着啜泣起来，座谈会常常不得不暂停。这个时候，谭基则只好忍住泪水，等众人痛痛快快地哭上一场。真乃是：言者肝裂，闻者心碎。面对悲痛欲绝的乡亲们，谭基则难忍之时，免不得与之同悲同泪。乡亲们看在眼里，便将谭基则视如亲人。一日，谭基则路经一家门外，一位老婆婆眯着眼望着他走近，一把拉住他的手，便道："儿啊，你就是谭记者哦。"谭基则回道："是啊，大娘有事？"她听罢，一连叠声说："好、好……好后生，瞅见你就像瞅见俺的儿哩。"说着将谭基则往屋里拉去。进屋招呼坐了，又是拿烟又是倒水。而后盘坐炕沿，捂住胸口喘了喘气，说道："谭记者哩，告你说，俺老汉是村里医生，那些年跟着老主任替众人治病好好的。那龟孙子们要害咱老主任，就说俺老汉是甚贪污分子，是老主任包庇的，也往死里整哟。见天价逼老汉交代，不言语啰，又是捆来又是打。可怜老汉受不住煎熬，老主任也让他们推倒了，自己没啦指望了，就到村外一棵树上做了吊死鬼。……俺家有副松木棺材，他们不准咱用；连一家人伤心哭嚎，他们都不让哦。俺瞅着孩儿们哭的，就说，儿啊，莫要气毙哦，你们要有个三长两短，叫娘靠谁去呀。到后来，万般无奈，俺也想过跟老汉去了算了。"说着一阵心酸，老泪止不住长流。谭基则见状，不知如何安慰是好，因道："现在付古兴一伙已被查办了，你家也平反昭雪了……"不待谭基则说罢，老人呜咽道："对的哩。俺也说，咱毛主席从来没啦过那些名堂唎，是他们背着毛主席他老人家干的坏事。原先还想，这下可好了，咱老主任解放了，俺也有个靠了。可、可谁承想，老主任他……"话犹未了，老人"哇"地撕心裂肺哭喊道："老主任哩，你好冤啊……"呜呜啊啊，一把鼻涕一把泪，半天不能自已。又一天晌午，谭基则与老李走在村头，拐过一条胡同，只见一棵大榆树下，石碾磨盘旁，几位妇女围坐着，有的在纳千层底，有的在缝制鞋帮，有的在刺绣袜垫，还有捻线线的，一边低头说着悄悄话。这刻不知何故，竟突然都停下手中活计，相对泪流。前去询问，原来因某事谈起她们的老主任，触到内心的痛处，一个个情难自持了。老李告知谭基则，贾宝执牺牲半年多来，悲伤的阴云一直笼罩白家沟，故而这样的场景早已是屡见不鲜的了。诸情种种难于尽述，姑且不提。

　　且说这天清晨，在度过难忘的七天七宿之后，谭基则与老李准备动身返程。临行前，武子玉陪同谭基则，前去观看了贾宝执生前居所，这才踏上贾宝执曾经常来常往的崎岖山路。说来也巧，与来日一样，夜里也下了一场细雨，漫山漫沟绿油油的，一路清凉爽快。悬崖丛中，山鸡与云雀婉转啼鸣；道路两旁，野花簇簇，散发着浓郁的芬芳，好一个良辰美景。然而，谭基则已经没有了来时的兴致，他心里沉重且不安。贾宝执的居所像把铁钳，紧紧地钳住了他的灵魂。他不曾想到，适才看到的一切，竟是如此赫然：一眼旧窑洞，除去一个斑驳陆离的木质躺柜与四个陶瓮之外，再无值钱的东西。炕上铺着的一张黑毛毡，多处磨穿碗大窟窿。他自己用过的一床棉被，据说还是土改时的"胜利果实"，如今补丁叠着补丁，早已失去原来的面目。这番景象，让谭基则痛苦至极。他心中直默念："贾宝执同志呀，你担任党支部书记三十余载，你曾帮扶过多少贫苦弟兄成家立业，你曾为村民开过多少新窑、盖过多少新房，你曾为集体事业创下过多么大的家业，可你自己却为何过着如此这般简陋寒酸的生活呵？！"谭基则一路行来，贾宝执的一生：从牛的故事，到"轰隆"一声巨响，几多美好朴素的憧憬，几多气冲云天的壮志，几多情深意笃的衷肠，几多义高秋云的善举，几多惊心动魄的场面，像过电影一般在他脑海里闪现。谭基则毕业于京城名校，在校期间，他饱览四书五经，潜心马恩毛著，立志做个纯粹高尚的人。为此，他遵从毛泽东主席的教导，曾几度上山下乡，寻求工农楷模。他未曾料到，居然在这里不期而遇，破天荒受到一次心灵的洗礼。

此时，他们已经爬上一个山顶。抬眼只见绿茵茵的坡地，一片金光灿灿，红霞般耀人眼目。老李眼熟，惊喜地叫道："谭记者，你瞅，那就是山丹丹花哦。""啊呀！"谭基则禁不住叫出声来，急忙赶上前去一看，殷红殷红的，挂着水银般露珠儿，微微摇摆着，好似含笑欢迎他们。他深深地吸了一口晨气，那醇酽的清香，甜丝丝地流进心脾。他走近前去，从头至尾细细端详。原来，那翠绿的枝干直挺挺地站着，那透红艳艳的花瓣反卷低垂，给人一种挺拔傲岸却尽瘁鞠躬之感，故有君子之花的美誉。谭基则忽然觉得：这山丹丹，不正如贾宝执的化身吗？顿时，他像发现新大陆似的，欣喜地把这个想法告诉老李。老李点点头，深情地说道："谭记者，你说得对着哩，他把自己执着的一生，火一般的热情，全都献给了乡亲们，临了自己却一无所有咧。"谭基则没有料到，这位同伴竟然还有诗一般的语言，因问道："你这是说贾宝执，还是说山丹丹呢？"老李笑道："谭记者，你听吧，这山丹丹深埋土里有块根，花谢结蒴果，果里是种子。那块根年年生出新枝，那籽时时洒落，岁岁发新芽。年年岁岁，开不败哦。"谭基则也笑了，说："照你这样说来，贾宝执的精神，恰似这山丹丹花了。"于是令谭基则忽又想起一位诗人的一首新诗来，却只记得两行名句了。诗曰：

> 有的人活着，他已经死了；
> 有的人死了，他还活着。
> ……

谭基则默默吟罢，对身旁的老李说道："把整个生命献给共产主义事业的人，一定是深深扎根于民众的英雄；而这样的人民英雄，是不朽的。贾宝执正是这样一位人民英雄。……（此处残缺43个字）"看官，欲知详情，请看下回分解。

——那凯丽将本回读毕，调皮地将末尾一句重复道："贾宝执正是这样一位人民英雄。"钟先生立即纠正道："错！"凯丽一脸惊愕看着养父，只见钟先生张开嘴念道："贾——宝——执，宝是仄声，不是平声。"凯丽恍然大悟，笑道："波坳宝——，爹爹，好像《红楼梦》里也有一个贾宝什么的，yes，贾宝玉。哈哈哈——"钟先生鼓励道："Yes, very good. 你学中国话莫要受爹爹影响哦，爹爹是南方人，说不好普通话的。好，就此打住。下面回答爹爹的问题：本回多处写到的哭泣，是有力类还是无力类？"

"有力类。"凯丽回答得十分肯定。

"何以见得？"钟先生问道。

"爹爹，"凯丽微笑着说，"您教过我毛主席的一首诗，您忘了吗？这首诗里有一句是'斑竹一枝千滴泪'，您说斑竹又叫湘妃竹，湘妃是中国古代大英雄舜的妻子，舜死了，她面竹涕泣，挥泪万千，染竹呈斑。您说这湘妃之泪，是有力类。您想想，本文中那些百姓的哭泣，都是因为英雄贾宝执的死，岂能不是有力类乎？爹爹，我说得对吗？"

"好好好！"钟先生满脸堆笑，夸奖道，"我的女儿真聪明啊，爹爹的话都记住了。了不起，了不起。看来长城是登定了，再加上一顿北京烤鸭，如何？"

"真是好爹爹，"凯丽捧起茶杯，笑道，"为慷慨的爹爹干杯！"父女二人琴弦之娱，濠上之乐，惊起窗台一只白鸽。此刻，那钟先生脸上写满幸福与惬意，喝了两口茶水，收住笑容，对凯丽说道："言归正传，今天到此为止。我那位同窗带着两本采访笔记归去，你可知他道出多少惊天地泣鬼神的故事？"凯丽摇摇头，随即说道："明日便可知晓。"

第二回

除夕夜慈母叹时事　勤俭家羊羔成犍牛

第二天

这日上午，父女俩刚刚用过早餐，门铃响了。凯丽跑去开了院门，又是那位和善的张大妈。只见她手里拎着大包小包蔬果之类，走亲戚似的，让凯丽惊讶不已。那张大妈一见凯丽也傻了眼："耶，这娃娃，洋面孔却是个东方女孩身段，该有的都有，不该有的全无；眼如秋水，翠眉含羞，丹唇启秀，是个美人坯子哦。"心下自问："昨儿为啥没看出来？"嘴上却大声唔气地说道："当下疫情严重，本市封城闭院，你们刚来乍到，人生地不熟的。经街道办商议，像你们这样单门独院的，从今儿开始，吃喝用度，暂时由我们配送。喏，接到。"见凯丽犹豫之色，张大妈乐呵呵地补充道："街道办的电话、微信号，都放在里面了。你们有什么需要啊，特别要求啊，包括找零付款啊，等等，就不用出门啦。听懂没？洋娃娃。"凯丽迷惘地点点头，无以答对。于是张大妈一边自语道："好靓丽的女娃儿哦！"一边扭着肥肥的腰肢乐呵呵地走了。

凯丽掩了院门，将大包小包提回屋里，朝养父睁大眼睛叫道："Why？Why？为什么？"钟先生笑道："刚才大妈的话我都听见了，这就是咱们中国特色。待时间长了，我的女儿会懂的。好好好，把东西提到厨房去，回来安心读书。"

凯丽从容不迫开始朗读。当她读道"诗曰：自古英雄出少年，封狼居胥是前贤"，突然停了下来，看着养父问道："爹爹，什么叫'英雄出少年'啊？"钟先生答道："就是说少年英雄，young hero。"

"那'封狼居胥'呢？"

钟先生原是新闻本科生，"文革"结束恢复高考，又考入北大历史系研究生班，而后留校任教多年，学富五车，才贯二酉，故而深谙文史学科。中国历史典故于他而言，更是如数家珍。凯丽的问题，他早已想到，便答道："中国两千年前的汉代，有一位少年姓霍名去病，其时中国北方有个彪悍民族，恃其铁骑之雄，屡犯边境。那汉武帝忍无可忍，组织大军反击。年方十七岁的霍去病主动请缨，率领八百骁骑，孤军直入敌境数百里，大捷而归。因他登坛于狼居胥山，祭天成事，后人便以此代其威名。故有南宋词人辛弃疾词云：'千古江山……想当年、金戈铁马，气吞万里如虎。元嘉草草，封狼居胥，赢得仓皇北顾。'少年英雄，何其壮哉！"凯丽听罢，似懂非懂仍点头示意其懂，钟先生未与深究，遂道："女儿读了少年贾宝执，就会更加明白的。"于是，凯丽兴致勃勃重新开头朗诵道——

诗曰：自古英雄出少年，封狼居胥是前贤。

　　　　敢迎财主争高下，初露牛犊气不凡。

话说公元 1935 年深秋，吕梁山又是一个旱年。秋粮还没有收打下来，地主收租逼债已到家门口。这天傍晚，橘黄的彩霞被黛青色的云层低低地压在山头。山峦变得如同牢狱的高墙，黑森森将白家沟团团围住。没有灯火，没有炊烟，只听得山圪梁上恶狼嗷嗷嚎叫……

贾宝执和他父亲贾茂英这时才从地头回到村里。

那贾茂英四方脸、络腮胡，生就一副板实身材，举止却斯文儒雅。平日里喜欢道古论今，说长评短。因其知书达理，中正平和，街坊邻里，谁家吵架斗殴，调解纠纷总少不了他，是个可亲可敬而又勤劳敦厚的庄户人。可惜时运不济，家境一年不如一年。坐落村西头的家，三间低矮破旧土屋，因年久失修，瓦垡和院墙都长满了苔藓蒿草。他进了屋，拍打拍打一身尘土，上炕盘腿而坐，定定神，这才端起榆钱苦菜汤来喝；贾宝执则抱住一捆草料，走进院西头的草棚子去了。一头大犍牛用力地咀嚼着，发出动听的吱咕吱咕声响。见小主人走来，又是扬头，又是摇尾，噗噗地喷着粗气，朝小主人身上蹭着，油亮的皮毛直圪擞。看见这心爱的小伙伴，贾宝执舒坦得把一天的饥饿与疲劳都忘却了。一面解开青草料，扑嗖扑嗖洒进槽里，一面说道："快吃哇，吃饱了好跟俺到地里做营生。"回到屋里，母亲已经点燃小油灯。锅台上的野菜汤，锅里笼篦里的几块糠窝窝，热腾腾地冒着水气。父亲贾茂英已经吃罢，蹲在墙根抽烟。小妹赤条条挤在炕角，大眼睛骨碌碌地朝锅里扑闪，直咽口水。母亲倚着锅台站着，透过昏黄的灯光，那眼角上的纹路显得更深，脸色异常阴郁。

"吃吧，凉哩。"母亲把野菜汤捧给儿子，又递给一块糠窝窝。

贾宝执端过碗，送到嘴边喝一口，拿起糠窝窝正要啃，小妹跑来，叫声"哥哥"。母亲看见，在她屁股上啪的一下，嚷道："你们这些吃闲饭的，还想干的吃。"小妹哇的一声哭了。哥哥连忙把小妹搂到怀里，诓道："莫哭，莫哭，哥给。"说着将糠窝窝掰成两半，塞给妹妹一块。小妹接过，眼睫毛还挂着泪珠，便大口大口地吃起来，吃得好生香甜。

贾宝执看小妹瘦巴巴的脸，心疼地对母亲说道："娘，别搋打她了吧，好歹一样吃哩。说话秋粮就打下来了。"

母亲叹一口气，说道："秋粮……还不够还债哦。"

贾茂英今晚一直低头无语，显得格外愁闷。听宝执娘说罢，这才愤愤说道："这条毒蛇心真狠哩！"

贾茂英所言"毒蛇"，便是白家沟首户地主贾宝善。此人奸诈手辣，时常设下圈套勒索穷苦人家。他四季不是穿青便是戴黑，毒如蛇蝎，因此上众人背地里都唤他作"黑乌蛇"。读到此处，看官会问：天底下一笔写不出两个"贾"字，这贾宝善咋的就这般狠毒？莫急，听著者慢慢道来。据老人们传说，明朝末年，贾家五弟兄（汝梅、汝佩、汝柏、汝官、汝樟）带着母亲从外地迁至兴县程家塌。其时，城关一尹姓财主，见程家塌风水奇特，意欲霸占。一日，趁兄弟五人外出，佯装坐轿路过，与其母放下鸡蛋两枚，声言三年后前来算账。尹财主如此这般，分明是欺诈，那五弟兄哪里容得，赶去途中将其乱棍捣煞，回家不治身亡。听说尹家系当朝巡抚，贾家兄弟见势不妙，吓得四处躲藏。天有不测风云，人有旦夕祸福。说来也巧，当此之时，李自成起义军攻占北京，明王朝顷刻瓦解，尹家随之败落，贾家这才躲过一场杀身之祸。事后五兄弟冥悟，程家塬原非吉祥之地，便弃而迁至马家湾，再后来才落脚白家沟至今。兄弟们先后各娶妻室，相互帮衬，开创家业，繁衍生息。古人云：君子之泽，五世而斩。几代之后，贾家五兄弟之阴魂，早已烟消云散。一代宗脉，时过境迁，皇权之下物竞天择，弱肉强食；兼以天灾人祸，竟至于富的富来穷的穷，鸡犬之声相闻，如同陌路了。到了晚清，贾宝执祖上尚有几十垧地，光绪年间一场大旱，便被本家财主夺去，全家死下只剩父亲贾茂英一人。民国初年，贾茂英独自种着几垧薄地，老小七口挤在四间破房，睡的是光炕，枕的是砖块，艰难度日。家道败落，也让他看破红尘，不免借古讽今，以泄胸中愤懑。一次，他对儿子贾宝执讲："城里有家财主吹吹打打为老母做寿，当着亲朋好友立匾'孝廉方正'四字。不料次日发现，有人于匾额批曰：'说你孝，真格孝，爹死茅厕不知道。说你廉，真格廉，放债少不了八分钱。说你方，真格方，活人妻室买了七八房。说你正，真格正，偷鸡摸狗哪像个人。'"又说："财主在龙王庙前挂联说甚，出龙宫求风调雨顺，其实满肚子逆天暴物。当官的也跟庙里龙王一样，再咋的个贡献烧香，也不抵事哩。"因此上，眼下侄辈本家成了豪门，作威作福，六亲不认，他早已见惯不惊了。

这晚贾宝执听父亲提起这"黑乌蛇"，禁不住抬头问母亲道："今后晌他又来催租啦？"

母亲言道："是哩。还说起年时给你订婚借的债。"

贾宝执一挺脖子道："那有甚大不了的，今秋下来还他。"

母亲接道："像你这的个说，那倒好，人家要连本带利一起算哩。"

贾宝执不觉一愣，说道："他说甚？还要带利？当初他应承说不要利的。"

贾茂英说道："唉，从古到而今，没啦见过放债不要利的。当初他说不取利，俺就不信。他一再拉扯咱是同宗同族，俺估摸他大利不要，小利是短不了的。谁想这条毒蛇，嘿！"

贾宝执又一愣，问道："他要多大利？"

贾茂英说道："多大利？腊月里的串沟风，财主家的驴打滚，就这利！"

贾宝执听说"驴打滚"，心里不由得一咯噔，暗自算计道："这一打滚，连上租子，把今年全部收成算上也还不清啊！"他脑门一热，把刚啃两口的糠窝窝往笼箅上一扔，瓮声瓮气地骂道："操他祖宗，他黑乌蛇还要不要咱活啦！"

母亲正刷锅洗碗，拾掇灶台，猛听儿子这般咒骂，瘦脸陡地变得刷白，直睐儿子，压低嗓门，声音颤抖道："你寻死哩，这是甚世道？要骂，也不会悄声密气的？"

贾茂英却默默地蹲着，不紧不慢，吐出一口浓烟，说道："俺寻思这条毒蛇的心思，还不全在几颗粮食上。"

贾宝执不解，见父亲那古铜色的四方脸，前额的皱纹挽成个疙瘩，仿佛忽然苍老了许多。父亲是个爽直的人，说话从不拐弯抹角，今日为甚这的吞吞吐吐？他还不知贾宝善到底谋算着他家什么，但从爹娘的神色预感到，事情凶多吉少。想到这里，他胸中不觉扑通扑通地敲起了小鼓。

"他黑乌蛇还想做甚？"贾宝执忍不住又问。

"唉！"贾茂英还是不肯言语。

"他到底想做甚？"贾宝执急了。

"孩儿家不肯想到那上头。你就告他吧，别急出病来哩。"母亲凄凉地说道。

贾宝执幼时家境已经窘迫。姊妹们缺衣少穿，冬天都出不了门。长大些了，父亲与人当厨，只能捡回些笼布做衣。没有棉袄，母亲将背心接上烂羊皮做袖，便凑合过冬了。粮食不够吃，他食糠过多拉不下便，母亲用棍捅，钻心疼痛却从不见他哭叫。他勤劳机灵，七岁上就会放羊，十三岁便能耕地。十五岁那年，意外难得一只小牛犊，千辛万苦方才喂养成今日这头大犍牛。故而此事，贾茂英不肯说出口，只怕倔强的儿子知道了会闹出什么事故来。转念又一想，是福不是祸，是祸躲不过，于是他闷了一刻，终于站起身，猫着腰，捏住烟袋的右手朝门外一捅，颤巍巍地说道："他想做甚？这牛！"贾宝执霎时只觉两耳轰地一响，一股热血直冲脑门，心里噌地打了个曲连，即刻又嗵嗵嗵地狂跳起来。大半晌，还飘飘愣愣地站着，嘴唇嚅了嚅，想说什么，喉咙却被什么东西塞住了。母亲见儿子这般光景，连忙劝解道："这世道，一头牛算甚，为还债，卖儿卖女的还少哦？"贾茂英坐回炕头，一团团烟雾在脑畔缭绕。昏黄的灯光照着他的脸，忽明忽暗。深秋的山风带着煞气，从破窗棂吹进来，贾茂英一阵寒战。这位忠厚能干的庄稼人，年轻力壮时也有过发家雄心。当初，人们都说，单凭他那祖传的接骨手艺，荣华富贵享定了。可他偏生个倔脾气：受苦人找他，分文不取；富人求来，不给现银不去。那个年月，跌腿折骨的尽是穷人，富人在家吃喝，出门乘轿，磕不着碰不伤，那钱找不着他。那"黑乌蛇"曾多次向他索讨这门医术，皆被拒绝。因此上，一直以来心存嫉恨，时常谋算着报复。

　　贾茂英想起此事，沉默了一袋烟工夫，长长嘘出一口气，深沉地说道："俺早就说过，这个世道，咱这号人家，要创什么业，除非黄河水倒流，根本是没指望的事。可记得田家那块地，站在村里神楼龛，一抬头就能瞅见。他贾宝善就因这，认定那是一块宝地。对田家说，圈一眼窑吧，瞧你那破房，钱不够找俺。果真，窑没啦磴好钱花光了。他却逼着还钱，田家走投无路，只好用那块地顶了债。你看旺福家，三眼窑洞七间房，一头黄牛一群羊，两个好劳力，种着二十六垧好地，有个样子吧？可他想霸占这份家产，指头一拨拉，就把个好端端的人家闹得家破人亡。春上出了旺福家这事，俺前前后后翻腾一回，心里就害怕。没承想，事情这就轮到咱头上。唉，这口蜜腹剑的家伙，不把咱逼成他家使唤的'牛'，岂肯罢休哦？"这天夜里，贾宝执通宵没有合眼。他躺在炕上，睁着一双大眼，望着破窗泄进来的惨淡月光，想着想着，渐渐回到了十年前儿时的记忆里……

那是一个大年三十深夜。寒风猎猎，大雪纷扬。吕梁山好似披着一身孝衣，远远近近，一片灰灰茫茫。贾茂英一家吃了一顿荞面胡萝卜饺子，算是过了年。一家人蜷缩炕头，挨着年关过去。村里时而是凄厉的骂号声，时而是震耳的鞭炮声和嬉戏声。贾宝执穿着一件烂羊皮缝缀成的褴衫，钻在母亲的胳肢窝底下，转动着一双明亮的眼睛，心惊胆战地听着。忽然，他仰起小脸，天真地问道："娘，财主家穿好的，吃好的，咱家为甚吃不上穿不上呢？"母亲奶着小妹，听儿子这般问话，叹口气说道："穷呗！"

"穷，为甚偏咱穷呢？"

"为甚？咱家一没地，二没耕牛，还能不受穷？"

啊呀，原来如此。年幼的贾宝执懂了：可不是吗？财主家有牛又有地。没错，有地有牛，庄稼自己种，打下粮食归自己。有了粮食就能换布换盐，有吃有穿，过好光景。于是他撅起嘴对母亲说道："娘，不用愁。等俺长大了，咱也买好多好多牛，刨闹好多好多地，让你过好日子。"母亲一听儿子这番稚气话语，脸上掠过一丝苦笑，有话难言。从此，这"牛"和"地"便深深地种在贾宝执幼小的心田里。白天同小伙伴玩耍，他用红胶泥捏的是牛；晚上睡梦里，他嘴里嘟嘟囔囔叫着的也是牛。牛，牛，牛，他多么盼望着某天，家里突然有一头活蹦乱跳的真牛啊。一年夏天，姨父给了他一只瞎眼羊羔，他便对父亲说："等俺把它养成这么大这么大，就能换来一头牛。有了牛，俺再置地。"一年以后，养成一只大绵羊。收过秋，父亲牵到集上卖了，换回一只羊羔，还剩下六个铜子，回家放进一个破布包，怕儿子摸去玩耍，便哄他说："咱们积攒起来，等多了，就拿去买牛。"儿子却信以为真。

话说一年初春，吕梁山还未解冻。向阳的地方，冬麦地里野草，路旁榆树枯枝，却冒出米粒大小的嫩芽，绿的黄的，十分惹眼。这日，刮着风沙，天气阴冷，外路牛贩子赶着一群牲畜，路经白家沟，停下来歇脚避风。年少的贾宝执与小伙伴们像赶会看红火，蹦着跳着，欢喜非常。忽见一头母牛产下一只红枣般鲜亮的牛犊子，贾宝执瞪着一双大眼看着，心里不由得美滋滋地掀荡起来。那牛贩子正在犯难：这鬼天气如何带它上路哩。贾宝执看出，便贸然脱口道："卖了它吧？"牛贩子思忖片刻，问道："你给多少？"贾宝执回答说："俺有十六个铜元。"牛贩子盘算一阵，无可奈何道："拿钱去。"贾宝执翻身一溜风跑回家里。这天，凑巧贾茂英出门去了，母亲在炕上做针线，见儿子兴冲冲颠进屋来，取出铜子便往外奔去。一刻时辰，又见儿子呼哧呼哧跑回来，怀里抱着一头刚落地的小牛犊，气得直是叫苦："哎哟，小祖宗，你想牛想得疯哩！这年月，少吃没喝的，它能活啦！唉，你把钱白抛到沟里去咧。等你爹回来，看捣不死你哦！"后晌，贾茂英一进门，母亲便嚷开了："瞧你这败家的，办了甚好事哟！"贾宝执立即冲着母亲说道："俺不吃不喝，也要养活它！"贾茂英在村头已经听人说起，见儿子如此决心，便称赞道："咱家宝执儿有志气，就养着吧。"自此，贾宝执每日省下稀糊糊，一匙匙地喂养，大些了便满山满沟割回青草，守着它一把一把喂下去。几年之后，果然长成了一头大犍牛。

……

贾宝执想着想着，忽听院里似有响动，扑棱打了个寒战，一骨碌坐将起来，转身跳下炕，出门跑进草棚子。大犍牛正卧着，见小主人走来，咯噔站起，摇尾扇耳，粉红的鼻翅鼓喷着粗气，伸出舌片，往小主人手上舔舐。若在平日是多么舒坦，而此刻却叫贾宝执隐隐刺痛。自己一滴汗一滴汗换来的宝贝，如今竟有人欲夺之。他摩挲着大犍牛脑门，痴痴地站着，不觉两眼涌动出满眶泪水。

这日，贾茂英父子在谷子地里猫腰低头，从月儿西沉干到阳婆升起，直干到日头当顶，背着谷穗回村歇晌，谁也没有吭哧一句。父子俩刚刚进屋歇下，却听得院门外有人嗡声大气地叫道："茂英叔回来啦？"一听是"黑乌蛇"贾宝善的声音，贾茂英要下炕，贾宝执纵身立起，说道："爹不要动弹，俺去瞅瞅。"跃身到了门口，只见贾宝善身穿青府绸汗衫，藏青锦缎裤子，白布袜套黑面纳底布鞋，右手握住着蒲扇，晃荡着葫芦头脑，大模大样地走来。进得院子，抬眼一瞧，见贾宝执赤着个胳膊，在台阶上攥住两个拳头站着，虎气逼人，心里不由得暗自一颤。眼前这个后生，从小就厉害哩。十五六岁的人，锄苗时竟敢伙同长工破坏青苗；收租时，竟敢煽动佃户抗他贾宝善的租。一回叫他运租子，到了佃户家，见瓮里没有几颗粮食，便对佃户说："你少给他狗儿缴些吧。"佃户胆怯，贾宝执说："不怕，俺自有法子。"贾宝执驮着租子回程，行至村口便将麻袋捅了一个窟窿，回去一过秤，贾宝善见粮食不够数，问是咋的，贾宝执佯怔一下，忽然搂转麻袋叫道："啊呀，掌柜的，你看这麻袋？唉，一路漏啦！"当下贾宝善吹胡子又瞪眼无话可讲。此刻想起，贾宝善满脸疙瘩直抽搐。他镇静一刻，板着脸歪斜眼睛，问道："你爹呢？"贾宝执没有吭气，贾茂英却在门里接道："掌柜的有甚事，这的个劳神？"贾宝善见了贾茂英，皮笑肉不笑，说道："茂英叔，你们都合计好啦？唉，今年老天爷不睁眼，天旱少雨，租子难收啊。你家不赖，得老天厚顾。俺看明后两天，一笔把账清了吧？"贾茂英走到院地，忙说："掌柜的看走眼哩。俺租的那六垧地，你最清楚，哪来甚厚鼓薄鼓咧。"

贾宝执质问道："那笔债还有两年到期，为甚眼下就讨？"

贾宝善瞥了贾宝执一眼，对贾茂英说道："茂英叔，你是知道的，近几年年景不好，俺家亏空不行。说来无人相信，俺也有债呢。再说了，你家还有那的个值钱东西，"说着眼珠子朝草棚子里一瞟，"总不能养着大犍牛负债吧，唉？"

贾宝执哪能听他胡诌，不等说完，又问道："那笔债你当初说不带利，为甚还算'驴打滚'？"

贾宝善"哟"地一瞋，故作惊诧之色，对贾茂英说道："茂英叔，你是晓事人。这借债还利，天经地义，哪有借债不给利的天理？嗯，咱们空口无凭，有纸为据。"说着，从衣袋里掏出一张二指宽纸条，"茂英叔，这，这，不是白纸黑字写着，嗯？"

贾茂英在鞋底上磕掉烟灰，说道："咱斗大的字不识一筐，知个甚！咱做事凭着良心就对了。"

贾宝善一手举着蒲扇，一手捏着纸条，抬头挺胸，一本正经说道：

"那就是了。前晌咱请人拨拉了拨拉，你名下新租旧债，连本带利，满共折谷十五石八斗四升一合整。"

贾茂英一听，心如针扎，急急说道："掌柜的不是不知道，俺今年五谷杂粮算起来，满共不过收下七八石，这不是成心断人烟火吗？"

贾宝善嘿嘿干笑道："谁不晓得你是个勤俭人，又有手艺，还能断了烟火？再说，咱贾宝善向来以德待人，还能让叔你断了烟火？这样吧，大犍牛可顶一半，再把大数缴了，余额可以商量。俗话说，有借有还，再借不难。咱们同宗同族，低头不见抬头见，不要为这些事动了官府，伤了和气。嗯，就这吧！"

说完，脸一沉，一转身，摇着蒲扇大摇大摆走了。

贾宝执一旁气得肺叶子打扇，两眼直冒火星。见贾宝善转出院门，他大眼一瞪，跳下院地，抢起一把镢头，就要往外赶去。贾茂英手疾眼快，抢上一步将儿子拦腰抱住，压低嗓门叫道："你这是朝火坑里跳哩！这事咱找乡亲们合计合计，再论长短不迟。"连唬带劝，才把儿子拽回屋里。

……（此处残缺数行）

却说这天夜里，大地一片漆黑。贾茂英家院里，围坐着众多乡亲。旱烟烟头，宛若疏星点点，黑暗中灼灼发光。蝈蝈在草丛中絮鸣，猫头鹰在梁脑畔哀号，一阵凉风从老槐树树梢掠过，片片树叶窸窸窣窣飘落，草棚子里大犍牛呼呼地喷着粗气。山村的秋夜，清寒而寂寥。

"可惜呀，膘壮一头大犍牛，才折几石谷。唉，成心坑人哩。"

"宝执十来岁就务上它了。就是一块石头，攥了这些年，叫人夺去，也难受呀。"

"这条毒蛇婊子，又想偷汉又想立牌坊！"

"前二年，折了狗儿家，今春折了旺福家，现今又要折宝执家，明儿个不晓得轮到谁脑上。嘿，这是甚世道！"

听了这话，众人都埋头默默抽烟，黑夜笼罩着一片愁云。

"嗨，大伙儿可晓得河西的风声咧？"众人扭头看时，原来是常年不在村里的徐明珍，年轻人都管他叫明珍大叔。因他多年走西口跑南路揽工打短，消息灵通，又是一个敢说敢为，仗义执言的人。这时见众人愁得不再言语，便压低嗓门说道："前些日子，刚从南方甚省份来了不少队伍，说是叫个甚朱毛红军哩。"

"朱毛红军？他们都是些甚人？"贾宝执猛然抬起头来，眼前一亮。

"听人说甚……红军杀人如割草哩……他们到河西干甚来？"有人抬起头来望着明珍大叔问道。

原来，那时中央工农红军经过长征到达陕北，脚跟未稳，那山西土皇帝阎锡山却如临大敌，一面沿黄河东岸修筑工事建碉楼，一面制造谣言诋毁红军。其间就有"防共歌"云："红军杀人如割草，不论贫富皆难逃。富人要觉悟，穷人要清楚，红军来了富人穷人通糟糕……"谁料1936年初，红军东征历时近四个月，在黄河东岸走了一遭，其谣言不攻自破。这是后话，姑且不表。

"这就是土皇帝阎老头说的甚'共匪'哩。说实情，他们叫共产党。他们到北边来本是盘算联蒋抗日的，老蒋却要消灭他们。听说，他们一到西路就干掉了蒋军的一个旅。一个本地人拾到一支枪交给红军，那红军还奖励他十斤盐哩。他们一路上，都要叫财主拿出多余的粮食分给穷人。开先大家听信传言，一说红军来了，村上人都上山躲了。谁承想，那红军吃了谁家的米，烧了谁家的炭，都要写上条条付上银圆留下，临走时还把水缸担满水，把庭院打扫得干干净净的。红军走后，大伙儿都说，'唉，尽给人家瞎说哩，几辈子没啦见过这的个菩萨军队。'他们打土豪劣绅，打贪官污吏，专对穷苦人好。亲眼见过的人都说，他们头顶红五星，领口红旗飘，还有明枪大炮，闹得可红火哩！穷苦人有了饭吃，有了衣穿，财主们再不敢霸道了。"

"哎呀，那甚时过河来，也把黑乌蛇这帮龟孙子整治一下才好哩。"

贾宝执抢到徐明珍跟前，捉住徐明珍的手，恳求着说道，"明珍叔，俺跟你过河一遭，请朱毛领兵过来咋的？"

众人顿时兴奋起来，说话声音也粗了："对的哩，咱们派人请去！"徐明珍见众人如此这般，笑着说道："不用请，听说他们就要过来哩。你们没见阎老头只管往这里调兵遣将？财主们今年慌忙催租讨债，为啥？嘿嘿，他们是兔子的尾巴——长不了啦！俺说，咱们合计合计，就宝执这事给那黑乌蛇一点颜色瞧瞧，大伙儿看咋的个？"众人听罢，越发来了劲头。有的说："瞧这形势，尿他哩，甚也不给！"有的说："好汉不吃眼前亏，现时吃不倒他，干脆把牛给了，等红军过来算总账。"徐明珍掉过头问道："宝执儿，你……"贾宝执嗖地立起，爽声爽气地说道："咱的主意是个这，借他多少债，还他多少；利钱一文不给。牛，他想黑算，没眼！赶明儿俺自己赶到集上卖了，还他票票。叔伯们看咋的个？"众人见贾宝执说得是理，连连称赞。徐明珍又调头问贾茂英道："他叔，你拿甚主意？"贾茂英清清嗓门，说道："俺寻思着，只要大伙儿帮扶，宝执的主意就满不赖。咱们甚是甚，不在乎几个钱，咱是不熟的饽饽——为的蒸（争）口气咧。"徐明珍说道："对着哩，有河西的红军给咱撑腰，咱不能再叫他想咋就咋了。土帮土成墙，穷帮穷成王。只要咱人心齐，谅他黑乌蛇不敢咋的。"突然，只听得宝执娘在屋里痛苦地呻唤一声，众人都惊了一跳。接着，又听她喊道："倒塌吧，倒塌吧，连这破架子都倒塌了，叫娘儿们都咽了这口气吧……"贾宝执挺起身板，朝屋里说道："娘，怄甚气哩！如今俺懂了，咱穷不是咱偷尖耍懒，是这世道不公。黄天不绝活人路，有河西就有河东。俺看这黑天快明哩！"在众乡亲激励之下，贾宝执拿定主意，次日便将大犍牛赶去集市卖掉。

　　当晚，众人走后，父子俩一直蹲在草棚子守着大犍牛，一会儿加草，一会儿添料。天将黎明，贾宝执又将大犍牛牵到沟里，冲了又冲，刷了又刷。吃罢早饭，贾宝执穿上草鞋，紧上腰带，将大犍牛拉到院里，一家人悲凄难舍。临行时乡亲们也都赶来，前呼后拥，行至村西口，只听有人说："嘿，黑乌蛇赶来做甚？"人们回过脸看时，只见贾宝善光着胳膊，上气不接下气，朝这边奔来。及至跟前，闯开人群，一把拽住贾茂英的手腕，凶神恶煞地叫道："贾茂英，你好不守信义！你、你欠俺的债不还，悄声密气要把这头牛拉到哪儿去？"贾茂英挣脱手，说道："呀呀，掌柜的，你这堂堂人家，也这的个胡嗳！谁不守信义？谁欠你的债不还？俺这不是卖牛还债？"贾宝善抹一把脑门上的汗珠，气急败坏地嚷道："嘿嘿，贾茂英，借钱时由俺，还债时就由你啦？！俺不要你讨吃的臭钱，偏要这牛，咋的？"说着伸手抬胳膊，就要拉牛。贾宝执就势将缰绳一荡，拉开嗓门喝道："贾宝善，你不要太霸道了！借钱还钱，你为甚硬要强占俺的牛？"贾宝善抓了个空，顿时把脸扯下二尺长，冲着贾宝执叫道："哎呀呀，宝执儿，你好厉害，你不能忘恩负义。不要忘了，当初借钱是为你订终身大事咧。"贾宝执抢前一步，质问道："忘你甚恩，负你甚义？你趁人之难，谋算欺人，霸产霸地，这就是你的恩，这就是你的义？"

说罢，扬起鞭子，"哦哟"一声，赶着大犍牛便走。贾宝善一见着了慌，龇牙咧嘴抢上前去，拽住贾宝执的胳膊要夺缰绳。众人见贾宝善耍开无赖，纷纷嚷道："凭甚抢人家的牛！"

"这不是明火打劫吗！"

……（此处残缺数行）

贾宝执积压多年的怒火，这时一齐冲上脑门。只见他剑眉倒立，两眼圆睁，唰地举起拳头，照准贾宝善脑门一拳打去。贾宝善"啊呀"一声，撒手蹲下，即刻又站起，捂住痛处，眯着鼠眼，如同癞蛤蟆一般喘了两口气，见众人都怒目而视，咬牙切齿地喊道："好呀！贾茂英，你父子二人私通河西共党，聚众造反，俺要写纸到县党部告发你们！"一面喊着，一面往回退走，不想胳膊肘撞到大犍牛肥臀。那大犍牛忽地一尥蹶子，腾起一串尘土，正好踢中贾宝善的膝盖头。只见他一个踉跄，肥胖身子差点没有趴下。众人哗然，一片笑声。他挣扎着站定，一手揉着膝盖，一手恶狠狠地戳指众人："你们等着瞧！"转身一颠一瘸地回村去了。众人回过头来，却见贾宝执扯开大步，挺着脖颈，吆喝着大犍牛，径自朝大路奔去。这早晚，晨雾已经散净，西山露出清晰的金色波纹。深秋的天空，瓦蓝瓦蓝，飘着几朵乳白色的云彩。……（此处残缺3行）

看官，贾宝执将大犍牛牵至集市，买卖如何？回村有何纷扰？欲知详情，请看下回分解。

——凯丽读罢，开心得差点笑出声来，正欲说话，钟先生的手机响了。钟先生拿起手机道："喂，请问您是谁？哦哦哦，是张大妈。有事啊？做检测？好好好。"钟先生放下手机，对凯丽说道，"街道办张大妈说，市里要求外来人员必须做一次核酸检测。时间定在今天下午三点。"凯丽有些迷惑，说："爹爹，我们隔离了一十四天，一切指标正常，为什么还需要检测，检测什么呀？"钟先生道："据张大妈讲，现在发现了无症状感染者，这十分危险。说疫情来得太突然，大家都措手不及，无药缺设备，担心我们是'漏网之鱼'哦。"凯丽刚才红润的面庞，霎时白如凝脂，问道："爹爹，我们会是漏网之鱼吗？"钟先生笑道："那就得等检测数据说话了。"

后晌，张大妈领着两个年轻女护士到来，一袭防护罩、防护服，像航天员似的。经过一番动作，检测完毕。临了，凯丽急切地问道："医生女士，检测结果如何，现在可以告诉我们吗？"没等两个护士回答，张大妈抢先说道："明天下午回话。"说罢三人匆匆离去。送走客人，钟先生作古正经道："欲知结果如何，请看明日揭晓。"说着父女俩春风满面，不胜愉悦。

第三回

贾宝执台前求活路　张同志灯下悟大经

第三天

今日用罢早餐，凯丽为养父削了一个苹果并沏好一杯清茶，自己则品尝了两枚亚洲无花果，清了清嗓门，便开始朗读起来——

词曰：千年榨取未曾消，百姓泪滔滔。东家命绝，西家乞讨，霸字一刀。　怜贫济困难为力，圣主眷英豪。箴言烁烁，明灯高挂，如炬中烧。

话说贾宝执把大犍牛赶到集上卖了，又买回一头蛤蟆驴，那贾宝善咋也不敢咋。你道为啥？皆因红军将要东渡黄河的消息，不胫而走，日盛一日。路人皆言红军是百姓的队伍，他每日只有惶恐不安，岂敢再起邪恶之念。贾宝执则歇下心来耕田种地，唯盼红军早日过河。谁料国民党军四处抓丁，父亲贾茂英恐有不测，打发儿子到孟家窊躲了一冬。到了开春，国民党军继续抓人，贾宝执逃到另一村子已是春季，不甘瞪眼闲着，便租地耕种。其时，当地流行黄香教，说入教可以免除壮丁，贾宝执信以为真，便就地入了教门。此教需每日向教主鼓气叩头，一次贾宝执双膝落地，正欲鼓气，头未叩下，却放了一个响屁。那教主当即大骂其心志不诚，遂将逐出教门了事。

乌飞兔走，暑往寒来，转眼便是 1937 年冬季。听说八路军来到兴县，贾宝执这才回到村里。隔年，八路军发动群众开展"四大动员"及减租减息运动，贾宝执踊跃参加，被推选为青年大队长，因表现出众，于1940年2月加入中国共产党。同年11月，经组织委派，到晋绥分局党校学习培训月余，随即回村担任党支部书记。从此，贾宝执带领民兵与村民，劳武结合，全力支援前线，抗击日本侵略军，屡挫日军"三光"政策，取得光辉战果诸事不提。

却说1944年农历二月，新春佳节刚过，兴县便召开春耕生产动员大会。来自各区各村的农民代表们开了一整天大会，晚上于露天观看边区政府文艺宣传队演出。台上鼓乐喧阗，灯火烛天；有说有唱，又扭又跳，新鲜而又亲切，明快而又热烈。那番情景，代表们见所未见，闻所未闻，个个看得目瞪口呆，神采飞扬，欢喜异常。诸如《二月里来》《纺线线》《大生产》《兄妹开荒》《夫妻识字》等，一出接着一出，声不绝于耳，色不绝于目，引发代表们笑声朗朗，掌声阵阵。贾宝执看到《夫妻识字》一出，更是目不转睛，神清气朗，不由得跟着台上哼唱起来。那俗词字字入心，那野调曲曲悦耳，唱得他如痴似醉。本书曲不可表，但有词献，曰：

女：黑格隆冬天上，

男：出呀出星星。

女：黑板上写字，

男：放呀么放光明。

女：什么字？

男：放光明。

合：学习，

男：学习二字我认得清。

女：认得清？

男：认得清。

女：要把道理说分明。庄稼人为什么要识字？

男：不识字不知道大事情。旧社会咱不识字，糊里糊涂受人气。

合：如今咱们翻了身，受苦人变成了当家的人，睁眼的瞎子怎能行。哎咳唉咳咿哟学习那文化最呀当紧呀么嗯哎哟。

男：识字牌牌好比明灯一盏，

女：牌牌上的字儿我记心间。

男：什么字你记心间？

女：这两个字儿叫生产。

男：你把那生产讲一讲，

女：万般事儿它当先。

男：男的我变工去耕地，

女：女的我织布纺线线。

男：又喂猪来又拦羊，

女：牛儿驴儿一满圈。

男：阳坡地，

女：种棉花。

男：坡坡上，

女：桃树李树杏树枣树，一棵一棵地都栽下。

男：冬季里来是农闲，

女：吆上那牲口，

男：得儿打啾，

女：去驮盐。

合：农户计划订得好，耕三余一大发展。大囤小囤都装满，丰衣足食好喜欢。学习文化理当然。嗯哎咳咿哟学习那文化理呀当然来么嗯咳哟，嗯哎咳咿哟学习那文化理呀当然来么嗯咳哟。

直到演完谢幕，众人起立站定，望着台上，久久不愿离去。贾宝执则挤出人群，踏着轻松步子，依然边走边哼着回到住处。

这天深夜，只见一孔窑洞亮着麻油灯。灯下，正是尚未摘掉文盲帽子的贾宝执。他头戴狼皮帽，身披短山羊皮袄，手捧一本麻纸本小册子，好似宝贝一般，翻过来揭过去地细瞧，眼里闪动着欣喜的光亮。在白天的大会上，他从边区首长那里得到此书，只可惜那密密麻麻的字认识他，他却不认识它们。此刻，只见他一会儿低头一字一句吃力地吟读，一会儿抬头挑起两道剑一般的浓眉，凝思默想起来，不由得想起一天早晨的事情：那日，他走到村口，正好与本村一个小青年相跟上了。这人叫徐候奴，乳名小汝，年刚十六，身体瘦弱，一脸饥黄。见他眉锁春山，愁容可掬，贾宝执好不心寒：才年把光景，小汝竟变成这般模样，头脑沉沉的不知该如何开导。半晌，这才问道："小汝，你二哥捎回信来了没啦？"

小汝答道："没啦。"见贾宝执也去挂炭，有了个伴，脸上露出一丝笑容。

贾宝执又问："你爷爷能吃点不？"

"唉，入冬就不顶事哩。"说着，脸上的笑容顿失。

"你娘的病好些了吧？"

"自那天你请的医生看过，觉见好些，可还是下不了地哩。"小汝说着低下了头。

"不怕。要行了，再请医生看看。"

"唉，宝执叔，哪来那些个钱。眼下连挂炭的钱都没啦，小侄子们冻得直嚎，俺说今儿到窑上拾掇几块矸石回来烧吧……"话没说完，便哽咽了。

贾宝执眼看这可怜人一身单衣单裤，脚上连一双破布袜也没有，联想到他一家老小，不觉好一阵难受。鬼子扫荡以前，小汝全家九口人，上有父亲，下有兄长，要人有人，要力有力。实行减租减息以后，又有了几亩耕地，一家人的日子一天比一天好起来。小汝参加村里的儿童团，每天背着红缨枪，唱呀跳的，和小伙伴们一起站岗放哨。自从鬼子扫荡，杀死他大哥，烧毁他家房屋。父亲气急成病，含恨而死。二哥一咬牙撂下锄头，跑去参加了八路军。家中丢下六口人，爷爷八十多岁，母亲疾病缠身，另有嫂嫂和两个年幼侄子。一家人的生活重担，全都落到他稚嫩的肩上。开春要不是乡亲们你一锄他一锨，帮助他家把几亩地耕种起来，今年冬天的光景还不知如何煎熬哩。想到这里，贾宝执轻轻地叹了口气，伸手扶着小汝，提高嗓门笑道："唉，儿童团员不许哭鼻子。"小汝擦干眼泪，抬起头来跟着贾宝执继续走路。爬上一道土坡，贾宝执安慰道："今儿俺帮你把炭挂回去，回头再把那位医生请来，先把你娘的病瞧了。没啦事，边区政府的救济款说话就下来了。"

小汝又感激又难过，说道："宝执叔，老靠政府，啥时才能活成个人家呀？"

贾宝执一听这话，禁不住紧紧搂住小汝单薄的肩头，说道："小汝，快啦。鬼子眼下是秋后的蚂蚱，蹦跶不了几天啦。等把鬼子赶跑，好日子就来了。"

小汝扬起稚气的脸，看了看贾宝执，皱着眉头说道："可说话春种又快了，俺家那地咋的个种呀？"

"不怕，有乡亲们哩。"

"宝执叔，不能啊，好多叔伯家也跟俺家一样，要人没人，要畜没畜，咋的个顾得过来呢。"

小汝一句话，触动了贾宝执收秋以来的一桩心事。那时，正是抗战重要年月。为了发展和巩固抗日根据地，打退敌人进犯，边区政府号召各根据地开展大生产运动。由于日军惨绝人寰的"三光"政策，加之国民政府的经济封锁，根据地面临人力、物力巨大困难。仅白家沟一个小山村，一次就被日本鬼子屠杀了十六个青壮年，掠走三十五头耕牛和七头毛驴，房屋大部烧毁。为了报仇雪恨，有三十多人参军，杀上抗日战场。村里剩下老的老小的小，且妇女多男劳力少。像小汝这样的人家，全村就有十来户。单靠救济只能救急，哪能救穷。再说这样下去非但不能支援前线，反而会拖累抗战。联想到前线吃黑豆拌炒面的八路军将士，心里甚是忧虑和不安。人常道，节令不等人。眼看冰开雪消，春耕大忙季节即将来临，到底该如何办，他几次到区上、县里请示报告，都无明确答复。这回听说县里召开春耕生产动员大会，便拿定主意，要是还无答复，他就打算给住在延安的毛泽东主席写信了。且知，在晋绥分区党校学习期间，毛泽东的文章，字字句句都曾打动他的心窝。因此上，他相信毛泽东一定能答复他，一定能给他们指出一条活路。哪承想，就在今天的开幕会上，边区首长宣讲毛泽东讲话，竟如雪里送炭，绝渡逢舟。其时，他浑身精气神好像都聚集到了耳尖子上，除了首长的话语，他忘掉了周围的一切。当首长讲道："毛主席说，把群众力量组织起来……这是人民群众得到解放的必由之路，由穷苦变富裕的必由之路，也是抗战胜利的必由之路……"他忍不住满含热泪从座位上站将起来，一股劲儿朝主席台上使劲鼓掌。会议宣布结束，他不顾一切，便从人缝中向主席台上挤去。眨眼间，只见他一个箭步跨上主席台，一把拉住首长的手说道："首长同志，毛主席讲得好咧，俺们也要组织起来！"那位首长被这突如其来的举动闹得怔了一刻，等回过神来定睛看时，是个戴狼皮帽的年轻人，不禁叫道："嘿嘿，是贾宝执嘛。你这个嗓门真响亮啊！哈哈哈……"说着调转头，对另一位首长说："就是他！在减租减息斗争中，顽固地主最害怕的年轻人，一个戴狼皮帽的年轻人。"首长又笑着回过身来，问道："你刚才说啥来？年轻人。"贾宝执挺挺胸膛，涨红着脸答道："首长，俺要把毛主席的讲话，带回去组织大伙儿呀！"那位首长显然被贾宝执的炽热与诚挚神色感染了。他收住笑容，一手搭住贾宝执肩头，把贾宝执上下打量了一番，语气和蔼地说道："年轻人，好哇！边区政府支持你，你就在白家沟做出个样子来吧！"说完，从挂包里掏出一本小册子，贾宝执连忙伸出双手，接过来捧着，只见封皮上印着"组织起来"四个大字，禁不住咧开大嘴，眼里含着泪花笑了。

"年轻人，识字吗？"首长问道。

"念过两年冬学。"贾宝执答道。

"好哇。"首长对身边一位秘书说，"老张，会议期间，你抽空帮助贾宝执同志学习吧。一定要把主席讲话的精神领会了。这是一件大事呵。"张秘书是个知识分子干部，身穿八路军灰布制服棉衣，腰间扎一条皮带，戴一副黑框深度近视眼镜。听首长说罢，握住贾宝执的手，说道："贾宝执同志，咱们互相学习吧。"当晚，辅导贾宝执学习约莫两个时辰，并将贾宝执不识之字，画上醒目符号。张秘书走后，贾宝执便趴在桌上一字一句地反复念叨，仿佛吞食蜜蛋蛋一般，那滋味直甜到心底去了。他因此如释重负，兴奋地直起腰来，举手拨了拨油灯。那灯芯噼啪爆响，骤然像绽开花瓣的花朵，把满屋照得通明。他欲舒展一下筋骨，一伸胳膊，却把短羊皮袄掉到地上，正伏身拾取，听得房门吱呀一声开了。

"贾宝执同志，还没睡哪？"

贾宝执拾起皮袄，抬头看时，却是张秘书，连忙迎上前去，抓住张秘书的手，兴奋地说道："张同志，您来得正好。"说着把张秘书拽到桌子跟前坐了。

"才刚路过，瞅见你这里还没熄灯，想你一定在啃书本。"张秘书笑着，一边环视屋内，方闻鼾声四起，一边翻着小册子问道，"有拦路虎了？"

"有几块俺都把它干掉了。"贾宝执激昂地说道，"老张同志，有你帮扶，俺保证一个一个干掉它。"

"是哩，学文化也要有消灭敌人那股子勇气。"

"哎，张同志，如今俺才尝到文化的甜头哩。你瞧，毛主席这垯讲得多贴心哦，要没有文化，它认得俺，俺可认不得它哩。"

贾宝执从张秘书手里接过小册子，扬起头来望着张秘书，激动地说："张同志，俺祖祖辈辈受穷受苦，不晓得根子在哪垯。你瞧，毛主席这一讲，俺心里好像点上一盏明灯哩。"张秘书见贾宝执眼里闪动着泪花，也不由自主地振奋起来，说道："贾宝执同志，你一定有很深刻的体会，能给咱讲讲吗？"贾宝执经他这一说，反倒有些腼腆了，停停才说道："张同志，咱庄户人家，讲不出甚道理。俺是说，毛主席把咱穷苦人祖祖辈辈寻求的活路给指出来了。你可知道，旧社会有多少人家想凭自己的一双手发家呀，可结尾呢？大半都倒塌了。就拿俺村贾计秋家来说吧，就凭着一双手，苦熬苦受，好不容易挣到三眼窑七间房，一头牛一群羊，好地二十多垧，有个样子吧？可就是接连死了两口人，就被财主闹得家败人亡呵。"贾宝执说着，多少往事涌上心头，脸色都变了。张秘书蛮有兴致地听着，见贾宝执突然收住话头，便追问道："贾宝执同志，你说下去，这一家到底是怎么败倒的？"说着，掏出一支边区自制的烟卷，递到贾宝执手里。贾宝执在油灯上点着，深深吸了一口，低下眉头瞧了瞧自己的手，这才慢声静气地讲起来。

说是某年，贾计秋死了娘，第二年又死了婆姨。财主贾宝善瞅着，便打开了主意。一天，那贾宝善装模作样对计秋爹说："成富啊，瞧你家恓惶得连个女人也没啦。白天没人烧饭，晚间没人说句话。唉，造孽哩。"善良的计秋爹听着，心里感动，叹口气说："唉，不晓得哪辈子造下的冤孽，老天爷这的个刻薄俺。"那贾宝善假眉三道说："你就不知道给计秋续一房？"计秋爹又叹口气说："不瞒掌柜的，手里紧巴哩！"那贾宝善眉头一展说："嘿，你怎不早言语。亲不亲，一姓人，一笔还能写出两个贾字？俺虽不算富，娶个把媳妇的钱还是拿得出来。想好了来取就是，甚时能还甚时还。"一辈子只知受苦的计秋爹，就这样钻进第一个圈套。就在贾计秋娶下媳妇那年，军阀阎锡山到处抽丁。那财主串通官府，将这门差事派到上无长下无幼的贾计秋头上。贾计秋听说，当夜逃了，抓丁的便将年过半百的他爹抓去顶替。受训三个月，又是打来又是骂，可怜老汉吃不住这般煎熬，开小差跑回了家……

贾宝执停住，沉沉地出了一口烟，继续往下讲道——

却说次日，官府进村捉人，贾宝善则假惺惺对计秋爹说："唉呀呀，咋的闹成个这？当兵防范共匪理所应当，计秋那后生不肯去，你就该拿钱雇一个去顶替。瞧你胡子扫地的人，还能务那营生去？"计秋爹哑巴吃黄连，有苦道不出。只是心想，刚给计秋娶过媳妇，年景又不好，哪来钱雇人？贾宝善趁机说："没票票？嘿，没票票，你咋的个不言喘呢？"计秋爹不知这是早已设下的连环套，难为情地说："计秋续房借的那笔账都还挂着，咋的个好再……"贾宝善说："嘿，瞧你说的。谁让咱是同氏门宗呢？慢说借两回，就是三回四转，只要你张嘴，总不会让你空着手回。"当即经人撮合，雇下二流子黄四狗，花大洋七十元，外加捉人腿脚烟茶费，满共一百大洋，由贾宝善开销，一笔添在计秋爹名下。计秋爹进了圈套，贾宝善翻脸不认人。到青黄不接之际，加倍利息，硬逼着还债。贾计秋无可奈何，心下寻思，变卖家产或许还能卖个好价钱。谁知贾宝善却不答应，说只要地方不要钱。当日便拿着斧头带上人，闯进计秋家，凶相毕露，扬言若不用家产抵债，便要拼命。胆小善良的计秋爹怕儿子有个三长两短，只好将计秋劝住，父子俩眼巴巴瞅着好端端的家业，就这样被财主吞噬。从此，倾家荡产，流离失所……

　　贾宝执讲到这里，叹道："唉，那恓惶的情景如今还在俺跟前一样。一家妻儿老小被赶出家门，哭成一团，呼天天不应，叫地地不灵哦，乡亲们见了只有悄悄抹泪。"贾宝执难过地低下头。他两个手指挟住半截烟卷，放到嘴边大口猛抽，烟雾遮掩了那激愤的脸，直到火头烧着了嘴，才呼地吹掉烟蒂，抬起润湿的眼睛，接道："张同志哩，你可不晓得，多少年了，像走马灯一样，有多少人家被闹得妻离子散，逃荒乞讨咧。那些年月，受苦人好比他们圈里的羊，瞅见哪一只稍有点油水，就伸黑手宰杀。可俺们自己呢，只好乖乖由人家摆布哩。"张秘书取下眼镜，用手绢揩揩泪痕，劝慰道："贾宝执同志，那时候刀把子不在咱受苦人手里。如今有了边区政府，不怕他们了。以后把封建地主阶级消灭，穷苦人发家致富就有保障了。"

　　贾宝执听罢，沉默良久，摇了摇头，说道："张同志哩，原先俺也这的个思谋过，以为有自己的政府，就可以往富里刨闹了。可不行哩，近些年经过减租减息，贫雇农虽说好过些了，可一遇灾荒，还是吃受不起呀。就拿俺村来说，劳力强的上了前线，有地也种不上，有的没法想，又要卖地咧……"

　　张秘书同情地点点头，说道："不要紧的，毛主席这篇《组织起来》的讲话，就是为了解决战时这种特殊困难的。老贾，等战争结束了，打仗的都回来了，边区政府发放贷款，买上牲畜，那将是一幅八仙过海，各显神通的动人图画哦。"

　　贾宝执拨了拨麻油灯，捧起小册子，凑近张秘书说道："张同志，前晌听首长宣讲，俺还这的想，眼下这些困难，可是能对付过去了。过后平心再一寻思，将来咋的个办呢？还是像先前那样，爹死娘嫁人，各人顾各人么？"

"贾宝执同志，你多虑了。将来打跑鬼子，消灭了封建制度，不仅各人能够顾个人，而且需要各人顾个人咧。人都有上进心，到那个时候，开展生产竞赛，各展所能，各尽其力，工农商学，全面发展。这就是和平民主新阶段的动人景象哦。"

张秘书话音未落，院子里忽然刮起一阵寒风，卷着满院枯枝败叶，拍打着窗棂，唰唰地响。吕梁山的早春，凛冽的西北风还威着哩。这风从门缝钻进屋来，吹得麻油灯直扑闪。贾宝执急忙起身遮挡，一时只觉胸前好似一团烈火在燃烧。这情景，猛然使他想起四年前的一个夜晚。那一夜，也如同今日一样，侵人的寒风呼呼地刮着。在村东南角的古庙里，也是这样一盏麻油灯，火苗噗噗地响着，照得那间严严实实的小窑洞通明透亮。毛泽东主席的画像与一面党旗，端端正正挂在墙上。当他紧紧贴住那盏麻油灯，举起右手，庄严宣誓之时，那火苗也仿佛一团烈火在胸前燃烧，全身滚溜溜的，劲气横生。打那以后，他开始懂得，共产党人为了百姓幸福，不仅要建立社会主义制度，还要为美好的共产主义社会奋斗。因此上，在他的想象中，哪里是张秘书刚才描述的那番情景哩。想到这里，贾宝执眨巴眨巴眼睛，把小册子翻开，问道："张同志，你看毛主席这话该咋的个理论呢？"张秘书接过小册子，照贾宝执手指的一段念道："在农民群众方面，几千年来都是个体经济，一家一户就是一个生产单位，这种分散的个体生产，就是封建统治的经济基础，而使农民自己陷于永远的穷苦……"念罢，抬眼说道："这段文字言简意明嘛，还需解释吗？"贾宝执却道："张同志，俺可有个疙瘩解不开咧。毛主席说，个体生产是封建统治的经济基础，要是咱们还保留个体生产，那不是保留封建统治的经济基础么？要是封建统治的基础没啦铲除，那咱哪来好光景咧？"张秘书听罢，暗暗吃一大惊。知识分子的敏锐使他意识到，从理论上讲，这个想法是对的，但知识分子的弱点却使他一时难以答对。他扶了一下眼镜，说道："让我再仔细研究研究。"便把小册子移近麻油灯，反复吟诵默想。

临了，慢慢抬起头来，连连说道："有道理，有道理。"贾宝执掏出旱烟袋，笑着说："张同志，俺是个大老粗，理论不来。这都是叫生活逼的呀。这些日子，俺老琢磨，旧社会受苦人拼死拼活也吃不上一顿饱饭，那是因为刀把子在人家手里攥着。可如今解放了，咱们有了自己的新政权，为啥还有人卖地有人买地？眼下战争造成的困难是个理儿，就是仗打完，还有天灾什么的哩。你说有政府救济，一户两户好整，要是全民都要救济，那政府从哪里来救济呢？俺这垯有句土话，叫'土帮土成墙，穷帮穷成王。'俺思想，毛主席叫组织起来，搞集体办互助合作说的就是这个理儿。毛主席说，这是人民群众得到解放的必由之路，由穷苦变富裕的必由之路。张同志，俺打心眼里赞同呵。"

张秘书沉思片刻，问道："你是说，组织起来才是长久之计？"

贾宝执答道："不，张同志，这是毛主席说的哩。"

张秘书听了，心里不由得一咯噔。他扶正眼镜，久久地将贾宝执盯着，陷入沉思。贾宝执见张秘书瞅着他发愣，也不知如之何以，便连忙将小册子递送过去，指着封面空白处，请求道："张同志，请你帮俺写上几个字吧。"张秘书如梦初醒，慌忙取出自来水笔，抱歉地说道："好好，你说，我给你写。"张秘书欣然提笔，贾宝执便道："您就给俺写上，毛主席指出的这条活路，俺们要笃定走下去。"张秘书工工整整地写完这一十八个字，站将起来，情不自禁地紧紧握住贾宝执的手，不胜愧怍，说道："贾宝执同志，像我这样的人，是得很好地向你学习哩。"说完拉着贾宝执复归坐下，二人又动情地议论起来。这一夜，他们谈了许久，直到月儿西沉，张秘书这才起身离去。一路上，他的心境很不平静：一个普通的青年农民，为何具有如此明白坚定的革命信念？走出老远，他回过头来，见那盏麻油灯还亮着。于是，他猛地想起什么似的，喃喃自语道："是的，毛主席的书像一盏明灯，照亮了他的心。这许是一盏永不熄灭的明灯呵。"

张秘书正想着，猛然听见背后有人唤他，转身只见夜幕中一个白影向他飘移。惊魂未定，那白影已到跟前。看官，深更半夜飘移白影是人是鬼？欲知详情，且看下回分解。

第四回

一人守阙寒言冷语　八户同心热火燎天

第四天

这日，凯丽朗诵之前问钟先生道："爹爹，医生的核酸检测结果有了消息么？"钟先生啜一口茶水，放下茶杯，扣罢杯盖，微笑道："莫急，张大妈说的是今日下午告知。"凯丽这才小心翻开书页开始朗诵。经过几天磨炼，她唇甜齿香，步步莲花，钟先生听得时而轻微晃脑，时而闭目神往，难掩享受之悦。此时，银铃般的嗓音又在耳边响起——

诗曰：朝天大路不平坦，正道时乖有因缘。
　　　三匠合成诸葛亮，洪荒拓土早春寒。

话说那个年代吕梁山人烟稀少，边区政府机关所在村寨场镇，大者千家，小者百户。一到夜间，若无月色则一片漆黑，伸手不见五指。况乎战争环境，敌特流氓来去无踪，故而张秘书十分警觉。见白影近前，他右手正欲拔出盒子枪，只听那白影说道："张秘书，是俺。"原来是贾宝执。不等张秘书开口，贾宝执说："张秘书，你的钢笔撂在桌上了。"待张秘书接过钢笔，贾宝执又道："张秘书，俺回村立马着手把大家组织起来，感谢张秘书今儿帮助。"二人又聊了一阵这才分手。几天来的学习讨论，贾宝执犹如上了弦的钟表，会议一结束便急急匆匆赶回村里。

却说当晚，一些村民得知贾宝执回村，都聚到他家里来了。不大的一眼窑洞，炕上炕下挤满了一屋。众人围着麻油灯，瞪着两眼张大嘴巴，静悄悄地听贾宝执讲述毛泽东《组织起来》的讲话。憨厚的庄户人忽然听见如此新鲜道理，不时地发出会心的笑语。贾宝执盘腿端坐炕桌后面，桌上，麻油灯照得他满面红润，他越讲越来劲气，临末用洪亮的声音问道："多少年了，老辈子们一家一户闹腾，害得祖辈受穷，代代受苦。毛主席说只有组织起来，俺们才能拔掉这个穷根。咱们白家沟今春就组织起来，大伙儿说咋的个？"满屋子响起巴掌声和叫好声，那麻油灯火苗也仿佛跟着欢快起来。贾宝执望着一张张眉开眼笑的脸，听着大伙儿你一言我一语，心里从来没有过这般的畅快。

"毛主席的话可说到俺们心里哩。"

"人常说，三人一条心，黄土变成金。就是这个理儿。"

"人多智慧广，星多天空亮。大伙儿捏成一垯，甚困难也能对付哩。"

"好哩！往后的日子可不发愁啦，这下可有了奔头，总算有个活法啦。"

……

次日晚上，贾宝执借用村公所一间大屋，让土秀才贾维藩将毛泽东《组织起来》的讲话读了读，众人便七嘴八舌议论开来，满屋子洋溢着从未有过的热烈与喜悦。贾宝执看着这般场面，想起边区首长对自己的嘱咐，便招呼大家安静下来，说道："上级要求咱们尽快组织起来，成立互助组。可这是自觉自愿，不强迫命令哦。大家思忖思忖就自愿报名组合吧。"于是人们骚动起来。有的三三两两议论着，掐算着；有的吧嗒吧嗒一股劲吸烟，独自沉思着；有的转来转去，用探询和揣测的目光察看着……空气却愈来愈变得冷峻而怪异。这种情形，不觉给贾宝执心里蒙上一层阴影。他觉察到，事情并不那么简单哩。因此上，他屏住气，沉稳地坐着，用眼睛观察四处动静。

不久，复杂的情况终于出现了。

经过一阵吵吵嚷嚷，随着乱七八糟的脚步声，人们的位置开始发生微妙变化。贾宝执看到，凡是坐到一起的，论土地、农具，不差上下；论人力、畜力，半斤八两。剩下几户困难最大的贫苦户，你瞧瞧我，我瞅瞅你，不知如何是好。年少的小汝带着焦急的神色，像只寻食的小兔子，一会儿蹦到这摊摊跟前，一会儿蹦到那堆堆看看。

"俺入你们这个组吧？"小汝带着乞求的目光搭讪着说道。

"嘻，你家？俺们可养活不起，还是找别的组去吧。"富裕户用讪鄙目光扫他一眼回道。

小汝碰了钉子，一点没有沮丧。又立起身，靠到另一个组跟前，结结巴巴地说："俺年小，搭上俺嫂嫂，也足可顶上一个强劳力。赶后儿，俺哥从前线回来，还是个好劳力呢。俺就入你们这个组吧？"

"这是互助闹生产，不是唱十二寡妇征西。婆姨娃娃的，咋的个上阵。"这个组的富裕户更加刻薄。

小汝连碰两个钉子，这才傻了眼。富裕户的话刺痛了他的心，于是他猥猥琐琐地退出来，蹲在墙角，愣怔大眼，瞧着人们议论。不觉想起被鬼子杀害的大哥，想起疾愤死去的父亲，想起远在前方作战的二哥，突然感到自己好不孤单，鼻子一酸，竟忍不住啜泣起来。听到这声音，贾宝执打了一个寒战，但他依旧沉静地坐着。接着，又见贾来生依靠炕棱一言不发，悄悄叹息；贾建谊蹲在墙角吧嗒吧嗒地直管抽烟，额上挽着颗疙瘩；身弱体小的贾豹则哭丧着脸不时拿眼睛瞅他，仿佛在对他说："宝执叔，人家瞧不起咱，这事儿咋整呀？"心里阵阵难活。

"哈，你们吵甚哩，还没啦散会？"话音未落，躺在炕头的富裕户贾恒珍，一骨碌爬将起来，揉着惺忪睡眼。原来，今晚他是抱着看新奇的态度，来参加这个会议的。当贾维藩读罢毛泽东的讲话，众人七言八语讨论时，他便合上眼，在炕头假装睡着了。这位庄户人身材不高，却有一副结实身板，庄稼地里是个好把式。只是左眼残疾，大嘴歪斜，却好说二话。他家土地好、农具足、人强畜壮，人称上升户。一来害怕贾宝执叫他发言表态，二来害怕与别人搭在一起吃亏，便装模作样地合上了眼。过了一会儿，就真的睡着了。这阵醒来，见几户穷光蛋被晾到一边，便知八九。他嘟囔着跳下炕，拍了拍屁股，得意扬扬地朝门外走去。一个少年不知底细，便上前扯着道："叔，你入俺们这组吧？"

"入你们的组？哼，等到驴年马月吧。"他冷笑一声，露出一脸得意与不屑的神情。

听到这话，贾宝执瞥了他一眼。他只顾往外走，没有瞧见。走出两步，又唧唧咧咧地饶开舌片子呛道："常言说得好，宁可合伙过年，岂可合伙种田。七老八少圪渣户，穷得叮当响，谁与合伙谁倒霉咧。"说着走到门口，把门一摔扬长而去。贾宝执像触电一般，心里一咯噔。"圪渣户"三个字像一把利刃，刺痛了他的心窝，胸中立时翻江倒海：什么"圪渣户"，是缺乏劳力吗？这事不假。他们的亲人有的被日本鬼子残害，有的参军上了前线，有的壮烈牺牲，怎能说他们是"圪渣户"。想到这里，贾宝执说道："甚叫'圪渣户'？咱们是干革命的精华户、堡垒户、先锋户！别看咱们现在穷，穷可以变富；别看咱七老八少，小的可以长大，有边区政府，就是天塌下来也不用害怕。俺贾宝执跟大家合伙，咋的个？"这一番话把那些富裕户惊得目瞪口呆，面面相觑，却点燃了困难户心头一团烈火。

"宝执，你一个能顶俺们几个，跟俺们合作，你要吃亏哩。"困难户见贾宝执要同他们合作，内心说不出的高兴，却又过意不去了。

"甚吃亏便宜？"贾宝执一挥胳膊说道："要是没啦边区政府，俺力气再大，还不是伺候财主，当牛做马。大伙儿说得对，三人一条心，黄土变成金。只要咱们照毛主席说的话刨闹，哪怕前面是一架山，咱们也能扳倒它。"

正说着，从门外一闪进来一个人，他中等个头，和善面庞，拍着结实的胸脯，喊道："宝执说得对，咱们一块儿来闯这条路！"众人回头一看，是共产党员贾孩。谁人不知，贾孩一家弟兄三人，加上正当年的父亲，满共四个好劳力，锄锨犁耙样样齐备。这样的家境能同穷光蛋们合作吗？贾孩的秉性谁人不知，心慈志坚，说一不二，可他父亲答应吗？贾孩看出大伙惊疑之色，便将适才听了贾宝执的讲述，如何回家说服父亲，说服不成，又如何分家的事叨唠了一遍。众人听罢，欢天喜地，眉开眼笑，热热烈烈发起喊来：

"宝执，你就领俺们干吧！"

贾宝执望着一张张朴实的笑脸，欣喜自不必说。只见他一跷腿跳下炕，响亮地叫道："同意的站过来，咱们的互助组现刻就成立。"随着脚步声响起，贾宝执一点人数，满共只有七户。他们是：贾孩、贾挨多、贾浪民、徐候奴、贾建谊、贾来生、贾豹则——史称"老八户"。贾宝执一看这般光景，就不信这个邪，心下横生一股气：七户就七户，没甚了不起，路是人踩出来的。有俺们八户，就会有八十户，八百户，成千上万户。于是当晚，包括贾宝执在内的八户农民自愿组织起来的互助组，当众理直气壮宣告成立。

人说黄河九十九道弯，湾湾都有惊涛骇浪。贾宝执互助组刚一成立，接二连三的困难，就如泰山压来。那时节，白家沟这个偏僻小山村，经日寇扫荡、国民党经济封锁，一般人家都艰难窘迫，更不用说贾宝执互助组的成员。除去贾孩一户，不仅缺少耕畜、农具和口粮，眼看春播节令将至，连籽种都没有一颗。这日，互助组八人齐齐围坐贾宝执家的炕头，召开第一次正式组员会，商议如何克服籽种困难。有的提议求助边区政府，有的说向人借贷。贾宝执说："向边区政府要救济，能要上；向乡亲们赊借，也能行。可是，这显不出俺们的骨气。"说着跳下炕，三步两脚走到墙根，提起一个瓦罐，转身回到炕边，一倒手，哗啦啦倒出一摊黄澄澄谷子。大伙一看，先是一怔，接着叫道："宝执，你老小一大家，就这几颗粮食，还是留着吧！"贾宝执说："咱们这回组织起来，不是临时打帮工。今前晌贾恒珍又放话啦，说甚几个穷光蛋能扬起个甚尘土。别看他们安锅搭灶腰粗气壮，以后拆锅分家打穷架，才有好戏看哩。眼下还有些穷兄弟也在看着咱们，巴望咱们搞下去，替他们蹚出路子来。就这，咱们宁可挣死牛，说甚也不能退了车。哪怕啃树皮吃野菜，也要把这个籽儿种下去。"话音刚落，贾孩呼地站起来，喊道："宝执说得对。那些鬼七魍八的家伙，正睁大眼睛等咱们散摊哩，咱也让他们等到驴年马月吧。"说罢，拔腿一溜风跑回家去，抱来一坛粮食。紧跟着，贾建谊、贾豹则、贾来生等人，都回家翻盆倒罐，把仅有的几颗口粮端了来。当即量了量，满共凑上一石一斗八升。

贾来生叹口气道："还短着哩。"

贾宝执接道："不怕，你们先翻地，俺拉上蛤蟆驴跑几天运输，挣就是了。"

贾孩一边装烟，一边焦急地说："唉，那蛤蟆驴连个鞍垫还没啦哩。"

"不怕，有啦。"贾宝执说着，眼光一闪，扭转身从炕角边拉出一条棉裤，扔给媳妇，说道，"立马给俺拆了，做它个鞍垫。"

众人一看，这才发现贾宝执穿的是夹衣单裤，便齐声拦阻。农谚道：春风吹破琉璃瓦。那时虽是仲春时节，土地已经开始解冻，可是西北风仍然侵人筋骨。贾宝执媳妇拿起棉裤动手要拆，只见贾孩抢上一步，夺过棉裤，冲着贾宝执喊道："你也不看这是甚时令！"众人也都喊道："宝执，可不敢这的个哦！"贾孩瞪着圆眼说道："你成天在外，风里来雪里去，离开这东西哪能行？这不是在刀尖上翻跟斗么？俺看这的个，反正俺是在村里，拆俺的。"说着，动手就要解裤带。贾宝执一见，大声吼道："贾孩，不抵。你的腿脚有毛病哦。"边说边从贾孩手里夺过自己的那条棉裤，两手捏住腰缝用力一撕，只听得刺啦一声响，一条囫囵棉裤成了两截。霎时，众人大喝道："宝执，这咋行啊！"

"咋的个不行呀，"贾宝执带着得胜者的笑容，说道，"听说红军从南方过来的路上，爬雪山过草地，全都穿的单衣单裤哩。眼下，你们也不都是破衣烂衫么？不要失惊倒怪的，咋也不咋。"众人听了，禁不住鼻子一酸，一个个眼泪花花，半晌说不出一句话来。……（此处残缺）

看官，就凭着一头蛤蟆驴，贾宝执能否挣回所需籽种？欲知详情，请看下回分解。

——凯丽念罢，抬起头来，两只蓝眼睛噙着泪水，问道："爹爹呀，他们为什么那样穷啊？"钟先生从椅背欠起身来答道："这便是命哦，谁让他们赶上那个社会呢？"说着端起茶杯饮了两口，润润嗓子说道："就拿你父亲来说，他为什么得上那样的病呢？又为什么医治不了呢？那时你还不到两岁，父亲不幸去世，刚刚办完丧事，你妈妈又出了车祸。拿我们中国人的说法，这叫'福无双至，祸不单行'。为什么？上帝也会告诉你，这是命啊。"钟先生正说着，手机响了。他捡起手机，贴近左耳，问道："哈罗——"随即捂住手机向凯丽悄声说道："是你母亲。今天到此为止。"便用英语与凯丽母亲交谈起来。

第五回

夜风雪露宿山神庙　梦蹊跷伐杀薜荔墙

第五天

　　凯丽母亲打来电话，自然是牵挂女儿的衣食住行及安全诸事，钟先生则一一悉数报告。之后，凯丽也与母亲叙谈多时，无非儿女情长之类。最让凯丽放心不下的，是瘫痪的母亲没有养父的陪伴是否开心。母亲没有作答，却唱了一首中文歌曲《月亮代表我的心》。凯丽听着，笑眼涌出了热泪。钟先生见状，怜爱地拍拍凯丽的头，说："女儿尽管放心，妈咪的一切，爹爹都已安排妥当了。"凯丽却道："爹爹就是我们家的英雄，Superhero！"钟先生笑道："好啦好啦，一切都会好的。哦，女儿，还有一个好消息，适才街道办发来短信，说核酸检测结果，咱们父女俩都是阴性。"凯丽一听，立时笑逐颜开，拍手叫道："好哇好哇，赶紧告诉妈咪。"

　　"好啦，妈咪已经休息了。我们现在言归正传，该干什么啦？"钟先生提醒道。

　　"朗读。"凯丽一吐舌头做了个怪脸，便捧起书来——

　　词曰：天降大任在何时，世上几人知。畎田发舜，版墙举傅，始祖芳菲。　　肩担大任留踪迹，时蹇见精微。劳其筋骨，饿其肌腹，雪影崔巍。

　　话说贾宝执当即铺排好互助组营生，次日一大早便套上蛤蟆驴，迎着寒风上路了。吕梁山的春季，早晚寒气侵人，晌午却是暖日当头。那时节，正赶一场大雪，积雪融化，地皮消冻，道路像夏天雨后一般，泥泞难行。这天正在晌午时分，出门已经数日的贾宝执装好货物，没喘一口气，便往回赶路。

"这不是老贾吗？"走到城西一家骡马店门外，店里传来熟悉的声音。贾宝执扭头一看，是店掌柜的，便笑着打了个招呼。

"天色不早啦，你还背着多半口袋，路又不好走，就住下了吧。"店掌柜关切地劝道。

"俺花销不起呀。"贾宝执玩笑着回答，脚也未停。

"嘿，满共三角钱，又不是花你自己个儿的，心疼甚哩。"

"不瞒掌柜的，这比花销自己个儿的还心疼着哩。"

"嘿，瞧你真是的！"店掌柜见贾宝执只顾朝前走，赶忙走近说道，"宝执，喝两碗热粉汤再走吧，今儿刚做下的哩。"

"不啦，俺这垯带着干粮哩。"贾宝执捅了捅腰间鼓鼓的袋子，头也没回，径直走了。那店掌柜站在路边，望着贾宝执远去的背影，无可奈何地摇了摇头。

却说贾宝执走出县城西门，翻过一座山，又走了一条五六里深的窄沟小道，浑身上下早被汗水湿透了。他靠住一个土台，缓了口气，这才掏出糠窝窝，一边啃着，一边赶路。积雪融化的山路，满是红胶稀泥，有的地方还淌着泥水。贾宝执赶着蛤蟆驴，每走一步，甚是费力。驴的后蹄不停地甩打起泥浆，溅他一腿一身。走着走着，鞋底的泥巴越沾越厚，于是越走越沉。他索性脱下鞋袜，甩掉红泥，往驮架上一插，卷起裤腿，光着脚板子行走。走了一程，天空渐渐昏暗，云雾笼罩了远处山头。又走一程，白花花的雪片飘落下来，不到傍晚，满山满坡便披上一层银装。要是一人行来，贾宝执闭着眼也能摸回村去，怎奈蛤蟆驴相跟，眼看天昏路滑，生怕蛤蟆驴有个闪失——别看这不起眼的蛤蟆驴，那可是互助组的宝贝疙瘩哩。因此上，他打算找个地方歇下，等到天明再回。其时，前不着村，后不着店，来到一处山神庙。庙已多年失修，如今只剩破窑一孔，环无遮拦。他先将毛驴卸了驮，喂上草料，抽起一袋旱烟歇歇气。眨眼间，黑幕降临，担心蛤蟆驴丢失，便把缰绳拴在自己腿上，干脆横门而卧。寒冷的春夜，他只裹着一件短羊皮袄，遮了头盖不住脚，冻得躺不住也睡不着，只好从地上爬将起来靠着土墙蹲着。

　　不知过了几个时辰，贾宝执恍恍惚惚只觉眼前一轮红日从东山梁上冉冉升起，天空渐渐放晴，他连忙起身，套上蛤蟆驴便走。行至南沟，积雪早已融化，只见互助组地里绿茵茵的，一片连着一片，不觉大吃一惊，叫道："啊呀呀，俺这回走的时日忒长咧，庄稼都长这的个高了！"正说着，贾孩从一弯地里迎面走来，笑道："啊呀，宝执，这趟可辛苦你了。你走时咱就说籽种已经挣够了，你还不信。你看，全都种上啦，还都捉了全苗呢。"没等他开口，贾孩又道："报告你一件好事情，乡亲们看咱的庄稼长势好，都要求参加互助组，俺拿不定主意，还等你回来定夺哩。"他一听，便笑道："好咧，好咧，咱早就盼着这一天啦。走，回村看看去。"说着，二人相跟着回到村里。众人得知，纷纷赶来报名。贾宝执抬头一看，除贾恒珍人等，差不多全村人都到了场，高兴得不知说甚是好。只听得有人叫道："宝执，如今兵马多了，咱们干脆成立个合作社吧。"他当即回答道："好咧。"于是，人们欢天喜地，敲锣击鼓，成立了一个土地运输合作社。不过几日，他又跑了两趟运输，为合作社赚回一头大黑驴。这天，他牵着大黑驴从贾恒珍门前经过，那驴突然哇呜哇呜嘶叫起来。那贾恒珍因见贾宝执互助组不仅没有倒台，反而越发兴旺了，连日愤愤不平。此时正坐院里独生闷气，一听是大黑驴冲他嘶鸣，顿时恼羞成怒，骂道："龟孙子的，神气甚哩？"顺手抄起一把镢头，裂眦嚼齿，跳过薛荔墙来，望着草驴劈头便砍。贾宝执一看，勃然火起，连声喝道："住手！"那蛤蟆驴听主人一声叫喊，吓得刨蹄嘶鸣。贾宝执猛地被惊醒过来，原来是一场睡梦。这时天已大亮，红日暖融融的，映着满山白雪，耀眼刺目。贾宝执着了急，慌忙往起站立，双腿却冻得僵了，如同铁杵，一时动弹不得。想起刚才的梦境，自觉好笑，回村的心情愈发急切。一咬牙站起来，麻木难耐，揉了半晌，又走了数十步，这才渐渐舒缓了过来。

再说村里，贾孩他们自贾宝执走后，每天盼着他早日归来。昨天众人掐指估算，近日该是到家时辰，于是后晌收工回村，齐站村口，朝飞雪迷茫的南沟眺望。直到天色擦黑，还不见一点人迹，无不焦虑。今日拂晓，贾孩便只身一人跑到南沟沟口，蹲在一棵枣树下张望。烟抽了一袋又一袋，只见到一群山鸡飞到沟里寻食。直至早饭时分，才见两个黑点在雪地里向村子移动。贾孩看得真切，禁不住向村里大声呼叫："宝执回来咧！"老八户的男女老少纷纷赶来，呼呼啦啦朝南沟跑去。众人跑到跟前一瞅，只见贾宝执从头到脚糊满一身泥，消瘦的双颊上，汗珠子一串接着一串往下流淌，眼眶里布满了血丝；光脚板踩在雪地里，像胡萝卜一样发紫，冻裂的口子残留着斑斑血迹。……（此处残缺几字）可他自己却像无事一样，站在那里盯着迎他的人憨笑。众人忍不住叫道："宝执呵，你叫俺们咋的个说呀！"贾宝执见一个个傻了似的，瞅住他愣着，笑问道："大伙儿咋的啦？"众人这才哗的一声笑出声来，一边揩拭眼泪，一边围上前去。有的争背贾宝执背上的麻袋，有的抢拉蛤蟆驴，有几个则簇拥着，把贾宝执抬将起来，有说有笑接回村里。正是：

天冷冷不了热情兮。
地冻冻不了决心。
寒风吹不倒信念兮，
心心为众得人心。

且说回到贾宝执家小院，众人翻开麻袋，捧起一粒粒橙黄饱满的种子，欢喜得止不住又是一阵泪流。片晌，家里的婆姨们抱婴携子，也都凑热闹来了。不一会儿工夫，一些村民听得，也赶来看新奇。一时间，门庭若市，好不红火，贾宝执进屋换了衣衫，走出房门，忽然在人群中瞅见一个人，内心顿生欢愉。这人二十岁年纪，说高不高，说矮不矮，一表人物，生得眉清目朗，温文尔雅，身着灰色土布夹袄夹裤，外置府绸黑坎肩，头戴瓜皮毡帽。其时，正怀抱白胖儿子立在人圈之外，说道："唉，还是宝执爷能耐哩！"众人回头一看，是村里土秀才贾维藩。那贾建宜随即高腔大嗓回答道："那是哦！没那杨六郎的本事，谁们敢挂元帅印？"引得众人呵呵地乐了。贾宝执听得，挤过人群，招呼贾维藩，说道："云儿爹，莫听他瞎掰。俺这是石头缝里发芽芽，憋出来的哩。"众人听了，一个个无不笑逐颜开，那贾维藩却满脸涨得通红，有些儿不大自在了。看官，你道这贾维藩何路神仙，竟让贾宝执如此另眼相看？不说不知晓，一说全明了。原来，论辈分，二人有祖孙之殊；若言贵庚，贾宝执却仅长三秋，平日相处如同昆弟一般。贾宝执成立互助组那日晚上，贾维藩虽心存向往，但因家庭缘故，不得不作壁上观，当了局外人。贾宝执非但没有怪罪，反而常怀眷恋之情。何故？皆因人品也。贾维藩自幼腼腆而诚实，聪慧而善良，闻诤言不怒，闻错语不怨，身怀君子之德。做兄弟自不必说，为朋友也是靠得住的。再者，因其家境殷实，进过私塾，识文断字，是村上屈指可数的文化人，因此上贾宝执深信，在事业方面是个不可或缺的好帮手。果不其然，随着白家沟集体经济发展壮大，贾维藩成了贾宝执的左膀右臂。这是后话，届时俱有细表。

话说到了播种季节，组员们把种子一颗一颗撒到地里，又满又足，又直又匀，没有落下一分白茬地。转眼播种结束，贾宝执又拉上蛤蟆驴出了村。依旧两不见日头，走时阳婆未起，回时披星戴月；驴驮一百二，他背六十斤；饿了糠窝窝，天黑山神庙。禾苗出土时，他给组员们挣回口粮与食盐；禾苗拔节时，他为集体驮回农具与烧炭。从春至夏，整整两个季节，背上磨起了血泡，老茧生了一层又一层。到得秋收，互助组满共五百五十亩耕地，总产粮食竟收获二百余担。众人怀着丰收的喜悦心情，欢欢喜喜吃了一顿白面馍。入冬因要求入组的农户增多，便将互助组更名为"白家沟土地运输合作社"，推举贾宝执为社长，分管运输及副业；贾孩为副社长，负责耕田种地。同时经由社员大会讨论，制定了六项新章程：一、土地集体经营，地上收获各归其主；二、劳力统一使用，各尽所能；三、生产自备工具，不计报酬；四、抗勤及婚丧嫁娶，一律计为集体出勤；五、运输及其他副业收入按股分红；六、正副社长职务另无报酬。

当年入冬十一户入社，又依据其具备蒸酒、榨油、磨粉、做豆腐技术特长与设备优势，合作社顺势开办酒、油、粉、豆腐兼养猪四大作坊。随之，合作社毛驴增至六头，另购母猪两头。经过一冬努力，第二年合作社为边区政府加工黄油四千斤，面粉一千五百斤，运输烧炭三万斤，食盐三千斤，供应肥猪二十头。年终结算，仅副业一项净赚小米一百五十石。这一年，论土地，全村数合作社差；论农具量，数合作社少；论劳动力，数合作社最弱；论产量，却数合作社奇高。白家沟土地运输合作社获得空前未有的好收成，社员生活大为改善，并有力地支援了前线抗战。耳听为虚，眼见为实。合作社的新气象唤醒了古老山村，也照亮了迷惘的心灵，于是白家沟村掀起一波又一波踊跃入社浪潮。就连那财大气粗的富裕户贾恒珍，见自己一年辛辛苦苦下来，亩产还不及互助组的百分之八十，也彻底认输了。待合作社成立，便拉上大犍牛，带上几十垧地，加入了合作社。到1945年开春，合作社由十九户增至三十五户，男劳力三十七个。至1946年达到五十三户，男劳力增至五十五个，入社耕地也由1944年的二百五十八亩，增至三千三百五十八亩，毛驴由原来的六头增至三十六头，新增骡子六头，耕牛由原来的十二头增至十八头，生猪发展到七十口，羊一百只。期间，开办小型纺织厂一座，煤窑一座，中药铺一间，既解决了社员日常用度，又增加了副业收入。副业分红1945年每股三石小米，到1946年增至四石。粮食产量则比之互助组提高百分之三十，经济收入增长数倍，社员生活又上了一层楼。在贾宝执的带领下，八户农民在晋绥边区树起第一面"组织起来"的崭新旗帜。1944年12月，贾宝执代表全社出席了晋绥边区群英会，被评为甲级劳动模范。从此，贾宝执的名字，连同八户农民的合作社，在吕梁山乃至整个边区被传颂。

却说这年春节将至，白家沟呈现一派前所未有的喜庆。就在众人红红火火，热热闹闹准备欢庆之时，贾宝执突然想起一个人，内心愧疚不安起来。看官，这人究竟是谁，此时竟让贾宝执如此这般？欲知详情，请看下回分解。

　　——凯丽读到此回末段，是一连串数字，便有些烦躁了，故而语速加快，钟先生几度示意也未能阻止。直至末尾一截，方才放缓，并提高嗓音，一句一顿地念道："从此，贾宝执的名字，连同八户农民的合作社，在吕梁山乃至整个边区被传颂。"读罢"嗨"了一声，说道："净数字，好烦哦，爹爹。"钟先生笑道："这些数字看似枯燥无味，我的女儿怎知，其中蕴含着贾宝执的多少情感与汗水。等你再大些，爹爹带你去中国农村，看看那里的山，那里的水，那里的农民，你慢慢便会感受到的。"凯丽点点头，问道："爹爹，那个明明是'石'字，您为什么标注念 dàn 呢？它究竟是什么啊？"钟先生解释说："这是我们中国旧时的一种容量单位，dan, Chinese unit of dry measure，十斗为一石。若是说重量，一百二十市斤为一石。此字在古时原本就读 shí 的，未知何时何人读成 dàn 了。"

　　父女俩正说得入港，院门铃声突然响起。在此非常时期，不速之客是谁，有何贵干？且候明日分晓是了。

第六回

度佳节思想穷兄弟　议扩社惹恼贾武明

第六天

　　昨日父女俩正说得入港，院门铃声突然响起，凯丽如雀而起，似燕飞步，来至院子开了大门。原以为是张大妈，不料是个身穿蓝坎肩，左臂佩戴红袖章的年轻人，又见一辆摩托车停靠门前，不由得用诧异的目光将小伙子看着。那小伙子忽见门里站着个靓丽的洋妞，袅袅婷婷的，也惊得呆了，目不转睛地把凯丽盯住。二人相视片刻，小伙子方才回转神来，笑着说道："不好意思哦，俺是快递小哥，给您送包裹来了。"随即将一个纸箱递与凯丽，脸一红转身跨上摩托车，脚下一踩，一溜烟去了。凯丽关上院门，捧着纸箱回走，叫道："爹爹，快递。"说着进了屋，问道："爹爹，哪来的快递呀？"钟先生接过纸箱，看看标签，笑道："你打开便知也。"凯丽取来水果刀，三下五除二开箱一看，惊叫道："哇！面包、香肠、黄油、奶酪，还有鱼子酱……爹爹，这是哪来的呀？"钟先生神秘地笑笑，说："你猜猜？"凯丽道："猜不着，爹爹。哦，想起来了，是不是张大妈呀？"

　　"哈哈哈，女儿真聪明。不过，你只猜对一半哦。"钟先生说，"是爹爹请张大妈帮忙采购的。我们回到中国一月有余了，女儿吃不上家乡饮食，倘若瘦了，爹爹如何向你妈咪交代哦。"

　　"啊，原来是这样，谢谢爹爹。"凯丽停停，说，"爹爹，好奇怪哦，刚才那个'快递小哥'，左臂上戴着红袖章，那不是爹爹曾经给女儿讲过的什么'红卫兵'吗？"

　　"哈哈哈，女儿误会了，那不是爹爹说的'红卫兵'，而是志愿者。"

"那红卫兵呢？中国现在还有吗？"

"中国早已没有了。这红卫兵之事说来话长，就在本书里面，女儿会碰见的。到时爹爹再行详解。现在言归正传……"凯丽立马接道："朗读。"父女俩相对而笑不表，只听凯丽朗诵声起——

诗曰：多难神州逢曙光，边区百姓喜洋洋。

犁田互助康庄道，岂可抛遗孤苦郎。

话说时值隆冬腊月，西北风卷着鹅毛大雪，漫天盖地刮来，折断树枝，只听得噼里啪啦的声响。通往双双山那条羊肠小道，早已消失得无影无踪。贾宝执吃罢早饭，穿上短山羊皮袄，扎条白腰带，头上戴着狼皮帽子，提起半袋粮食，离开白家沟，往白茫茫的双双山大步走去。刚刚行至村口，村主任贾孩便呼叫着赶来，拽住贾宝执，大声劝道："宝执，算了吧，你不看看都封了山门啦。过了大年再去吧。"贾宝执执拗地大声说道："这事不比平常啊。眼下情况，非去不行呀。你回吧，今儿你再跟武明说道说道，就说无论咋的，俺们决不能依他。"说罢，转身走了。贾孩深知，贾宝执此时此刻，是绝不会回头的。他呆呆地站在村口，一直望着贾宝执的身影消失在漫天的风雪之中。看着贾宝执身后丢下一行深深的足迹，想起几天前社里发生的一场争执，心境依然难以平复。

这是1945年年初。刚刚过去的一年，贾宝执领导的白家沟，互助组首战告捷，眼下时值腊月，大年临近，合作社热闹非常。院门房门春联火红，门神扎眼；院里院外彩旗飘飘，灯笼高悬。屋里正面墙上贴着毛泽东主席与朱德总司令画像，两旁红布结彩，花团锦簇。男女青年在院子里打打闹闹，说说笑笑；孩子们敲锣擂鼓，扭秧歌放鞭炮，一派节日欢乐景象。可合作社的会议室，却被严肃的气氛笼罩着。这里正在召开干部会，不少社员参与旁听。干部们坐在炕头，旁听社员则在脚地站着或蹲着，都在聚精会神地听着贾宝执讲话。

"才刚，武明说，咱们对今年的大胜利认识不足，俺觉着不是这的个。今年，咱们解放区取得的胜利，确实了不起。正像文件上讲的，开展以减租减息为中心的大生产运动，粮食问题不发愁了。咱八路军执行毛主席的战略战术，前线接连不断打胜仗。边区各地，劳武结合的互助合作搞得红火得很哩。就拿俺们社来说，今年一下子就发展到35户，占了全村的一半还多。这的个成绩，在座的谁们没啦体会，谁们不觉着高兴呢？难道只有大摆宴席，大吃二喝，才算是有认识，大家都想想，是呀不是？"贾宝执的话音未落，只见一个人咚地跳下炕来，向着旁听社员，理直气壮地说道："过大年，大伙儿多吃点喝点，这是咱老祖宗传下来的习俗，也是人之常理。何况今年又是这的个大胜利，俺们排场排场，显示显示咱合作社的优越性。大伙儿说是呀不是？"说话这人尊姓贾，大名武明。白皙团脸，长胳膊短脖颈，穿一身日本兵丢下的黄棉军装，头上扎一块白布方头巾，说洋不洋，说土不土。别看他这般打扮，他还是合作社新补选的副主任。旁听社员一见这位副主任说话，都把头低下去抽烟，不待见他。贾武明说罢，见无人应答，自觉无趣，便一屁股蹲下，背靠着炕沿抽起烟来。

贾宝执则不紧不慢吸了两口"一口香"旱烟，接道："咱们今天开始过上好光景，全靠毛主席、共产党给咱们指引了一条光明大道。没啦毛主席、共产党，就没啦咱们大伙儿的今天，是吧？在这的个喜庆日子，咱们应当总结总结，争取来年把边区政府交给咱的任务完成得更好。老祖宗留下那套陈框框旧调调，咱们不能全照着办哩。"说罢，炕上炕下呱唧呱唧响起一阵掌声。贾武明蹲在那里，团团脸红一阵白一阵，好不自在。贾宝执继续说道："眼下，咱们走上了共同富裕的路子，但不能觉得已经是'满胡子烧酒气'呢。一者，鬼子还没啦赶跑；二者解放区长年组织起来的还是少数。就拿咱村来说，有的还没啦参加进来，有的兄弟还在财主家受苦受难咧。这都怪俺的工作没啦做好，要向大家做检讨哩。"众人听罢，你瞧瞧我，我瞅瞅你，不知怎么回事。说有人没有参加合作社，这大家都知晓，说有兄弟还在财主家受苦受难，众人一时却蒙住了。自合作社成立，贾宝执把外出讨吃要饭的、揽工打短的，都叫回来入了社，那谁还在外面遭罪呢？旁听的一个后生忍不住站起问道："宝执，你说的是谁们呀？咋的回事？快给俺们说说。"贾宝执向贾孩说道："贾孩，你给大伙儿说说。"贾孩连忙抬起头来，说道："宝执说的是章同呵。"不提都想不起，一说全知底。贾孩话音刚落，满屋子立刻响开了锅。谁人不知，贾章同七岁时就跟着父亲到双双山给财主贾茂奎放羊，至今整整三十载，是白家沟村最穷最苦的庄户人。众人一面议论，一面感喟，贾武明叹一口气，说道："那人是恓惶呵。嘿，就是觉悟低，七窍只开了一窍。年时，有人叫他回村参加互助组，你听他说啥？他说他只会放羊，离开那家老财，他就没法活哩。这的个人，嘿，咋说呢……"这话钻进贾宝执耳朵里，如同蜜糖加了老陈醋，酸不酸甜不甜的，觉着很是腻歪。故而不待理睬，只对贾孩道："贾孩，你说下去。"

"是这的个。冬月里，合作社刚成立，章同回村跑了一遭，"贾孩接着说道，"碰巧俺与宝执都不在家。章同就到俺家对俺爹说：'叔，俺有一句话，不晓得敢说不敢说。'俺爹说：'孩儿，如今是边区政府领导，有甚话不敢说的，你齐说吧。'他就说：'叔，俺跟财主干了三十年，苦呵！俺思想回村跟宝执的合作社干，不晓得他们是要呀不要哩？'俺爹说：'可怜孩儿，你是自家人，还能不要。'他说：'好你个叔哩，俺是个没甚本事的人，给人家添碗加口哩。'俺爹说：'孩儿，别人同意不同意咱不保准，宝执他是没啦说的。'他说：'叔可怜俺，跟宝执传个话，就说俺章同宁愿累死当合作社的鬼，也不愿做财主家的人。'说着还哭了一场。"贾孩说到这里，搅动了沉静的屋子。人们交头接耳，三三两两议论起来。贾孩首先表态，说道："章同是个地道穷苦人，咱们欢迎他回村入社。"参加旁听的贾福来也说："章同会放羊，咱合作社也拾掇一群羊来叫他放不就是啦。"成立合作社时，这贾福来还在外给地主揽工，是贾宝执将他叫回来入了社的。二人说罢，旁听社员都发话，一致要求接贾章同回村参加合作社，声音一个比一个大，一个比一个气粗，俨然都成了会议主角。

"唉唉唉，瞎嚷甚哩。"贾武明从地上站起身，急得摇动双臂，尖着嗓门叫喊道："这是干部会，还是社员会，唵？"

"干部会咋的？俺们就不能言语了，你这是哪来的天条？"一个旁听后生站起来，冲着贾武明叫道。

"唉唉，贾主任，你看，这这……"贾武明一转身朝贾宝执把两只手一摊，仿佛受了好大委屈的样子。

贾宝执说："武明，这也是咱们全社的事情，都发表发表自己的意见好嘛。"旁听社员一听这话，发言愈发热烈了。那贾武明却满脸不悦，又一屁股蹲在炕沿下，埋头只顾抽烟。听着听着，忽然只见他将烟锅往地上一磕，伸长脖子，尖声叫道："那章同是个连一二三都数不上来的人，他懂得甚合作社好呀赖？不要说他自己要求，咱就是抬上八人大轿去请他，他也未必愿意下山。"旁听的那个后生一听便火了，冲着贾武明说道："你凭甚说人家不懂合作社好，唵？你当着大伙儿说说。"贾武明仰着脸，一双松泡眼瞅着自己的烟锅，故意大声吧嗒抽烟，摆出一副根本不屑理会的模样。那后生见贾武明一副傲慢神气，又道："说不出来就是有意陷害好人！"贾武明听了好似屁股被蝎子蜇了一下，一咯噔跳将起来，横眉叫道："呀呀，你这屁大的小鬼，咋的个血口喷人，唵？"旁听社员一看那凶相，也都吵嚷起来。贾宝执觉着这样争吵下去不是个事，因道："大家不要圪吵，武明的话还啦说完，大家先听听再议论。"众人这才安静了。那贾武明得意地抹下白布方头巾，露出油光脑门，拭了一把满脸汗珠，说道："天地良心，要是俺武明虚说一句，天打五雷轰。收秋那阵，咱亲耳听章同自己说来，说他只会放羊，离开老财，互助组没啦他干的营生，说甚也不能下山。咱给他数说了互助合作十大几条好处，他都不信，直管摇脑。这不是咱给自己表功，这是实情。"说罢，瞟了贾宝执一眼，取出烟锅子装烟，摆出一副得胜回朝的面孔。

且说院子里要红火的人，听见屋里吵嚷得热闹，都挤了进来。听贾武明这么一番说道，有人觉得有理有据，贾章同要不是缺心眼，为何伺候财主三十年，连屁股也没有倒腾一下。有人则将信将疑，一来觉着贾武明虽替自己脸上贴金，不会全是撒谎；再则觉着贾章同长期在山里过活，以羊群为伴，不了解当今形势，因此上不肯回村也着实难说。另一些人则全然不信，他们觉着像贾武明这种人，压根儿就不乐意同穷光蛋结伙搭灶，所以对待贾章同根本不会有那份菩萨心肠。满屋子像铁锅爆炒豆子，噼噼啪啪，吵得不可开交。

贾宝执在自己的座位上，一动不动地一边抽着烟，一边听众人发言。大伙儿争吵得激烈，他心里也很不宁静。对于贾武明，他是了解的。抗战以前，又做买卖又种地，算个上层户，曾经还同本村财主争过高低。新政权成立，边区政府实行减租减息，对象是地主老财，跟他不仅无害反倒有利可图，所以表现得十分积极。看到共产党势力一天比一天壮大，感到不依傍共产党，恐难发家，便参加了共产党。"晋西事变"发生，他吓破了胆，一个人跑到深山沟里躲了半年，事变以后才返回村子。贾宝执带头组织互助组，他皮面上表示赞同，但怕自己吃亏，死也不肯和困难户搭伙。后来看见互助组闹得兴旺，趁互助组转社之机，这才入了社。贾宝执心里明白，像贾武明这类人物，不管他入党还是进社，都是为了自己发家致富。眼下，从合作社里得到了好处，生怕再有困难户进社揩了自己的油，故而骨子里总希望合作社再也不要扩大才好。合作社本是劳苦大众共同富裕之路，而一些人则企图把合作社变成发家致富的合伙店。因此上，当他听贾武明说，贾章同觉悟低，不愿回村参加合作社，心里就窝着一团无名之火。他哪里相信，一个深受财主剥削和压榨的贫苦农民，真如贾武明所描述的那样。果真如此，其中必有缘故。想到这里，他使劲抽完最后一口烟，吐出长长一口烟雾，一磕烟锅，说："俺也发表几句。"这声音并不高，可贾武明只觉耳边如同炸了一声响雷，周身肌肉陡然紧缩一团。他不由自主地瞥了贾宝执一眼，胸中不禁咚咚咚慌乱起来。众人一看社主任要发话，齐把头转过去，扬起笑脸等着听哩。只见贾宝执清了清嗓门，声调沉重地说道："乡亲们都晓得，章同七岁上就死了娘，剩下父子俩，恁大的个白家沟没啦他们一块落脚地。为了活命，到外村当了财主长工，住进深山野林放羊。铺炕皮盖窑顶，吃黑豆啃野果。不过二年，父亲积劳穷困，病死在山里。小章同哭着找财主，财主不管，几个穷乡亲听说，才帮他把父亲安葬了。财主见章同可以放羊，就说章同的父亲欠他一笔账，硬要章同放羊顶债。可怜他年幼无主，只好拾起父亲的放羊铲，年复一年，给财主扛了小三十年活儿。乡亲们，这样一个苦大深仇的兄弟，退一万步讲，他也不至于颠颠到晓不下甚是好光景吧？所以说，咱们应当把他接回来，大家说咋的个？"

众人立即呼喊道："对的哩，章同是咱的穷兄弟，不能眼睁睁看着他受苦受穷哩！"

"咱们派人去叫他回来，同俺们一块奔好日子。"

贾武明见这般架势，心里着了慌，急忙起身，三步两步颠到贾宝执跟前，说道："宝执，章同缺少心眼不说，他是个光把子人，拖着三张嘴，回来是个负担哩。"贾宝执和颜悦色盯着贾武明，说道："在旧时，财主把咱受苦人不当人看，可共产党一提就是依靠贫雇农呢。你说，咱们合作社能不要章同这样的光把子人么？"贾武明说道："宝执，打实说吧。咱合作社刚扯起摊子，家底子不厚实，像章同这样的穷兄弟，晚几年……也、也不算晚啦。"贾宝执说道："咱们闹革命，是让普天下穷人走一条共同富裕的道儿，像章同这的个光把子人，越早参加越好哦。"贾武明无可奈何地一面摇头，一面喃喃说道："宝执，俺这是替咱合作社着想哩。"

贾宝执听贾武明越说越离谱，因道："武明，章同有一双吃苦耐劳的手，他不只能养活自己，还能为合作社添柴加火呢。"一席话说得众人心上畅快，满屋子笑声盈盈。唯独贾武明耷拉着脸儿，心里好生不爽：前者主张年三十日来个"八碗八碟"，会个年餐，让大家高兴高兴，你贾宝执说是铺张浪费，砢碜一顿；后者却硬要将一个甚也不会干的光把子人拉进社里来，还说是合作社的"顶梁柱"。他越想越窝囊，此时听着众人欢声笑语，他再也忍不下去了，站起身来胳膊一甩，短脖子一挺，溅着唾沫星喊道："大伙儿都在场，今儿个咱把话撂在这垯，谁要把章同弄回来，俺自动退社，到时不要怪俺武明不义气！"说完一转身，腾腾腾地冲出门去了。

贾武明一走，众人便说开了。有的说："算了吧，不要为章同入社的事伤了和气哩。"有的说："他这是吓唬谁咧！章同是个恓惶人，又是咱本家，说甚也不能让他在山上受苦了。"临末，贾宝执说："大伙儿放心，俺进山一趟瞅瞅章同。"

……（此处残缺）

却说贾宝执离开贾孩，一口气跑了十来里地。那寒风挟着雪花扑打在脸上，好似针扎一般。不一阵工夫，脸膛冻成紫红色，眉毛挂了一层白霜。又走出十来里地，风渐渐小了，雪花依旧簌簌飘落。他踩着熟惯的山路，越走越急，沟里足迹未平，新的足迹却已铺过山梁。至晌午时分，风停雪住，来到双双山山脚下圆儿峁。这是一片荒野，周围二三十里不见人烟。在一段崖壁之下，凿出的一个土山洞，那便是贾章同的家了。贾宝执走到窑前，抖掉身上残雪，向窑里喊了几声，无人应答却见烟火气息，便推开破柴门，掀开草帘，躬着脊梁跨进了门。窑里漆黑如锅底，起初什么也看不清，停了一刻，才见章同的媳妇和一个男孩目不转睛地朝他瞅着。

"章同做甚去了？"贾宝执边问边往里走。

母子俩没听见似的，依旧一动不动地把他瞅着。

"章同呢？"贾宝执靠近跟前又问道。

"你是谁呀？"半晌，女人才作了一声。

"俺是宝执。"

"你是甚垯的宝执？"

"咱白家沟的哦。"说着，将他带来的半袋粮食放到炕上，对章同媳妇说，"乡亲们让俺给你们送点吃的来了。"那女人愣了一刻，突然倒抽一口凉气，叫声"宝执叔"便呜呜咽咽哭了起来。贾宝执这时才看清，屋子空空荡荡的。炕上没有一片儿被褥，脚底仅有几只破瓮烂罐，墙角堆着一堆柴火。那男孩大约十余岁，穿一件不合体的破布衫，光着屁股坐在炕上，身旁是些黑色羊毛绒，手里握住半截绳绳，原来母子俩正在编织羊毛背绳呢。贾宝执看着这般光景，想起村里欢度春节的场景，不由得一阵心酸。他脱下短羊皮袄，给那男孩披在身上，慢慢跟章同女人唠起来。这才得知，因家里揭不开锅，章同一大早就到财主家借粮去了。年根即至，母子俩饿着肚皮，等贾章同背回粮来下锅呢。约莫一袋烟时辰，只听窑门外跶脚声，贾宝执透过破窗看，是个瘦长身影的人，便知是贾章同。那贾章同闻得屋里有生人，吃了一惊，推开门问道："你是谁？"

"俺是贾宝执哦。"

"这的个大冷天气，你进山做甚来？"

"合作社派俺来接你们回村哩。"

女人接道："宝执叔给俺们送来吃的呢。"

贾章同只觉头脑里轰地一响，手里拿住的空口袋不觉掉到地上。愣了半晌，才扑上前去，一把抓住贾宝执的胳膊，声泪俱下，说不出一句话来。"宝执叔啊，"贾章同抬起泪水纵横的脸，哽咽着说道，"他财主好狠心哪！俺给他干了整整三十年活儿，到年关连一顿饱饭也不给吃啊！月前给了几颗黑豆，到昨儿就一颗不剩了。今儿一早俺老远跑到他家借粮，他一颗也不给，说俺爹欠下的账还没啦还清。宝执叔，你给评评，俺一个人给他干了二三十年，他娘母俩也干了这些年，这年关还要给他搓绳绳，甚阎王债，就这的个没完没了啦？"贾宝执听了，禁不住也落下泪来，握住贾章同的手，宽慰道："章同啊，苦日子到头啦。咱们该跟这群豺狼算总账啦。赶明儿就别给他干了，拾掇拾掇，回村参加合作社去。"一提起下山，贾章同骤然想起什么似的，泪脸立马变得格外阴沉，紧闭住嘴，半信半疑的，只瞅着贾宝执摇头。

"咋的，章同？"

贾章同还是直管摇头。

"不信？"

"宝执叔，"过了半刻，贾章同方才说道，"你们合作社不是够数了？"

"谁们说的？合作社的门就是朝着咱穷苦人开的，说甚够数不够数的。"

"宝执叔，俺一个光把子人，要甚没甚，到社里添不旺火还要抽柴，众人可答应？"

"嘿，今天就是乡亲们推俺来的呵。"

章同女人一听，悲从中来，越发哭得伤心了。她一边哭，一边诉说："宝执叔啊，你咋的个不早些来告诉俺啊……（此处残缺）"贾章同则悲喜交集，止住泪水说道："宝执叔，如今也不算晚。"说着，一面招呼婆姨烧滚开水，一面掏出旱烟袋递给贾宝执，说："叔，不怕你笑话，俺给这狗财主干了这些个年头，除了这杆旱烟袋，两手就攥个空拳哩。"贾宝执接过旱烟袋，坐到炕上，抽着烟看着主人忙活一阵，这才问道："章同，你咋的个知道合作社够数也不够数的？谁们告诉你来？"

"武明他告俺的。"贾章同答道，"月前俺就想回村给合作社干，回去没啦见到叔，就和村主任他爹叨唠了叨唠。回来路上，碰上武明，他问俺回村做甚？俺说打听入社的事哩。他说，'你趁早打消这份心思吧，合作社的人数已经满员了，将来发展不发展还没啦准头。再说你一个光把子人，谁会待见你。'回来俺就死了这份心了。"

贾宝执压住心头怒气，说道："章同啊，组织起来的道儿是毛主席专为咱受苦人指出来的，咱走这条道儿，谁也挡不住哦。"说罢，贾宝执将年时互助组的丰收情景，眼下合作社美好前途，备备细细数说一番，把贾章同那深沉干涸的双眼说得有了光泽，母子俩坐在一旁，也听得入了神。临了，贾章同长长地嘘了口气，脸上堆满了笑纹。

贾宝执一边吸着那柞树叶做成的旱烟，一边接道："过去，财主是欺负咱势单力薄。从今往后，只要咱们笃定这条道儿奔下去，那还愁甚哩。"

二人面对面不觉谈到日头高照，那阳光将昏暗的窑洞映得敞亮了。贾章同有心让贾宝执吃罢午饭再走，奈何家徒四壁，一无所有，话到嘴边又咽了回去，愧得难以为情。贾宝执心知意会，故言社里有事不能耽误而告辞。贾章同取来一把羊铲递在贾宝执手里，说："坡陡路滑，叔一路留神。"直将送到崖畔路口。这时雪光绚绮，山野如同银铸玉塑一般。贾章同站在高处，一直瞅着贾宝执身影远去。

话说贾宝执返回村里，众人都围上来问长问短，贾宝执告诉大家说："章同没啦说的，情愿回来哩。就是穷得要甚没甚，连裤子都没啦，往死里冻哩，大家得帮扶他一点哦。"众人齐声道："不怕，他回来吧，俺们接济他就是了。"过了大年，一切安顿就绪，贾宝执即派贾棒儿上山，将贾章同一家接回村里。没有吃的，东家一斗，西家一升，口粮便有了着落。没有穿的，社干部们便把村里的唱戏服装拿去权且蔽体御寒。从此合作社成了他的家，他待集体的羊也亲如子。据说一个冬日，母羊在野外产下一只羔羊，他生怕冻坏，便生上火给羊羔与母羊取暖。回村一路，他将自己身上穿的皮袄脱来将羔羊包裹。及至回到饲养场，夜间又怕被大羊踩踏，便与婆姨轮流夜起照看。每日除却上山放羊，早起还主动为社里粉房担水扫地。为了不误时辰，竟借来一只公鸡拴在家里与他报晓。其事迹林林总总，都写进了《中国农村的社会主义高潮》一书。年过半百，腿脚不那么灵便了，一年四季仍然跟着羊群山上坡下不肯停息。队干部劝他说："章同啊，你放了一辈子羊，如今年老体弱，该放下羊铲歇歇了。"他听了却道："唉，过去给财主放羊，一拿起放羊铲，俺就满眼是泪。现如今是给自己放羊，越活越有了心劲，一天不拿放羊铲，手心都发痒哩。"这些都是后话，稍提便了。

闲话少叙，光阴荏苒。说话便来到 1945 年 8 月，白家沟秋作物长势喜人。却说这日，贾鼠奴赶着牲口，在兴县城里得到一张日本投降的传单，兴奋地匆匆回赶，尚未进村就大声嚷开了。最先听见的村头顽童们，一个个扭头便往家跑，边跑边喊着："娘，娘，小鬼子投降啦！小鬼子投降啦！"贾鼠奴来到饲养场，在门外便嚷道："小日本儿投降喽！"正在铡草的贾维藩，哐当放下铡刀，便起身迎上去抓传单看。不一阵工夫，老汉汉们来了，老婆婆们来了，地里干活的人们也都跑来了。贾宝执从地里赶回，见众人争着抢着看一张传单，因喊道："大家不要抢了，把全村人都吼上，一块儿念一念好啦。"于是，但凡会走路的人都奔了来。众人听罢，个个欢呼雀跃，人人欣喜若狂。随即敲锣打鼓，鸣放鞭炮，至夜方休。

且说这日前晌，兴县县委来了一个人，神神秘秘交给贾宝执一封公函，贾宝执看罢二话不说，跟上这人便走。看官，这公函到底说了什么，令贾宝执如此匆忙而去？欲知详情，且看下回分解。

　　——凯丽读罢，放下书本，叹一口气，对钟先生说道："爹爹，世上果真有这样可怜的人吗？"钟先生捧起茶杯喝了几口茶水，沉思良久，说："女儿啊，爹爹一开始就告诉你，这是报告文学，没有虚构的。在那个时代，像贾章同这样的穷人，遍及全中国哦。爹爹翻阅过一些民国时期的史料，说当时国民政府腐败至极，苛捐杂税，犹如竭泽而渔、杀鸡取卵。地方官吏又巧立名目，横征暴敛。农民负担日重一日，于是自耕农沦为半自耕农，半自耕农沦为佃农雇农，以致十村九困，十家九穷。加之灾荒频发，土豪劣绅借机侵渔，于是哀鸿遍野，生机尽绝。有报道称，'人间地狱者其是之谓欤'。用白话来说，那情景啊就是人间地狱哦。"凯丽问道："那农民为啥不造反呢？"钟先生笑道："中国共产党的产生与壮大，正是民众起来造反的结果哩。有学者总结说，农民求生无望，不甘坐而待毙，于是铤而走险，选择了革命之路。所以说，中国共产党从一诞生就是为民众求生存的党。故事里的贾宝执，身为共产党的一员，他冒着风雪上山接贾章同回村入社，你觉着奇怪吗？"凯丽摇摇头，说："爹爹，经您这样一讲解，女儿明白些了。"稍停，凯丽陡然问道："爹爹，您是中国的共产党吧？"见养女突如其来一问，惊愕片刻，便哈哈大笑起来。正欲回答，手机响了……

第七回

临危生闯敌封锁线　护送不识我神秘人

第七天

　　昨日凯丽问他养父钟先生是否中共党员，今天暂且不表，只说钟先生接听电话之事。其时，钟先生拿起手机只听对方问道："您就是钟先生吗？"是一位中年妇女的声音，"我是辖区街道办主任，您就叫我小梁吧。钟先生，您为抗疫捐款五千美金，我们收到了，我代表全市人民感谢您的善举哦，等我们代转有关部门后，再给您送去证书好吗？"钟先生声音颤抖着回道："好好好，不急不急，等战胜疫情之后再说吧。我们父女俩很好。……好好，有事一定联系你们。好的，再见。"钟先生放下手机，望着窗外久久不能平静。凯丽见状，也兴奋叫道："爹爹，您捐款啦？这样的好事，爹爹怎么没有告诉我？"

　　"爹爹是要告诉你的，没有来得及呢。"

　　"爹爹，我向您学习，也要捐款哦。"

　　"好哇。不过，你拿什么来捐呢？"

　　"我自己打工挣的，加上您给我的零花钱，也不少哦。"

　　"哈哈，女儿啊，那是你准备用来淘中国字画、瓷器古董的哟。"

　　"我可以再挣的，爹爹。等疫情过去了，找一所中国大学或中学教授英语，哪怕到幼儿园，我都愿意的。"

　　"要是你想好了，爹爹支持你。"

　　"谢谢爹爹。"凯丽欢喜异常，说罢收住笑容，学着钟先生语气作古正经说道，"现在言归正传……"钟先生一面笑着慢品清茶，一面告诉凯丽，今日所读第七回残损甚多，须细心翻检，认真诵读才是。凯丽欣然应允，喝了几口饮料便徐徐朗读起来——

　　诗曰：赶跑外盗内贼嚣，抢果掠屋磨利刀。

　　　　相对针锋潮暗涌，军民携手战狂潮。

　　话说伟大而艰难的1945年。先是日本无条件投降，紧接着国民党以国共重庆谈判为幌子，积极调兵遣将准备内战。其间，东北成为国民党志在必得的战略要地。因此上，蒋委员长一面下令不许八路军接受日军投降，一面却与日伪勾结，秘密向东北大举运兵。在此新的国难危急关头，中共公开号召全国军民寸步不让，寸土必争，彻底清剿日伪残余，收复国土失地。在此情势之下，中共迅速从陕甘、晋绥等地派遣干部前往东北开展工作。因路途遥远，且多崎岖险阻，务须组织军民一路护送。贾宝执被紧急招去，正是接受此项任务。

　　却说这日，贾宝执跟随送信人一路疾行，四十里山路，不到半晌，便赶到县城，直奔县委书记魏进德办公室。魏书记早已等候多时，一见贾宝执满头是汗，连忙盛满一茶缸清水，说道："慢慢喝，别呛住了。"贾宝执也未客气，捧起茶缸咕嘟咕嘟一饮而尽，随即抹下羊肚子头巾从前额一直揩到嘴角，不好意思笑笑，便搬过凳子坐定。魏书记也笑笑，送上一支香烟，自己也叼上一支，擦根火柴先给贾宝执点燃了，再给自己点着，于是二人莞尔相对。那魏书记缓缓地吐出一缕青烟，亲切地看着贾宝执，不紧不慢地说道："今天请你来，是有一项特殊任务交给你。上级指示，近期有一批中央领导干部要去东北开展工作，途经咱晋绥，需要咱们护送一程。这项任务，现在还不能公开讲，而且要绝对保密。不过，有一条可以讲，就是要咱们抽调最好的劳力、畜力……"说着停下，吸一口烟，笑着问道，"贾宝执同志，你看你们能够抽出多少劳力与牲口？"其实，这样的特殊任务，贾宝执已经担当过多次了。记得有一次，上级对他说："贾宝执同志，有一个任务组织上要交给你，你敢不敢承担？"他回答说：“只要党需要，俺就敢承担。”原来是要他组织人马往前线运送武器弹药。他立马回村对乡亲们说：“眼下前线正在与日本鬼子死战，要不打败他们，俺们的好日子就难保住哦。咱村刚送走两个参战的青年，他们需要枪炮，大伙儿说咋办？”众人热血沸腾，呼喊道：“俺们拉上骡儿驴子送啊！”就这样顺利完成那次任务。相比之下，今日魏书记这项任务算得什么，故而一听，胸中便有成竹。待魏书记说罢，他掐灭烟卷，挺起腰板说道：“魏书记，这不用俺考虑，由领导定吧。”魏书记用赞许的目光把眼前这位年轻人打量一番，用商量的口气说道：“贾宝执同志，这次任务大，比较艰巨哩，行署向咱们县要下百头牲口，还要五位同志负责带队。县委考虑了一下，你们是咱县唯一的一个集体生产合作社，群众觉悟高，又吃苦耐劳，想让你们多出一点力。根据你们那里的情况，你看能不能集中二十头毛驴，人嘛，可不可多派几个小伙儿？”

贾宝执边听边思忖，这才感到此次任务非同寻常。他冷静片刻，说道：“多派几个壮劳力，这倒问题不大，二十头毛驴么，却有点困难哦，魏书记。”魏书记早已看出他脸上的难色，便笑道：“贾宝执同志，县里知道你们合作社满共只有一十二头毛驴，对吧？县委的意思是，你可以动员其他村。我们已经向有关部门打过招呼了，他们会帮你完成这项任务的。”贾宝执这才放下心来，眉舒眼展，说道：“那敢情好。要是这的个，这牲口慢说二十头，就是三十头、五十头，俺们保证完成任务。”见贾宝执如此这般劲气，魏书记高兴地站起身来，拍了拍贾宝执的肩膀，说：“更重要的是，要你这个‘老将’出马哦。怎么样，能行不？”贾宝执一个立正，说：“服从命令听指挥！”说罢，二人都忍不住笑了。稍停，贾宝执问道：“魏书记，还有其他任务没啦？”听魏书记说没有了，便说：“要是没啦别的任务，俺就回去行动了。”说着转身要走，魏书记劝道：“现在回去？那可不行。天已晚了，你一个人路上行走不便哦。”贾宝执笑说：“没甚，俺走夜路习惯了。”魏书记只得留他吃了晚饭，派通讯员送他回了白家沟。没过几日，贾宝执便带领运输队一干人马，浩浩荡荡开进兴县县城来了。

　　这天，县城赶集一般。县委大院里里外外，民工队、八路军、青年学生，以及骡马驴群，进进出出，来来往往，沸沸扬扬，热气腾腾，欢快紧张而有序。贾宝执一行到时，只见一队男女青年与小学生，举着红旗，打着"实行民主，反对内战"等横幅，锣鼓喧天，扭着秧歌，正激昂地唱着歌曲《解放区的天》，贾宝执等人也禁不住随之唱了起来。你道为啥，只因那歌词云：

　　　　解放区的天是明朗的天，解放区的人民好喜欢。
　　　　民主政府爱人民呀，共产党的恩情说不完，呀呼嗨嗨一个呀
　　嗨。
　　　　呀呼嗨呼嗨，呀呼嗨，嗨嗨！呀呼嗨嗨一个呀嗨！
　　　　……

　　此曲唱罢，接着又是一曲《团结就是力量》，其节奏愈发明快，旋律越发铿锵，令人振奋。词曰：

　　　　团结就是力量，团结就是力量。
　　　　这力量是铁，这力量是钢。
　　　　比铁还硬，比钢还强。
　　　　向着法西斯蒂开火，让一切不民主的制度死亡。
　　　　向着太阳，向着自由，向着新中国，发出万丈光芒。
　　　　……

　　……（此处残缺）白家沟运输队被编入兴县运输大队第一连第一排。……（此处残缺）
　　……（此处残缺）这年初秋，秋老虎依然威猛……（此处残缺）
　　这日，贾宝执所负责的一队人马出发了。临行前，魏书记并无具体交代，只是一再叮嘱，一路注意首长安全。可连日途径岢岚、五寨、神池、

宁武，却不见"首长"踪影，唯有一位骑着枣红马的商人带着家眷同行……（此处残缺）贾宝执纳闷："首长是不是在别的队里？"……（此处残缺）到达朔县之前，一个排的八路军队伍跟了上来。排长姓王……（此处残缺）前面就是同蒲线……（此处残缺）黄昏时分，来到一个小村庄，王排长指挥大家停止前进，原地休息待命，气氛霎时紧张起来……（此处残缺）王排长找到贾宝执，说："同志，你是这队负责人？"贾宝执点点头，回答："是哩。"

"那好。前面就是同蒲铁路，是敌人的封锁线，你跟老乡们交代一下，到时不要紧张，听从信号指挥就对了。另外，把毛驴的蹄趾和嘴嘴都套上家伙。"王排长说道，"这家生意人就相跟你们过去，那个小女孩和她母亲就由你亲自负责，能行不？"

"俺晓下呢，排长放心好了。"

……（此处残缺3页）头上顶着炽热的日头，好不容易挨到夜幕降临。贾宝执将那小女孩捆在背上，早已经历几次汗流浃背了……（此处残缺）孩子母亲紧跟一旁……（此处残缺）午夜二时许，一列火车由北向南驶来，部队发出紧急信号，众人随即趴下……（此处残缺）贾宝执的心如同火车车轮滚动，噗呲噗呲激跳起来……（此处残缺）一头毛驴突然受惊，前蹄扑腾……（此处残缺）火车呼啸而过……（此处残缺）指挥立即发出行动信号，一个个好似过江之鲫……（此处残缺）贾宝执从地上爬将起来，随着第一批人众……（此处残缺）飞奔……（此处残缺）一口气冲过敌人封锁线……（此处残缺）一溜小跑，马不停蹄，跑至晋察冀边区前来接应的安全地带……（此处残缺）

……（此处残缺4页）

那小女孩的母亲从贾宝执背上解下孩子，见贾宝执脊背湿了个生透，叫道："哎哟，大叔，对不住啊，这孩子把尿都吓出来了，脏了你一身哦。"贾宝执转过身来，说："是不？不会哩。俺们一路疯颠，又是火车嘶叫，娃在俺背上乖乖的，不哭也没啦闹哩。"过了一刻，那孩子母亲突然笑了起来，说："是哩是哩，她倒是没尿。大叔，是您背上的汗水打湿她了。哈哈哈……还是对不住大叔，看把您累成啥啦！"周围的人见这女人言谈举止这般热情真挚，温婉淑雅，一个个笑声朗朗，好不开怀……

（此处残缺）

这晚，……（此处残缺5页）杨总指挥来到白家沟运输队住处，对贾宝执说："老贾，这趟辛苦大家了。"贾宝执笑道："唉，杨科长把话说到哪垯去了，党的事就是咱的事。还有啥做的，杨科长尽管吩咐好咧。"杨总指挥拍了拍贾宝执肩头，说："老贾啊，按原计划，你们的任务已经完成啦。"贾宝执一阵意外，说："唉——杨总指挥，听说是到张家口呢？"杨总指挥笑了，说："这批干部是到张家口。咱是说，你们的任务完成了，可以回去了。"贾宝执脸一沉，说："不成。杨科长，俺知道，晋察冀这一路都是新区，又是山高路陡的，后头困难比来时更大哦。咱白家沟派的人，一个个都是可以舍身泼命的，还是叫俺们送到底吧。"贾宝执一席话，那杨总指挥既感动又为难，想了想说道："这样吧老贾，咱去向首长汇报一下，看首长是啥意见。"说罢转身去了。看官，你道那首长是谁？却是贾宝执护送的那位生意人。这位"生意人"原来正是刚刚卸任的晋绥军区政委林枫，现任职务已是中共中央东北局委员。在晋绥工作期间，他已晓得白家沟情况。在1944年的群英会上，便认识贾宝执了，只是一直未曾打过交道。古语云："闻名不如见面，见面胜似闻名"。这一路上，白家沟老乡的任劳任怨，贾宝执的悉心照料，他大有"闻之不若见之"之慨。适才听杨总指挥说，贾宝执有意再送他一程，当即欣然应允，不在话下。

却说……（此处残缺）几天之后，到得张家口已是另一番天地——这里是八路军控制的解放区……（此处残缺）东调干部们齐集火车站休整，等待接送列车……（此处残缺）

……（此处残缺）经过两日休整，临到上车时，一路不声不响的老实"生意人"来到贾宝执跟前，拉住贾宝执的手，问道："老贾啊，你认识我不？知道我是谁？"贾宝执先是摇摇头，定睛一看，已经换成干部服装的"生意人"好不面善，却一时记不起姓名，便笑道："你姓党……"逗得周围的人都乐了。那"生意人"笑了笑说："你说得对，我姓党，共产党的党。哈哈……老贾，你不认识我，我可认识你哦，1944 年边区群英会，记得吧？咱们是有缘人哩，这一趟让你和老乡们受累了，回去代我感谢乡亲们，就说咱们后会有期哦……"贾宝执这才仔细打量这位"生意人"，越看越像，便道："哦，记得了，记得了，首长，您怕是咱军区的林政委……（此处残缺）"

　　……（此处残缺 1 页）

第八回

兴保立誓偏巧灵验　浪子回头别生事端

第八天

　　却说这天凯丽正要开始朗读，街道办张大妈打来电话，说有新鲜蔬菜送来，一会儿就到大门口。果不其然，父女俩戴上口罩，走去开了大门，张大妈已经站在门前，一旁放着鼓鼓囊囊的塑料袋。张大妈随即打开，说道："你们看看，这是白萝卜、红萝卜，这是西红柿、大蒜、洋葱，这是白菜、莴苣、芹菜。这些都是全国各地送来的，白送的哦，说是封城后担心大家吃不上新鲜蔬菜。哦，你们知道汶川么？就是十年前地震凶得很的那个地头，听说他们那里有一个村捐了二十万元，采购了上百吨新鲜蔬菜，村支书领着十一位村民，载满十辆大卡车，昨天才送到的。他们说，当年最困难的时候，全国人民从四面八方伸出援手，今天他们是来感恩的。洋娃娃哩，这就是中国的故事哦，是真真实实的，不像那些什么小说家写日记胡编乱造哦。"这连珠炮似的话语，让站在一旁的凯丽听得瞠目结舌，及至听到呼她洋娃娃，满脸涨得绯红。张大妈的心直口快难掩其佛眼善道，凯丽已经深深地爱上她了。待张大妈转身要走，她突然看了一眼钟先生，便一伸手招呼张大妈说道："大妈，请等一等，我还有事求您。"说着反身回屋去了。张大妈回过神来，不知何事，一脸惊诧，钟先生则微笑着表示歉意。须臾，只见凯丽匆匆转来，将一沓钞票塞到张大妈手里。那张大妈惊恐万状，急忙推辞道："不得行、不得行，我们中国不兴收小费哩，洋娃娃。"钟先生急忙解释说："我女儿不是给您小费，是捐款。"张大妈这才镇静下来，脸一红，低头一看，叫道："哦呀，全是美钞，一二三四……十张大钞，洋娃娃，你捐么子多啊？跟你爹爹一样是个大善人哩。要得要得，大妈替你转交就是。"

送走张大妈，父女俩将蔬菜搬至厨房回到上屋。凯丽仍兴奋不已，钟先生将她夸奖一番，她反倒害臊了，低眉顺眼取来暖水瓶，将钟先生茶杯注满，方才坐下喝了几口饮料，便徐徐朗读起来——

词曰：发家致富世人求，弄巧觅行舟。单篙独橹，风云难测，何日回头。　　改天换地平常事，教化使人愁。立人立己，不离不弃，意在千秋。

话说秋分寒露，正是吕梁山农事异常忙碌的收割打场时节。一天前晌，贾宝执割了一大清早谷子，回家正吃早饭，副主任贾兴保一手拿住鞭杆，气鼓鼓地闯进院来，将鞭杆往地上一摞，冲着贾宝执便吱吱哇哇地吼叫起来。

"宝执，当初俺就说'牵牛牛花，红一早起'，你不信咧。你看这不，唉，要改造一个人，就那么容易？"

贾宝执一见鞭杆，便明白八九，连忙问道："鼠奴他咋啦？"

贾兴保掏出旱烟袋，朝地上一蹲，说道："咋啦？唉——，退社啦！"

"为的甚？"

"人心隔肚皮，谁知道他是为甚！"

贾宝执放下碗筷，说声"走，看看去"，便拔腿要走，贾兴保一面吸烟，一面生气地说道："他跑啦！"

"哦，朝甚地方跑了？"

"腿长在他身上，谁知道。唉，眼下大伙儿忙得没明没夜，他倒溜了。哼，这不是存心捣乱吗！"

提起这贾鼠奴，也委实叫人头痛。论出身，他家三代都是贫寒的农民家庭。父亲贾老五，在县城一所中学当过几年勤杂工。小时候，因田无一垄，父亲又不在家，每天起来不是游集赶会，便是耍钱赌博。1939年晋西北一带新旧军摩擦，被阎匪军抓去当了几个月壮丁。自此回家，有白面不吃小米，能干吃不稀喝。三天两日吃空了就溜进城里，倒骡子贩马，做起买卖来。赚得三元五角，便下馆子大吃二喝。贾老五一辈子就养了两个儿子，老二体弱多病，很难活成个人，老大却这般不成器，常常独自唉声叹气，日久天长，倒成了一块心病。贾宝执组织土地运输合作社那阵，就下决心要把贾鼠奴改造过来。贾老五千恩万谢道："宝执呵，你要能把咱家这败家子引上正道，俺千世万辈子也忘不了你呀！"贾宝执说："不怕，他大伯，把一切人引上正道，这是咱共产党的职责哩。何况鼠奴还是自家人。"今年春上，贾鼠奴刚从城里回来，贾宝执便将他唤到家里，坐上热炕，与他拉谈合作社好光景与将来好社会，以及一个年轻人将要看到的光明前途。这样热热乎乎拉谈了几回，贾鼠奴渐渐开了些窍。后来家里给娶下媳妇，便满心欢喜地入了社。贾宝执依他的喜好，安排他赶车营生，使他分外卖劲。贾老五见儿子走了正道，有说不出的舒心。合作社的人也都高兴地说："这下浪子可回头了，能活成个人家了。"唯独贾兴保不以为然，常常对贾宝执说："不顶。'牵牛牛花，红一早起'，要浪子回头，好容易？"如今不到一年，果真应验了他的话。听贾兴保一讲，贾宝执寻思道："鼠奴这半年表现不错嘛，为甚突然退社，还要溜走？莫非有人在鼓捣他？"于是贾宝执坐下来，一面抽烟，一面问道："他走时，说甚来？"

贾兴保答道："甚也没啦说，把鞭子塞给俺，只说'俺退社哩，这套车你们另派人赶吧'。俺说，退社得找宝执才行。他屁也不放，调转头奔西去了。"

贾宝执又问："这几天，你没顶撞过他？"

贾兴保狠狠一敲烟锅说道："谁尿他哩！"

"别的人也没跟他吵过？"

"莫见。"

"你看，是不是有人鼓捣他来？"

"谁们鼓捣他？还不是自个儿旧病复发。"

"这倒是。不过，没有坏天气，旧病也难复发哦。兴保，这事得查访查访。"

　　贾兴保从地上站将起来，说道："还查访甚呢！由他去了吧。老马不死旧性在，俺看咱们还是少操这份闲心。"说罢，一甩手出院子去了。

　　原来，离白家沟二十里地有个大集镇叫魏家滩，镇上有个买卖人外号叫小神通，与贾鼠奴沾点挂角亲。那日，小神通颠到白家沟，对贾鼠奴说："表弟，听人说太原那些平川地方，眼下骒马行情可好哩。打鬼子投降以后，好些人要拴胶皮车跑运输，牲口大缺哩。俺们镇上有人跑了一趟，捞了一大笔白洋哪。"贾鼠奴听说，六神没了主，思忖半晌说："唉，买卖倒是桩好买卖，就是……，唉，要是前二年，俺跟表兄干它一场。"小神通说："表弟，你咋的个变成个死心眼啦，一个有气没色的合作社，就把你这个堂堂七尺汉子拴住啦？"贾鼠奴问："你是说退社？"小神通见他动了轴，便说："鬼子在那阵，道路阻塞，买卖难做。如今鬼子跑了，正是做买卖的红运哩。河西骒马便宜，咱们贩上些，拉到平川，准能压个红心。人言道，见财不发，是个傻瓜。送上门来的钱，你还嫌扎手不成？真个是，退了社怕甚哩。"经小神通这么一煽呼，二人当下便说定了。傍晚吃了碗拉面，小神通便乘着月色回了镇上。贾鼠奴则背着家人，用房产做抵押，凑足了本钱，次日清晨便到贾兴保那里退社。当日跟着小神通去了河西，买下两匹高头大马，二人兴致勃勃，兼程往太原地界赶去。谁承想，大约过了一个来月，贾鼠奴一个人耷拉着头脑回来了。原来二人到了太原，正赶阎匪军挖战壕、修工事，准备打内战，买卖没做成，两匹马却被阎匪军抢了去。贾老五老汉听说备细，气头涌来，旧病复发，三五日便丧了性命。买卖赔了个精光，如今埋葬父亲只好变卖家产。办完丧事，家里要甚没甚。因为名声不好，赊借无门，便悄悄领着媳妇住到村外山洞里。媳妇田五十两见丈夫这样不务正业，又好吃懒做，觉着以后的日子没有指望，每日起来跟他打架斗殴，闹着离婚。贾鼠奴自知理亏，只好忍气吞声。这事传到贾宝执耳里，觉着这是教育贾鼠奴的好机会，便和干部们商议，让他重新入社。贾兴保一听便闹了起来，嚷道："还丢甚人哩。宝执，'死猫扶不上树，烂泥糊不上墙'，你就死了这份心吧。"

贾宝执却道:"唉,兴保,你这个看法可不对啊。鼠奴被孬人引上邪路,咱们有责任拉他一把,不能不管,更不能往外推哦。"

合作社副主任贾孩也道:"俗话说:瘦马三年变肥马,笨人三年变诸葛。只要咱们抓紧他的工作,相信能把这后生拽回来的。"

贾兴保两眼朝贾孩一瞪,高腔大嗓说道:"咱这是合作社,不是俘虏营。地里的营生还忙不过来呢,谁顾得上他。"

贾宝执接道:"不能这的个说哩,兴保。咱们组织起来,不只为搞好生产,改造自然,还要改造人咧。"

贾兴保无词对答,只道:"好好好,你们改造去吧,俺同意。反正俺只管咱地里头的事。"

贾兴保话音未落,听得院里传来杂沓的脚步声、吵嚷声和小孩子们的吆喝声。接着"哗啦"一声响,门开了。只见贾鼠奴媳妇田五十两扭住丈夫闯了进来,后面跟着大男幼女的一大群,挤在门口窗外看热闹。贾鼠奴像只落汤鸡,一进门便缩着颈脖蹲到墙根,低头丧脑的。田五十两见干部们都在场,便一把鼻涕一把泪数落起丈夫来,要贾宝执给她做主离婚。贾兴保听罢,盯了贾鼠奴一眼,朝地上"呸"地唾了一口,一拍屁股走了。贾鼠奴抱住头脑,任随媳妇数落,一声不吭。看热闹的人们,喊喊喳喳,指手画脚嚷道:"瞅那熊样,离了倒一身干净。"贾宝执坐在方桌后面,听完贾鼠奴媳妇数落,看了看贾鼠奴,对田五十两说道:"鼠奴家的,一个人跌倒了,咱们应该把他扶起来,不能眼睁睁瞅着他滑进沟里去呀。俺看,还是先帮助帮助他,实在帮不过来,再离也不迟。"贾鼠奴听了心里不由地一颤,周身打了一个哆嗦。他不相信自己的耳朵似的,抬眼瞟了贾宝执一眼。田五十两一面抹眼泪,一面说道:"你不瞅那一堆抹不上墙的圪渣泥,还会有甚出息哩。"说着又伤心地哭个不停。贾宝执却笑道:"唉,俺看鼠奴准会变好的。"扭过头去对贾鼠奴说道:"鼠奴呵,小神通撺掇你走的是邪门歪道,危险咧。跟着好人学好人,跟着道士跳假神。再不要跟小神通那号人瞎跑了,还是回社里来吧。"

"回社?"贾鼠奴抬起脑来,张着嘴巴,眼里闪动着感激和怀疑的目光，盯住贾宝执，好像说"真个的？"

田五十两听说还能入社，心里立时活脱了，却仍噘着嘴说道："他那号人，臭得没人挨，谁还待见他哩。"

贾宝执说道："他嫂子唉，屁腚再臭也扔不掉哩。这事，社里已经商议过了。鼠奴还是赶牲口，眼下你们没有孩儿，你也入社，到纺织场纺纱。男耕女织，往后跟众人一起好好过美气日子吧。"

田五十两听贾宝执这么一说，不禁转嗔为喜，再三道谢。窗外看热闹的人，也哄的一声笑了起来。贾鼠奴羞得垂下头脑，心里一阵说不出来的酸甜苦辣。贾宝执吧嗒一口烟，站起又说道："眼下没啦口粮，从社里借上点。没啦住处，俺家腾出一眼窑洞给你们，老在野外不是个活法儿。"正如一个人走到绝壁，突然看到一条平坦大道那样，贾鼠奴悲喜交集，感动得不知如何是好。只见他哭丧着一张脸，望着贾宝执，半晌才说："宝执叔，你家三代人也是好几口子，就那么两眼小窑，俺咋的个能……唉，宝执叔，俺对不住合作社的乡亲们咧。"田五十两在一旁见丈夫开始回心转意，撩起衣角擦了擦泪水，捂住嘴一扭身颠了。这一年，贾鼠奴赶牲口跑运输，起早爬黑，比过去又有了进步。年终下来，加上媳妇的劳动，分得满囤粮食，除开还债，还有足够的口粮。光景越过越有奔头，媳妇高兴，他也精神，夫妻恩爱日深一日。只是不时媳妇说起居家事来，贾鼠奴心里总觉结个疙瘩，因此上暗自下定决心："赶明年秋后，说甚也要把自家的窑洞磑起来。"

说话到了第二年夏季，正当庄稼拔节之时，吕梁山区遭到一场卡脖子大旱。绿油油的禾苗，眼看着一天天蔫皮耷叶，社员们急得滚油浇心，贾鼠奴更是惶惶不安。这日，他赶着牲口到镇上走了一遭，回家便对媳妇说他要退社。田五十两哪里肯依，三句两句便跟丈夫厮打起来。这一厮打贾鼠奴便横了心，次日凌晨，便风风火火地跑来找贾宝执。贾宝执正在合作社办公室，一见这般来势，心中好不纳闷。于是连忙将他拉来坐了，问道："有甚意见，你尽管提，为甚动不动就退社？"贾鼠奴绷着一张脸，说道："你对俺好，合作社的人也不赖，没甚意见。将来俺贾鼠奴有了出息，还要报答大伙儿的恩典。"

"那又为甚非退不行？"

"不为甚，就为要退。"

"鼠奴啊，除了组织起来这条路，别的路咱们走不通呵。你可要好好想想，可不能再听那个小神通的鬼话哩！"

"宝执叔，俺又不是三岁屁孩儿，俺自有主张。不用浪费口水了，快给俺结账退啦吧。"

村里人们听说贾鼠奴又要退社，一群一伙的都赶到办公室，屋里院外站着观看。忽然，只听贾兴保在院里厉声叫道："凑甚热闹！快给俺闪开！"众人拥拥挤挤闪开一条道，只见贾兴保满头是汗，两眼冒着凶光，一进屋狠狠地瞪了贾鼠奴一眼，啪地一巴掌拍在桌上，喊道："不许退！合作社又不是谁家开的店，有利就进，瞧着没利就溜哇，办不到！"贾宝执连忙起身，把贾兴保按来坐下，说道："兴保，不用发火，有话慢慢讲。"贾兴保一按桌子，又站起叫道："对他这种人，没法不发火。年时秋收正忙，他蹽了。眼下抗旱正吃紧，他又想溜掉。哪有这样好的买卖！贾鼠奴，你不要觉着宝执三番五次教育你是软弱可欺。正经告你，教育是有限的，这回退了，下次再要回来，墙上挂门帘——没门！"贾鼠奴此时哪里听得进这些，只见他霍地从凳子上跳将起来，横眉绿眼地叫道："将来龟孙子才进这个门！你也别把劲撑得忒大了，迟早得走俺这条道！"说着冲开人群，往门外怒气冲冲跑了去。贾宝执呼喊着追出院门，早不见了人影。他难过地站在那里，望着那条向西延伸的灰白小道，不禁心潮起伏，久久不能平息。等他走回屋里，众人早散了，就见贾兴保一个人生着闷气。贾兴保见贾宝执愁苦的样子，劝道："宝执，算了吧，不值得。俺早就说过，'牵牛牛花，红一早起'，这不！唉，贾鼠奴这个人是块生铁圪蛋，你难克化他。"

贾宝执正色道："不，他就是一块钢圪蛋，咱们也要把他克化了。"

贾兴保见贾宝执还不歇心，长叹一声，坐下掏出旱烟袋，低着头抽烟。

贾宝执压了压激跳的心，说道："兴保，你没听见他刚才说的那番话，他说咱们迟早得走他那条路。他那是一条甚路？邪路！咱们走的是一条甚路？组织起来的光明大道！你想想像鼠奴这样的人，要是背地里没有人煽呼，他能阳关道不走走邪道？"

贾兴保抬起头，问道："是啊。那谁煽呼他？还是那个小神通？"

"倒别说，不是没啦可能。"

"那，咱派人立马去将他龟孙子揪来！"

"俺说你这急性子得改一改哩。人家还坐在那里等你揪去？"

"那咋的个办呢？"

"事到如今，只好让他去自己教育自己了。"

说到这里，二人却见贾鼠奴媳妇田五十两腋着大肚，步态蹒跚走进屋来，掩面哭诉道："宝执叔，这咋的个活成个人家咧。他挨刀的俺管不住，俺能管住自己。俺不跟他丢人败兴，俺死也要死在社里。"贾宝执劝道："不怕，你就在着。鼠奴他迟早还会回来的。"二人劝解一阵，她这才歇了心，各自散了。

却说那贾鼠奴当日奔到镇上，小神通连赊带买，已经收揽了二三十头母猪等着。待贾鼠奴一到，二人便赶着猪群往岚县路上而去。那时正值盛夏，赤日炎炎，土干气燥，猪群过处，尘烟飞腾。二人赚钱心切，又怕贻误行情，连晌午也不敢歇息。行了十数日，猪困人乏，有的猪仔中了暑疾，不饮不食，行动愈加迟缓。又行数日，猪群发生死亡，二人无法可想，挨到岚县境地，差不多死了个大半，将剩余十余头就地卖了，刚够往返花销。但二人仍不死心，又闯荡了两个来月，钱没有挣下，债务又揽下一屁股。这日，贾鼠奴接到家信，得知媳妇将要临产，这才硬着头皮回到白家沟。那些要账的人听说贾鼠奴回了村，一个接一个登上门来，吹胡子瞪眼责骂，有的还要搬锅拔灶。贾鼠奴又是赔情又是许愿，这才暂且了了一场风波。没过几日，媳妇生产了，他又悲又喜。喜的是十余年不会生娃的媳妇，头一胎竟养了两个胖小子；悲的是媳妇没有奶水，又背着一屁股债务，无法哺养。到镇上求告那个表兄小神通赊借，小神通不但不予理睬，反过来向他逼债。回到家里，又急又气，有如热锅上的蚂蚁，进进出出没有抓把。说来也巧，没过几日，贾宝执的媳妇也养了个小子，同样没有奶水。那时贾宝执家也不宽裕，哪能请得起奶母。面对此情，社员们都很焦急，唯独贾兴保高兴异常，寻思道："这回可结结实实教训他贾鼠奴了。"有人不解其意，他得意地说道："唉，咱们合作社帮助宝执家请个奶母，把那小子养得胖胖的，叫那浪子干瞪眼，瞧瞧咱组织起来的优越性儿，尝尝他走邪门歪道的滋味儿。"这话传到田五十两耳里，只哭着骂贾鼠奴不争气，不只坑害了她，还坑害了两个可怜的儿子。这天深夜，田五十两见两个孩儿饿得哇哇直叫，又伤心地一面抹泪，一面数落贾鼠奴。那贾鼠奴蹲在锅台闷着抽烟，大气不敢出。忽然，只听得隔壁屋里传来贾宝执媳妇的哭泣声，起初以为是小孩没奶吃急的，仔细一听，却又不见孩儿的哭声。田五十两和贾宝执媳妇平素相处有如姐妹一般，这一听心里犯了嘀咕，对贾鼠奴说道："还愣着做甚？宝执叔整日价在合作社打里照外，这会儿兴许还没啦回家，你还不过去瞭瞭，看有甚事也没？"贾鼠奴经媳妇这一提醒，又想起贾宝执平日里对自己的好处，一声没吭，立马收起烟袋，跳下炕，朝门外去了。跨出门槛，回身掩上门，正转身朝贾宝执家门口走时，他的两腿突然灌了铅水似的，变得异常沉重。回村几天以来，每当看见合作社地里沉甸甸的谷穗，就懊悔难当，无脸见人。几次想找贾宝执忏悔，又怕人耻笑，因此上一直不敢与贾宝执照面。这时，他仿佛看到贾宝执正从院外朝他走来，那颗胆怯的心越发跳得挪不动腿了。清凉的秋夜，月隐星稀，院子里漆黑不见五指。他愣怔一刻，什么也没看见，只听贾宝执媳妇的哭声越发悲凄，这才一迈腿，急步走了过去。待到门前，正要抬手叩环，猛然如同触电一般，倏地缩回手，惊出一身冷汗。你道为甚？原来贾宝执就在屋里说话呢。他惊魂未定，两腿发软，进不是退不得，只好屏声静气站着，忽然屋内的声音犹如晴天霹雳袭来。

"鼠奴媳妇都偏三十的人了，好容易养了这一胎。咱们还有务东，送走这孩儿，你也不会孤单。"

务东娘一面抽泣，一面说道："社里替鼠奴养活两个孩儿，该。可也不能不要自家的孩儿呵！"

贾宝执又道："才刚俺说了，谁家的孩儿都是爹娘身上掉下的肉，都金贵。可眼下合作社要养活三个孩儿，有困难哩。这节骨眼上，俺当干部的应当往后站站。"

　　贾宝执说罢，务东娘没有言语。静了一刻，只听贾宝执又道："后晌俺去瞄了瞄，是个好人家，奶子也足，家里人满欢喜，孩儿送到他家，受不了制的。俺想天不明就抱去，免得惊动众人。你忍住些，过几天就好咧。"没等贾宝执说完，务东娘咬住被褥号啕痛哭起来，那声音呜呜咽咽撕心裂肺。贾鼠奴站在门外，先是暗自簌簌落泪，这刻难过得再也忍受不住了。他哗地推开门，三步二步扑进去，扑通一声跪倒在地，哽咽说道："宝执叔，可不能这的个办呵。俺狗屎不如的人咋的个能连累你们呀……"贾宝执一看是贾鼠奴，连忙扶他起来，说道："甚连累不连累的。你媳妇还是合作社的社员哩。这事咱合作社不管，谁来管哪？"贾鼠奴像个泪人儿似的站着，痛哭流涕，嘴唇嗫嚅着，却什么话也说不出来了。贾宝执又道："鼠奴呵，光眼泪是擦不亮眼睛的。好好回头思谋思谋到底是走个人发财致富的独木桥好，还是走共同富裕的阳关大道好哩？思谋通达了，再回来。"

　　贾鼠奴抬起惭愧的目光问道："俺还能入社？"

　　贾宝执道："大伙儿早就等着你回来哩。记住吧，鼠奴哩，咱合作社好比一棵大树，咱个人就是这棵树上的一片叶。叶离了树，还能活了？"

　　贾鼠奴羞愧万分，此刻这个惯闯江湖的浪子，恨不得脚底下裂开一道缝钻了进去。闷了半晌，才说了句："宝执叔，俺糊涂透顶啦！"过了好一阵，才将小神通如何挑唆他，他又如何想挣钱券窑的事，从头至尾诉说备细按下不表。却说当天拂晓，贾宝执抱住沉睡的婴儿离开家时，晨曦初露，小鸟啼鸣，白家沟清新而宁静。及至返回村时，金色的朝晖洒遍山梁谷地。刚刚走到村口，却见贾孩面带怒色，好似准备与谁吵架一般，迎面匆匆走来。及至跟前，不等贾宝执开口，便嚷道："叔，你好狠心哪！你这样做，为甚不跟俺们大伙儿商议商议？"

　　贾宝执说道："这疙瘩事，还用得着牵扯大家？再说鼠奴女人都二十八了，好不容易挂上一胎。"

　　贾孩则道："你家几辈子都是独子，你这才第二个，你嫌多啦？叔，这事俺们有权管！"

　　说罢，拉开大步，便向村外要走。贾宝执明白，贾孩这是欲去抱回婴儿，因此疾步上前，双手将贾孩捉住，厉声说道："你可不能这的个！孩儿去的人户也是贫雇农，跟咱家不一样么？"贾孩愣住了。停了一刻，他激动地伸出铁钳般的大手，一把抓住贾宝执的胳膊，责备道："叔呵，你为甚要这的个做？你家孩儿是地里捡回来的土坷垃？这社发展到今天，你吃了多少苦？他鼠奴才进来不两年，就退了两次了。轮到给你养两个，也不能给他养一个。现在帮他养两个，给你养一个还不行吗？一棵树还能开两样花呢？"贾宝执解释道："贾孩啊，咱们社还不富裕哩……"贾孩反驳道："不对！纵有十个八个孩儿，咱们社也能养活他们。叔，你不要太刻薄自己了，你要替务东娘想想。现刻你回家看看，这事伤了她多大的心哩。"说罢，只见两颗晶莹的泪珠从这铁汉子的眼里滚落出来。这情景在贾宝执心头击起一阵热浪。静默片时，贾宝执眼含热泪，拍拍贾孩的肩头，说道："俺是共产党员，办社是为大伙儿过上好光景哩。咱当干部的，遇事总得先考虑群众，你说是不？好了，收割正忙，上地去吧。这事咱们晚上开会再说。"……（此处残缺）

　　这天晚上，白家沟土地运输合作社召开社员大会，贾宝执亲自将贾鼠奴领到会场，贾鼠奴一把鼻涕一把泪控诉小神通，翻倒葫芦推倒坛，将亲身遭遇倒了个底朝天。原来，那日他赶着牲口去到镇上，小神通见他愁眉不展，问道："表弟，愁甚？舒心日子过腻了不是？"贾鼠奴道："唉，你看这鬼天气，再下去地里就没指望了。秋收打不下粮食，俺拿甚来碹新窑。"小神通笑道："嘿，俺寻思你愁甚呢，是这疙瘩事呵。你是个精明人，咋的个又糊涂了？俗话说，要想发财快，灾年跑买卖。这个年成，正是咱哥俩走运之时。只要咱这腿杆子一动，不说碹眼新窑，就是修房盖楼还不是小菜一碟？"说着把贾鼠奴拽到一家小店，叫来酒肉，一面给贾鼠奴灌酒，一面说道："嘿，那合作社顶屁用，老辈子都说，'宁可搭伙过年，也不合伙种田'。那全是贾宝执想捞荣誉，打出来的歪主意。咱哥儿俩靠他不住。这的个灾情，死心眼钉在地头，秋后叫他们喝西北风去吧。"贾鼠奴问道："你是说，再退了社跑买卖？"小神通诡秘地一笑，贾鼠奴忙说："不行，不行。上回就害得够苦了。"小神通嘿嘿大笑道："瞧你这人，河里丢了水里捞嘛。上回那笔买马钱，说甚也要把它捞回来。"贾鼠奴想到合作社的好处，迟疑道："唉，贾主任同社员们抗旱抗的水都顾不上喝一口，俺咋的个能只顾自己呢。"小神通道："俺说表弟，你咋的啦？他贾宝执能管人管地，还能管了天。老天爷不下雨，他洒几泡尿顶甚？"贾鼠奴叹口气道："俺都退过一回了，这回再退社……"小神通一拍桌子道："嘿！退就退了呗，你还入甚哩。那合作社是兔子尾巴，长不了的。你没听区上的工作员讲，很快就要土改。土改以后，政府要号召一家一户比赛发家致富呢。"贾鼠奴经小神通三寸不烂之舌一阵忽悠，二两老白干下了肚，心猿难按，意马驰缰，那颗财心便止不住飘飘忽忽动荡起来……

那贾兴保听贾鼠奴如此这般说罢，不禁感慨万端，凑近贾宝执耳边抱愧地说道："宝执呵，俺的觉悟认识差远哩。要是早听你的，也不至于闹到今日。"贾宝执也很激动，却避开话题说道："兴保呵，告诉你一个好消息。听县上干部讲，咱们解放区就要实行土改啦。"贾兴保听了，顿时喜不自禁，随即站起身来朝众人喊道："咱们赶明儿到集上把小神通那龟孙子揪来批判批判，大伙儿说好不好呀？"社员们轰然拍手称快，齐声叫道："好好好！"……（此处残缺）

且说自从开罢批判会，白家沟土地运输合作社又闯过了一个不平常的春秋。到了那对双生子牙牙学语蹒跚学步之时，贾鼠奴成了合作社的模范饲养员。有人故意跟他开玩笑说："鼠奴呀，你又可以出去跑跶啦。"贾鼠奴红着脸响响亮亮地答道："唉，这辈子呀，你就是用棒槌，也把俺撵不走哩。"自此贾鼠奴一家如何安居乐业，妇随夫唱，家庭兴旺诸事姑且不提。

却说1947年这天，晋绥边区政府土地改革工作团突然来到白家沟，说是土地改革试点。土地本是农民的命根子，千百年来农民们无时无刻不向往有一块属于自己的耕地，于是敲锣擂鼓，欢天喜地。不料，天有不测风云，人有难料之事。看官，这"土地改革"到底是福还是祸，欲知详情，且看下回分解。

第九回

分地分田原为事善　好人好社反倒遭殃

第九天

　　昨日，凯丽为中国抗击疫情捐了善款，春风得意，异常亢奋。钟先生为养女的举动倍感欣慰，中午特地做了中餐一汤四菜，即两荤两素加菠菜豆腐汤，令凯丽大快朵颐。凯丽则为养父准备了一套意式早点，让钟先生饱了口福，也满足了心欲——只因那是她母亲的拿手厨艺，故而今日父女俩神怡气愉，快活非常。不等养父落座，凯丽便急急取过书来，快速打开书页。钟先生慌忙阻止道："好闺女，且慢。"说着伸手拿过书来，边翻边指点道："这第九回啊，比第七回粘黏残破更多，得十分当心才是。待爹爹给你梳理开来，你再慢慢诵读。"凯丽似觉做了错事一般，一吐舌头赶紧正襟而坐，等待爹爹梳理。须臾，钟先生将书本放回桌上，凯丽则用双手一边左右轻抚书页，一边一字一句朗读起来。钟先生见凯丽小心翼翼，战战兢兢，不由得生出几分怜惜之情，于是播放一首古曲，轻轻蒙蒙，龙言凤语，渐渐地，凯丽那银铃般的嗓音变得舒缓而有节奏，越发动听了——

　　词曰：黄河一泻向东流，千古祸悠悠。无节夏雨，沙堤缺口，鱼鳖都愁。　　人心似水已失据，魔鬼任逍游。一纸文告，半江祸水，淹了村州。

　　话说 1947 年夏，中国人民解放军转入对国统区的战略反攻阶段，中共中央制定了《中国土地法大纲》，在解放区掀起一场轰轰烈烈的土地改革运动，晋绥边区所辖兴县迎来试点。试点伊始，贾宝执便被群众推举为"贫雇农临时委员会"主任，协同工作队，深入发动群众，严格执行党的有关政策，取得初步成效。正当贫下中农欢欣鼓舞、扬眉吐气之时，这天晌午，一位骑着白马的人，突然降临白家沟。此人王姓，名德行，中等个，长条脸，小分头，稀疏青丝，一身灰色干部服装，左边上兜插一支派克钢笔，鼻梁架着黑边眼镜，一看便知是位知识分子领导干部。土改工作队蓝队长一见，赶忙迎上前去，又是握手又是寒暄，一面让同事招呼随行人员及坐骑，一面将老王引至办公室，端水洗漱，拿烟泡茶，忙个不迭。

临末，蓝队长问道："老王同志，你们还没有用午饭吧？你看这天气热的，俺安排人给你们做钱钱小米稀饭，烙千层饼，又消渴又解饥。"

"你们几位驻队人员平时如何用餐呐？"那老王反过来问道。

"俺们按规定吃派饭哩。"蓝队长回答。

"那好，咱们一样吃派饭啰。"那老王叼着烟斗，一边说道，"老蓝啦，咱们的群众纪律你是知道的。这派饭嘛，说是在老乡家，好像我们与群众打成一片了，其实呢，许多时候，老乡总把我们当客人，甚至当亲人，把好东西留给我们，什么白面呀小米呀，而他们自己呢，却是高粱、土豆，甚而啃糠窝窝就咸菜。这哪能行！一定要跟老乡讲清楚了，我们共产党人是他们的勤务员，不能搞特殊的。不听？那就罢食嘛。如此反复几回，他觉得我们是真心实意，就不会客气了。再一点，也要跟村干部讲清楚，不要总是派到好人户，多派贫苦人家无妨。我们吃饭是要付粮付钱的，是不是啊？这样对贫苦人家也有实惠嘛，对不对？好，碰到了，随便说说。"

"老王同志，晚上就安排在村公所住吧？"蓝队长特地征求首长意见。

"不了。"那老王用肯定的语气说道，"这样啊，吃了饭你把分局干部召集起来，我们开个小会，座谈座谈，而后我宣讲分局一份重要文件。今晚要赶回分局，明天还有一个重要会议呢。"

……（此处残缺）

当日晌午，蓝队长仍然做了一餐上等农家饭食，那老王同志说了一句"下不为例"，也未见推辞。餐后，蓝队长遵照老王同志意见，将全体队员召集到一眼窑洞里。看官，你道那老王同志将要宣讲何种重要文件？其时，蓝队长坐在左侧，不待老王同志开口，便迫不及待斜眼一瞥，见那马兰纸笺油印文件天头"晋绥边区临时农会告农民书"一行黑字，不觉心中一颤。他从未见过，党的"重要文件"竟是这般标题。心中正犯嘀咕，那老王同志将此文件递与他，一边说道："老蓝你来宣读吧。"……（此处残缺）

……（此处残缺）显然，蓝队长有些紧张了。只见他清了清干涩嗓门，念道："晋绥边区临时农会告农民书。农民兄弟们：一、地主阶级必须彻底打垮。不论大小地主，隐藏了财产装穷的地主，化装成商人、农民的地主，都可以清算。混进党内、新政权的地主和混进工作团、学校工厂的地主，不管他是什么人，如果是骑在农民头上剥削，都可以拿去斗，把他们的财产分了。地主当中罪大恶极的反动地主，不管他是什么样的人，大家要怎么办就怎么办。……（此处残缺）二、富农和地主不同，但是富农的封建剥削和封建压迫也必须消灭。富农多余的土地、粮食、耕牛、农具以及其他一切多余的财产，也必须拿出来。富农当中罪大恶极的，大家要怎么办就怎么办。……（此处残缺）三、农民中少数恶霸、敌人爪牙和地主狗腿子，大家要怎么办就怎么办。……（此处残缺）主任委员赵……（此处残缺）中华民国三十六年七月十八日。……就这。"……（此处残缺）众人听了，面面相觑，个个脸色铁青……（此处残缺）

那老王见状笑笑，皮笑肉不笑，说道："怎么样？没有想到吧？告诉你们，这是从延安过来的一位首长亲自主持制订的哩。啊，这是对前一段工作中发动群众不彻底的纠正。"看官注意，这老王同志所说延安过来的"首长"，不是别人，正是后来在"文革"期间红得发紫的……（此处残缺）

……（此处残缺4页）

却说……（此处残缺5字）等人带领中央土改考察团来到晋绥，到得临县郝家坡、静乐县潘家庄等地进行考察试点。下车伊始，便把中共晋绥边区此前制定的《怎样划分农村阶级成份》等土改文件，一笔勾销。不顾老解放区土地问题已经基本解决之实情，指责基层党组织"只有地富立场，没有贫雇农感情"，是压制群众运动的"大石头"，主张"踢开干部绊脚石"，由"贫农团取代党支部"，"贫雇农坐天下，说啥就是啥"等等，从而放弃基层党组织对群众运动的领导，大搞"搬石头"、逼供信，对地主富农甚至持不同意见的基层干部与党员群众，实行残酷斗争无情打击。由此，乱抓滥杀的恶性事件，在晋绥边区各地陆续发生，闹得鸡飞狗跳，人心惶惶，民愁天怨。……（此处残缺）

……（此处残缺7页许）

却说……（此处残缺）白家沟形势逆转。全村满共七十三户，划为地主富农的竟高达四十二户。贾宝执领导的土地运输合作社，其时已发展至五十三户，原本多为贫雇农及中农，经重新划分成分，一夜之间，三十一户中农变成了富农。成为富农之社员，其家产及带入合作社的牲畜、生产工具等悉数没收，而合作社资产则在混乱之中大部被瓜分。划为富农的三十一户社员，二十八户被驱赶出合作社，并遭受严刑批斗。紧接着便被无端扣以"村盖子"之污名，撤销贾宝执贫雇农临时村委会主任及土地运输合作社主任等职务，并蒙蔽部分群众，煽动纠集不明真相者，大会批小会斗。一伙平日被贾宝执批评教育过的懒汉二流子，竟将贾宝执动员村民参加合作社、参军抗日、踊跃支前等，当作罪行挑动群众申冤诉苦……（此处残缺）白家沟的村政权已然被坏人操纵。……（此处残缺）贾孩等人意识到，贾宝执正处于春冰虎尾的危险境地……（此处残缺）

……（此处残缺6页）

……（此处残缺）一个漆黑的夜晚，贾孩蹑手蹑脚，踩着沙沙作响的雪碴地面，摸进贾宝执的院里，将贾宝执叫出门来，附耳说道："大伙儿有疙瘩事等你商议，走吧。"贾宝执信以为真，二话没答，抬腿便走。出了院门，下得几道土坡，贾孩便不由分说，攥住贾宝执的手奔西路走去。

贾宝执正在疑惑，却被贾孩拽到了一个去处。贾宝执定睛一看，只见贾恒勤、贾三孟、贾宝儿等人在雪地里蹲着，一旁拴着一头毛驴，立时愣住了。……（此处残缺 13 字）

"唉，你们这是要甚？"

"不要甚，你赶紧骑上毛驴走就对了。"

"嘿嘿，你们这是跟俺藏猫猫呵！"

贾孩一听那爽亮的笑声，一巴掌捂住他的嘴，哑模声细地说道："叔，不是跟你闹。咱村那几个灰鬼们怕要行动哩。俺们合计了一下，你还是到岢岚去避一避吧，那边都安顿好了。"

贾宝执一听急了，说道："这事俺早有主意，你们让俺当逃兵，不能！龟孙子们只不过想捣散咱合作社，俺咋的个能躲开？不能不能，说甚俺也不能走哩。"

贾恒勤劝道："宝执哩，龟孙子们是还乡团、复仇队，甚样歹事都干得出来的。你没见前些日子，滩上、川口已被他们捣死几条人命了。眼下事不由人，你还是避一避好。"

贾宝儿插道："合作社的事，有俺们顶住。龟孙子们敢在太岁头上动土，咱就跟他们拼了！"

听众人一席话，贾宝执内心着实感动，但他依旧执拗道："不怕，灰鬼们是蝎子掉进磨眼里，看他能圪叫到几时。当下，谅他们不敢在咱白家沟咋的。"

众人齐声道："不能这的个想哩。听人说，连区上、县上的干部，他们都敢白刀子进红刀子出咧。越是闹得红火那垯，他们越仇恨，咱们可不能闪失了。"众人嚷罢，推的推搡的搡，硬将贾宝执往驴背上闹。贾宝执哪里肯依，挣脱身……（此处残缺）急得众人……（此处残缺）……

……（此处残缺 10 页）

……（此处残缺 8 页）

梅开腊底，大地回阳。话说 1948 年初，吕梁山来了一个大人物，他便是任弼时，时任中共中央政治局委员、书记处书记。此人何其了得，不仅是中共成立初期最年轻的老党员，而且素有党内"骆驼"之称。一则学贯中西，精通马列；二则吃苦耐劳，功勋卓著；三则联系群众，心系黎民；更可贵者，善于发现问题，敢于坚持原则，纠正错误却从不整人。此行原本借道晋绥前往河北西柏坡的，因身染沉疴，于晋绥分区休整数日。其间，得知（此处残缺5字）等人所作所为及其严重后果，不惜病体尪羸，不顾旅途劳顿，立马深入基层进行调查研究。临末，便于1月28日，在西北野战前线委员会扩大会议上，发表了《土地改革中的几个问题》的讲话，就土改运动中如何划分阶级成分，如何团结中农、斗争地主，如何对待工商业者、开明绅士、知识分子，以及如何制止随意打人、滥杀无辜等重大原则问题，重申了党中央的方针政策。同时，严厉地未指名地批评了（此处残缺5字）等人推行的错误路线。……（此处残缺）消息传开，晋绥边区有如拨开乌云见晴天，民众欢欣鼓舞，拍手称善。这位智者善人，短暂停留，劳心损神，到得西柏坡病情日重，却仍然强撑着公务。两年后抗美援朝战争爆发，终因身心交瘁而殉职，年仅四十六华寿。闻者无不痛心疾首，哀哀欲绝。这是后话。

　　且说贾宝执年时被贾孩等人横拉竖拽"绑架"至岢岚县，整天寝食难安，度日如年。哪里料到，一夜之间形势陡转，便急不可耐赶回村里。回村一看。……（此处残缺数字）短短月余，恍如隔世，令他深恶而痛绝……（此处残缺）

　　……（此处残缺1页许）

　　再说……（此处残缺）兼以年时遭受严重春旱秋涝，白家沟土地运输合作社粮食减产，副业倒赔小米一百二十石。……（此处残缺）于是，退社风因时而起……（此处残缺）截至1948年2月，合作社由五十三户锐减至十八户。剩余这十八户因无红可分，再次陷入贫困。……（此处残缺）

　　……（此处残缺）区里紧急召开纠偏会议，县委书记马柏树亲自到会……（此处残缺）与会者个个好似雪打霜侵，低声懒语，情绪十分低落。贾宝执则只顾闷头抽烟不语，经会议主持人再三启发提醒，他这才磕掉烟灰，冷冷地说道："……现在是狗屎拉到灰蓬上，豆腐倒在灰渣里，收拾不起来了，又把俺们招来收拾啦？……"他这一讲不打紧，会场顷刻怨声四起，七言八语，沸沸扬扬，乱作一团，……（此处残缺）会议无法再进行下去。不得已会议暂停，……（此处残缺）马书记将贾宝执叫去，先是询问家里及村上情况，临末开导道："老贾哩，上级党组织知道你受了委屈，今儿把你们请来，就是叫你们倒苦水的。怕你会上不好讲，现在就在我面前，有甚不痛快的，尽管抖搂出来……"一番言语令贾宝执顿时泪如泉涌，埋头哭泣不止，一时间不能自已。半晌，只见他粗大的巴掌一抹满脸泪痕，抬起头来说道："马书记，俺这不是为自个儿伤心，那伙坏人就是把俺刀劈了，俺也不后悔。你说，俺跟乡亲们办社，跟着毛主席闹集体四五年，好不容易吃穿不发愁了，对边区政府还有些贡献，有甚错来？你看现在闹成甚了？你知道的，全县被打死的八十多人，党员就占三十好几，听说还有四个跟俺一样是支部书记。唉，俺算是命大哩。俺村里虽说没啦死人，却把一个好端端的合作社糟蹋了，如今讨吃的讨吃，要饭的要饭，这……唉——"说着哽咽得说不下去了。马书记静静地听着，见之兴悲，不禁眼圈潮红。稍停，说道："老贾啊，你说的这些实情，我们都难过哩。恁大的错误，虽说我没有参与，作为一名党员领导干部，没有照护好大家，也难逃罪责哦。现在我们的干部都不敢下乡来了，说实话，我也不敢来哩，为啥？愧对乡亲们啦！如今，延安党中央毛主席都发话了，一要坚决纠正错误，二要向基层干部赔情道歉。你说我能不来？哪怕大伙儿把我骂得狗血喷头也要来哩。为啥？前方正在和国民党军决战，我们后方可不能拖后腿。老贾哩，你是共产党员，又是边区劳模，你的情绪影响大哩。事到如今，毛主席都发话了，咱们还要咋的？你说是呀不是？"听罢马书记如此这般一席耿耿直言，贾宝执渐渐缓过神来，羞愧之色浮上脸颊。他低头抖搂着取出旱烟袋，摁上一锅烟叶停住，抬起眼来看着马书记，说道："马书记，你批评得对哩。俺觉悟不够，没啦想那的多。现在俺机明了，请书记放心，会议一完，俺立马回村接着担起责任来就是哩。"……（此处残缺数字）这段经历贾宝执刻骨铭心一辈子。在后来的岁月里，他经常对党员干部们讲："当初要不是马书记一顿批评，俺要犯大错哩。一个党就好比一个人，哪有不犯错的？犯了错敢于认错改错，人就是一个好人，党就是一个了不起的党。"对此，贾宝执一生如何践行，这是后话，姑且不表。

话说……（此处残缺）土改工作团改组，新任齐团长得知贾宝执回到村里，这日召开全村群众大会。干部们一路吆喝着，村民们则呼三唤四，疲疲沓沓来到会场。只见贾宝执凑近一个年轻人几句耳语，那年轻人站将起来，面朝众人大声唔气地喊道："乡亲们，咱们憋了好长时间了，今日总算熬到头了。咱们唱一支歌来舒展舒展，好不好呀？"静默片刻，应者寥寥："好哩，好哩！"接着，那年轻人再次呼叫道："咱们来一个《没有共产党就没有新中国》，咋的？"瞬间，只听"噼啪"一声，全场掌声潮起，吼声大作："好，好，就这哇！"于是那年轻人领头唱道："没有共产党就没有新中国——唱！"随即歌声由低而高，由杂而齐，于是浑然一片，铿铿锵锵，如山呼似海啸，声振屋宇。看官，仅此便能预料，这曲这词将永传后世无疑。本书曲调难呈，却可宣词。词曰：

> 没有共产党就没有新中国，没有共产党就没有新中国。
> 共产党辛劳为民族，共产党她一心救中国。
> 她指给人民解放的道路，她领导中国走向光明。
> 她坚持了抗战八年多，她改善了人民生活。
> 她建设了敌后根据地，她实行了民主好处多。
> 没有共产党就没有新中国，没有共产党就没有新中国。
> ……

众人歌毕，一阵欢声笑语，一团七嘴八舌，唧唧呱呱，如同往日，生气欣然。齐团长站立着，举起双臂招呼半天，会场这才渐次安静下来。听得齐团长宣布恢复贾宝执所有职务，村民们一面个个眉开眼笑，一面却愤愤不平，纷纷要求严惩那些坏人与忘恩负义者。临了，贾宝执对乡亲们笑笑说："老天有眼哩，犯法的有边区政府依法处置，大家可以歇心。没啦犯法的，就这哇。眼下当紧的，是咋的个度过青黄不接的日子哦。"经过土改工作团与村党支部、村委会商议整顿，补偏救弊，物归原主，合浦珠还，村民重新分得土地，各得其所。接着，贾宝执代表村党支部重申自愿互利原则，重建了土地运输合作社。当年带领众人互借互济，种蔬菜挖野菜，多方筹集口粮，终究度过春荒，赢得夏粮丰收。合作社二百四十五亩土地，总产达两万九千四百斤，平均亩产一百二十斤，在晋绥边区首屈一指。到1949年春，入社农户恢复到二十六户，1950年正月增加到三十六户，新中国成立一周年发展到八十五户。合作社不断巩固壮大，各项生产得以恢复与发展，其中运输业最为壮观。运输队时有毛驴三头、骡子四头、马两匹，将本地土产运至陕西神木、榆林等地，再把陕西食盐、毛织品运回山西；将兴县棉花、麻皮、畜产品运至太原、大同等地，而后将群众所需生产、生活用品运回本地，沟通了城乡物资交流渠道，搞活了合作社经济。仅此一项，合作社纯收入：1948年一百五十万元（西北农民币，折合人民币一万五千元），1949年二百四十万元（西北农民币），到1950年增至三百万元（西北农民币），其总值占到合作社总收入的百分之四十五。除此以外，恢复原有的油、酒、粉、豆腐、猪场、纺织、煤窑、药铺等各业，社员所分红利，除却1951年因旱灾每股仅两石（合六百斤）小米之外，1949与1950两年均在四石以上。而农业生产也可圈可点，粮食产量除却1951年歉收，1948年至1950年连续三年都在十五万斤上下。另外，连续开荒计一千四百四十亩，新增粮食与胡麻等油料共计十三万二千斤。到1950年底，合作社累积小米六万余斤，社员每户均有存粮。与此同时，有效地支援了解放战争。说到这里，特别值得一提的是，1946年贾宝执倡导兴办的白家沟小学校，当年入学儿童三十多名，到1950年发展到五十多人，占学龄儿童总数的百分之八十五以上。……（此处残缺多半页）

且说……（此处残缺）1950年11月，贾宝执代表白家沟土地运输合作社到北京出席了全国工农兵劳动模范大会，贾宝执被评为甲等农业劳动模范，受到毛泽东主席等党和国家领导人接见。……（此处残缺）1951年秋天，白家沟土地运输合作社成为山西省十杆红旗之一。越明年，白家沟土地运输合作社转为初级合作社，更名为"吕梁先锋农林牧生产合作社"。其时，村民入社达八十五户，计四百七十口人，入社耕地一千六百四十二亩，耕牛二十四头，骡子四头，毛驴三头，母牛六头，山羊三百余只，白家沟呈现出一派人畜两旺，朝气蓬勃之新气象。

真个是国泰民乐，喜事绰绰。这天，邮递员送来一封公函，合作社会计兼文书贾维藩接到手里，左瞅右瞧，就是不敢启封。你道何故？一者这贾维藩生性谨小慎微，二者这公函非同寻常，贾宝执不在现场，他岂敢造次？看官，这公函到底有何来头，竟让贾维藩如此拘束？欲知详情，且看下回分解。

第十回

摆事实管家婆巧怼　施民主吴队长徒劳

第十天

　　凯丽昨日读罢第九回便有些闷闷不悦，后晌独自走进"无聊斋"寻找有关书籍，直到钟先生做好晚餐唤她，这才出来。今天刚刚落座，她便说道："爹爹，我有一个问题想了一夜也没想明白，都是延安去的人，为何不一样呢？"钟先生笑笑说道："你说的是那某某与任弼时？啊，据爹爹所知，这二人差别大了去了。当时某某只不过是党中央社会部一个普通部长，而任弼时则是党中央五常之一哦。这是职务之别。更重要的是，二人的思想、政治、德行修养根本就不在一个等量级上。你想想，此二人，谁更能真正懂得党中央毛泽东的行动方针政策？当然是任弼时。这是就人而言。如果论事，你就会更明白了。女儿啊，中国共产党领导中国人民的这场革命，是史无前例的哟。正如我们行走在一条陌生的道路之上，前方坑坑洼洼，荆棘草丛，甚至陷阱泥潭，都不清楚啊。再者，每前进一步因情况变化莫测，故而所制定的方针对策，难免百密一疏、千虑一失。这就给那些思想不正、道德不端、政治素养低下的执行者随心所欲、自由放任提供了机会。懂了吗？"见凯丽点了点头，却一脸茫然，笑道："哦哦，女儿啊，慢说说你，就是土生土长的中国一代年轻人，也难理解啊。不过不要紧，待你们书读多了，又有了一定阅历，自然会懂得的。好，时间关系，爹爹只能讲这些。接下来干什么？"

　　"言归正传，且看下回分解。"凯丽此言一出，惹得钟先生禁不住开怀大笑一回。

　　诗曰：阳春三月起苍黄，不顺天时昧栋梁。

　　　　　怎奈疾风知劲草，披坚执锐有文章。

　　话说贾宝执近二年声名鹊起，职务也多了。除却合作社主任、村党支部书记等职，年时又被推选为兴县第五区区委委员。接到公函这日，正好贾宝执到区里开会去了，故此贾维藩要等他回来。直至傍晚，得知贾宝执回村，他不敢有误，立马将那封公函送去。二人拆开来一看，犹如晴天霹雳，都惊得呆了。贾宝执八辈子也想不到，此封信函竟是通知他出国访问的。当晚他兴奋得哪里睡得下，独自坐在炕头抽烟，直挨到黎明。次日消息传开，全村草长莺飞，一片喜庆。1952年4月，贾宝执作为中国农民代表团一员，如期访问了苏联及东欧多国。参访期间，贾宝执参观了现代化工厂、集体农庄、学校医院、各种展览会等，见所未见，闻所未闻，眼界豁然洞开，心潮委实难捺。洋人洋事奇观，令人眼花缭乱，然而令他最感兴趣印象深刻的，唯苏联集体农庄畜牧业管理之状态。访问后期，他归心似箭，并非只因洋面包难咽，实则急于带回宝贵经验。历时近两月，回到国内又是巡回报告，待到回村已是9月下旬了。一路虽忙于观感报告，但他心中，一套发展白家沟畜牧业的经营管理办法，已然形成。回到社里，经社务委员会反复讨论，依据本村条件，不断总结完善，分类实施，极大地调动了饲牧人员积极性，畜牧事业到得明显改观。1953年，仅养羊一项，全社一百五十七只母羊，产羔一百六十三只，成活一百五十七只，成活率达到百分之九十六点二。其他诸如牛、驴、骡、马等大牲畜，均得相应发展，而生猪则成倍增长。从此，白家沟吕梁先锋农林牧生产合作社，以农为主，农、林、牧、副全面发展的态势初步形成。这是后话。

　　却说好事多磨。从1948年至1952年，白家沟集体经济经过起起伏伏，沟沟坎坎，逐步得以巩固发展壮大，社员们兴高采烈敲锣擂鼓，迎接1953年新春佳节降临。鞭炮声唤醒了酣睡的春姑娘，春天的气息袅袅升腾。白家沟北坡的草皮子泛绿了，南沟的柳条子吐翠了，东山梁上的山丹丹冒芽儿了……，溪水汩汩，山岭如黛，春天在人们心中荡漾。这日，忽然起了西北风。霎时间黄尘蔽日，山不见影，树不见枝。晌午时分，贾宝执和社员们正在圪梁上整地，一群小学生从村里跑来，告说县上来了工作队。贾宝执连忙停下手里营生，扛上铁锨，便往回疾走。一路寻思："前些日子就通知要来了，咋的个今日才到呀？农业社如今摊子大了，大伙儿的劲头又足，就是办法不济哩，这回可盼到了。"转念叹道："今日这大的风沙，还赶几十里山路，干部们准是累坏了。"想着不觉加快了脚步。

贾宝执径自来到农业社的办公室。推门一看，只见五六个工作队队员，有的在炕上躺着，有的在地上蹲着，有的在凳子上坐着，一个个满身尘土，灰不溜秋的样儿。见贾宝执进来，一个熟悉的工作队队员迎上前，一面同贾宝执握手，一面介绍说："这是新来的老吴同志，是我们整社工作队的队长。"贾宝执连忙走去握住吴队长的手说："老吴同志，你们辛苦了。"那吴队长道："哪里哪里，为革命嘛，就得辛苦一点哟。"说着下了炕，走到临窗的一张太师椅坐了。贾宝执这时才看清，这吴队长四十大几年纪，穿一身灰布制服，海昌蓝洋布裤子；脸瘦而长，鼻子眼窝连胡楂，满是尘土。他接上一支卷烟，一面吸一面说道："贾宝执同志，先给大家闹点吃的，工作晚上再谈，如何？"言谈举止，给人一种温良恭谦的感觉。贾宝执二话没说，就在农业社厨房拾掇开来。先给众人烧水洗漱，又亲自下厨。……（此处残缺）等吃罢饭，给大家安排了歇处，便扛上铁锨又上地去了。社员们见贾宝执面带喜色，便热火朝天地议论起来。一个青年十拿九稳地说："没说的，准是给俺们鼓劲来了。"另一个青年接道："你这话不等于脱下裤子放屁。上面干部来了，不给咱农业社鼓劲儿，做啥？"山梁上响起一片爽朗的笑声。

傍晚，贾宝执收工回家，呼呼啦啦喝了两碗稀粥，便领着社里大小干部来到吴队长住处。屋里点着一盏墨水瓶改制的煤油灯，灯光昏暗，一缕青烟缭绕。吴队长吸着香烟正给工作队队员们讲话，见贾宝执一行人进屋，那精明的眼珠将几个社干部扫了一遍，问道："贾宝执同志，这几位是哪个村的？"

贾宝执笑答："他们都是俺们白家沟农业社的干部。"

吴队长迟疑一下，笑道："贾宝执同志，今天晚上我们先跟你个人摆谈摆谈，明天再与他们见面，如何？"

贾宝执一听，怔了片刻，随即说道："咋的个都行。"便把几个干部打发走了。随后找了个凳子坐定，一面掏烟袋，一面问道："老吴，先把俺全乡合作化的情况汇报汇报吧？"

吴队长一扬头说道："不用啦。我们这次是地、县、区整社工作队，在县里我已经翻阅了你们所有的书面材料。贾宝执同志，你的精神不错嘛，一下子就在全乡办了六个农业社。啊，不过，最近上级有指示，要把已经建立起来的农业社整顿整顿。啊，凡是不合格的，一律转组，或者单干，这叫稳步前进。总而言之，不要跑得太快了。太快了，影响群众生产积极性嘛。我们整社工作队，就是为这事儿来的。广大群众盼土地盼了千年，现在刚刚分得土地，又要让人家交出来伙种，这于情于理也说不过去嘛。啊，再说，我们还是个一穷二白的国家，工业相当落后，农业得不到足够的机械，农业社就不可能巩固嘛。这就是马列主义的唯物论观点，是不？"

贾宝执起初还瞪着眼睛瞅着这位队长，期待他传达党中央、毛主席的重要指示。听着听着，怎么觉得越来越不对劲了，便失望地捏着旱烟袋低头抽起烟来。及至听到末尾，原来这吴队长是解散农业社来了，那火热的身躯好似掉进冰窟子，霎时凉了半截。他不由自主地抬起头，愣怔着双眼，将吴队长盯住，仿佛要辨辨这位吴队长是真还是假。有那么一刻，屋子里静得能听见煤油灯火苗呼哒呼哒的声响。那吴队长见贾宝执似懂非懂的模样儿，笑道："贾宝执同志，你办社已经八九年啰。突然间叫退回去，难办吧，是不是？我看并不难办。我仔细研究过你这个社，摊子大，底子空，我想，不如转成互助组的好。"贾宝执似乎发现这位队长，眼瞳背后隐藏着鬼火般的神色，便道："老吴，俺们办社九年，单干办不到的事，俺们办到了；互助组办不到的事，俺们也办到了。初办社那阵，只有一头毛驴，现在有牲口五十来头；粮食从人均四百五十斤，发展到现在七百六十斤。办社是听了毛主席的话，伙同群众商量的结果。这件事，俺要同大伙儿商量商量哩。"

吴队长往椅背一靠，哑然笑道："贾宝执同志，你不识字吧？"

贾宝执答道："老吴，解放前，俺连学校的门槛也够不着，哪里去认字？"

吴队长笑道："我说哩。像我这类三八式老同志，还难啃动马列的著作，何况你呢。所以，犯点经验主义难怪哟。"

贾宝执也笑道："老吴，咱这号西瓜大的字不识半筐的大老粗，解不开'金验主义'，还是'银验主义'，俺只晓得合作化是党中央毛主席指示办的哦。"

贾宝执不软不硬的言语，使吴队长脸上瞬间掠过一抹红晕。只见他忽然两眼一眯，堆起一脸笑纹，自我解嘲道："好了，好了，名词概念咱就不去管它了。贾宝执同志，咱们说实际吧。你是乡书记，又是全国出了名的劳动模范，历次政治运动，你一贯带头儿，这回我们希望你继续带好这个头儿，如何啊？"

"带甚头儿？"

"把你们这个社转成常年互助组。"

吴队长挑逗似的盯着贾宝执，等着回答。贾宝执一听，不禁仰头哈哈大笑道："呵呀，老吴，这么大的个事，才刚俺说过了，俺做不了主哦。这的个头儿难带哩。要不，这样吧，咱们先开个党员会，然后开个社员大会，把你的意图向大家讲一讲，看看众人的意见咋的，你看这的个行呀不行？"吴队长见贾宝执这般胶柱鼓瑟，再谈下去也难有结果，抬头扫了队员们一眼，也只好赞同，于是答道："我看可以吧。啊，不过，得立即召开党员会。"贾宝执随即站起身，说道："俺这就吼去。"说着转身拔腿便走，大步出了屋，还没出院门，却听屋里喊道："贾主任，你回来，吴队长还有话说。"贾宝执返身回到屋里，只见吴队长站在煤油灯前，眼里闪着狡黠的微笑，说道："贾宝执同志，我们这次整社的任务很紧急哟，按部就班，不适应形势的需要啰。我看这样吧，党员会和社员会干脆一块儿开，啊，好让大家早一些知道上级的精神，有利于开展工作。你看如何？"这吴队长一刻三变，你道为啥？原来他新来乍到，虽然早已听说过贾宝执的事迹，但对贾宝执的人情秉性，毕竟不甚了然。经刚才一阵唇枪舌剑，他才感到这个大老粗并不那么容易对付。贾宝执刚跨出门槛，他头脑里忽然一转，寻思道："贾宝执在白家沟担任党支部书记十年有余，这个村的党员大多都是他培养的，他贾宝执尚且这样顽固，其他党员想必也难说服。倘若说服不成，这些党员们到社员中一翻扰，局面就更难打开了。"因此上当机立断，决定给贾宝执和白家沟的党员们来一个措手不及，把整社转组的事，一竿子插到底。贾宝执待吴队长说罢，也料到十之八九。但他心里明白，要白家沟社员群众走回头路，除非太阳从西边出来。于是，他坦然答道："老吴，咋的个都行。"

吴队长高兴得露出满嘴金牙，说道："好好，贾宝执同志，你就通知吧！"

贾宝执三步两步走出院子。天空漆黑如墨，双双山的群峰，隐没在黑暗中，浑如一体。西北风呼啦啦迎面刮来，裹着黄沙，卷着枯枝败叶，在贾宝执脚下飞旋乱舞。

不大一会儿工夫，白家沟的社员们，有的揣手猫腰，有的叼着旱烟，纷纷拥拥，来到农业社的会议室，齐刷刷地坐了一屋。几盏煤油灯噼噼地响着，将屋子照得亮瓦瓦的。那一张张久经风霜的紫棠色脸庞，显得分外精神。男社员们捏着旱烟袋，吸着谈着；女社员们拿着针线活，挤在旮旯里，笑着织着。都知今日来了个大干部，猜想着给他们带来喜讯。这些忠厚的老区庄户人，历来打心眼里待见共产党干部下乡进村。只因战火纷飞年月，曾经有过多少共产党干部给他们带来温暖，帮助他们解决过多少困难。众人正议论着，忽见贾宝执领着吴队长一行人走了进来，霎时鸦雀无声了，几十道憨厚的目光望着脸瘦而长的吴队长。

贾宝执见众人早已坐好，便说道："今儿晚上，咱们开个紧急社员大会，由整社工作队吴队长宣讲紧急指示。讲罢还要讨论，大家要洗耳静听，不要圪吵。"话是这么说，可贾宝执心里明白，众人若听了吴队长那一套，没法不圪吵起来。稍后出现的情形正是如此。还没等吴队长讲毕，众人就像点着了一堆干柴火，噼里啪啦地争吵开了。有个小伙子居然高腔大嗓地叫道："这哪里是给俺鼓劲，分明是拆台来了呵！"众人你瞅瞅我，我看看你，惊疑道："这吴队长是从甚地方来的？说得俺们倒糊涂了。"嘈嘈杂杂，谁的也听不清。贾宝执眼见这般情景，瞭了瞭神色慌张的吴队长，说道："乡亲们，这样嚷嚷，吴队长听不实在，还是挨个讲吧。"说罢，屋里骤然清丝哑静。煤油灯下，众人焦灼的目光，好似燃烧着点点星火。这下，吴队长得意了，只听他说道："同志们不要有顾虑，心里怎么想就怎么说，不要怕和别人谈得不一样了。有不同的意见，我们工作队是坚决支持的！"话音刚落，忽地有个人站将起来。众人扭头看时，是会计贾维藩。这贾维藩自办社的第二年，便当上了合作社的会计，对社里的大小故事，菠菜拌豆腐记得一清二楚，人称"大脚板管家婆"。他平日少言寡语，一张嘴脸红一半，所以这刻格外引人注意。只见他慢条斯理地说道："才刚吴队长讲了一大篇理论，说甚农业社影响了社员的积极性，妨碍了发展生产。俺庄户人家解不开那些。咱石头捣磨盘实打实地说吧：初办社那阵子，俺们只有一头蛤蟆驴，如今有精壮牲口五十来条；那时人均粮食四百五十斤，如今是七百六十斤。1951 年，俺们这个地方大旱，合作社引水播种，秋后人均比单干农民多分两石粮食。就拿去年来说吧，合作社耕种五百亩土地，亩产超过战前一点二五倍，超过互助组百分之三十，超过单干户百分之五十。吴队长是个通文知墨的人，你给咱算算打打，到底是甚强甚赖？"这"大脚板管家婆"刚说罢，社员贾宝珩脸红筋暴地蹿将起来，朝吴队长嘶声喊道："吴队长，你不要拆散俺们农业社好不好哇？你们不待见，俺们庄户人家可离不了哩。乡亲们都知道，俺单干那年，龙口夺粮，一个人累得吐血倒在地头。要不是宝执领着社里的乡亲们将俺救到医院，又帮助俺挽草锄地。俺贾宝珩一家早就妻离子散啦。哪还有今天……"说到这里，两行热泪扑簌簌滚落下来，哽咽得说不成话了。

贾宝珩一席话触动众人的心结情愫。顷刻间，会场似春水潮涨，骚动起来。众人你一言他一语，一声盖过一声：

"俺们坚决不同意转组！"

"俺们要求上级支持农业社！"

……（此处残缺3行）

这吼喊声震得三间瓦房嚓嚓作响，好似山在摇地在动。

这般场面完全出乎吴队长的预料。原以为群众要控诉农业社的，没想到竟是这番阵势，听着听着如坐针毡了。及至贾宝执忍住情绪，问道："老吴，你看这会还开也不？"他这才压住心头之火，板着脸说："这样乱糟糟的，还开什么！贾宝执同志，好好把你们社整顿整顿，太成问题了！"说着，站起身来，将笔记本往腋下一挟，拉着一副长脸，离开了会场。碰了一鼻子灰，又恼又恨。回到住处，便骂道："贾宝执太成问题了。无组织无纪律，目无领导，煽动群众同党闹对立。"转过身，向一个队员道："老赵，你把今天贾宝执的表现写成材料，报回县委，送到专署，我看他贾宝执还当不当这个模范！"这天夜里，吴队长睡得很不安稳，他蒙蒙眬眬，觉得那震耳的吼喊声一直在枕边回荡，惊醒来时，才知是西北风在门外呼啸，一身却已冷汗涔涔……（此处残缺）此情按下不表。

却说从那天晚上开罢社员大会，吴队长便很少出门。每日坐在房间，不是看材料，便是找人谈话。贾宝执趁夜间去过几次，问及整社之事，只说摸摸情况再定，只字不提转组单干的问题。贾宝执不免生疑，吴队长刚来时，忙忙怆怆，恨不得一口将农业社吞下去，为甚如今又这样不急不喘了呢？是受了教育吗，又不甚像。后来听说吴队长去了西沟村，心里正在纳闷，从西沟村急匆匆来了个社员，告道："乡支书，不好啦！他们罢工了！"

贾宝执一惊，忙问："谁们？"

"还有谁们，崔守如那伙人哩。鬼们昨日就罢开了。工作队不让外说，也不准任何人到白家沟来，俺是偷着绕后山来的。"贾宝执听得这般情况，决计立马到西沟村走一遭。

　　原来，那吴队长让贾宝执转组单干计划受阻，感到要在白家沟解散农业社难以得逞，便转移至西沟村王根儿农业社。年时，王根儿领导的只是个十二户人家的互助组，因逢灾年，势单力薄，粮食没打下，连饲料也无着落。看见白家沟农业社人强马壮，灾年无祸，经众人商议，四个互助组七十余户人家合并，组建起一个以土地与劳力投资的初级合作社。正当人们憧憬1953年打个翻身仗，春播热火朝天之时，吴队长一干人马突然进村，如同天降冷雨，春寒料峭。那吴队长生怕贾宝执"破坏"了他的如意算盘，便采取严密封锁信息的策略。心想，只要把"生米做成熟饭"，贾宝执就奈何不得了。谁知，吴队长煞费苦心，始料未及，冷水刚刚下锅，便有人釜底抽薪，悄悄急搬救兵来了。白家沟村到西沟村约莫五六里道路，是一条被山洪冲刷成的深沟。这沟由东向西，蜿蜒曲折。洪水季节是水道，洪水一过便是人路。眼下正是春夏之交，只有涓涓细流，并不妨碍路人行走。贾宝执三步并做两步，只顾低头往前急赶。来到一个转弯处，忽然从前面闪出一个人来，差点碰了个满怀。那人一见贾宝执，不知是惊还是喜，便大声叫道："呵呀！是贾主任嘛！正说找你去哩！"贾宝执定睛一看，正是西沟村农业社主任王根儿。贾宝执见他神色憔悴，满脸汗水长流，急得问道："情况咋的个了？"

　　"呵呀！火烧眉毛啦！乡支书，七十多户人家的一个农业社，给几个灰鬼们闹得昏天黑地的，现刻正在……"

　　"闹社的是些谁们？"贾宝执插道。

　　"算起来只有十九户。地富两户，中农和富裕中农十六户，还有一户贫农。"

　　"谁挑的头？"

　　"现刻一下也说不清哩。跳得最凶的是富裕中农崔守如，背后有地主王文实呢。"

　　"工作队是甚态度？"

　　"呵呀！就别提了。要不是他们，哪来这股妖风哟。他们一去，几天不跟俺们干部照面，尽往那些动摇户里钻。大前天晚上开了个社员大会，由他们宣布个甚中央指示，说甚农业社是自愿入自愿出，不能强迫。还说俺这个社是盲目冒进，要下马，要转组，单干也行。这一吵，可就热闹了。一伙人便扭住俺，嚷着要出社。那崔守如还鼓动贫农王楞子，说甚'你出吧，没有牛，咱的牛给你使唤，打的粮食笃定比农业社多。冬天办个八音队，吃香的喝辣的，还能挣现钱。'这王楞子就是给他吹呼的要出，别的人一看这阵势，也不安心了。俺没得法子，就找工作队，碰巧遇见那个吴队长，俺说，'组织起来是毛主席给咱指点的光明大道，为甚不让走？'他说，'老乡，不是不让走，是不到时候。'态度倒挺好。俺说，'呵呀，组织起来的号召，毛主席提出八九年了，咋的个还没到时候呵？'他说，'这回贾宝执的农业社也得下马，不下他就要犯党纪错误了。'俺说，'不管咋的个说，解散了合作社咱贫雇农过不去哩。'他说，'你管那么多做甚？'你听听这是甚话！最后没法，俺说，'要散也得等到秋后。'他问，'为甚？'俺说，'那肥料都洒到地里去了，一部分籽种也下了，劳力都使唤了，现刻咋的个分开呀？吴队长，说甚眼下也不能散伙！'他立马变脸变色，一呲三咬牙，说，'你不服从上级指示，就处理你！'贾主任，你看这该咋的个整哩？"王根儿就像久别逢亲人一般，口袋倒西瓜，叽里咕噜倒了一个痛快。贾宝执听罢，觉着问题严重，便道："那些地富跟富裕中农愿意退社，可让他们退。谁要拆散农业社，可不行！"

"那崔守如到处勾串，煽动罢工，听说还要拾掇人马到乡政府请愿来咧。"

"这没啥，他们真的敢这的个闹，社员群众看得更清楚。莫慌，咱们要让大多数群众说话。"

"现刻他们正拉扯一伙人，要分社里的财产，俺横说竖说都不听，找工作队，工作队也不管，这才找你来。你看这事咋的个弄咧？"贾宝执听罢，气得剑眉倒立，说道："这可不行，集体的财产，一根牛毛也不能动。谁要退社可以按照政策规定，带走他们应该带走的东西。"说着扯开大步，二人同往西沟村走去。贾宝执走在前面，不说一句话，两腿像擂鼓似的，踩得路面作响。他从未像今天这般窝气，地主、富农破坏农业社，他想得通，因为他们有自己的狭隘立场；富裕中农要出，他惋惜却也想得通，因为他们有自己的小九九；可是，吴队长呵，你是一名共产党员，又是上级党委派来的整社工作队队长，为甚不支持贫下中农，偏偏和那些人穿一条裤腿呢？说话间，二人到得西沟村。爬完一溜石阶，拐过几条巷道，行至农业社院子门前，只见里面挤满了人，一个个溅着唾沫星子，挤在一起，吵成一片。社里的农具家什都被搬到院地，有的扛着要走，有的拽着不放，争吵声殷天震地，扎得人心阵阵作痛。其时，那崔守如正牵着一头大黄牛往出走，农业社副主任王三牛扑过去捉住缰绳质问："这大黄牛是大伙的财产，为甚你一个人拉走？"那崔守如嘴里骂骂咧咧，撸出拳头就要打，贾宝执一见，赶忙跨进门去，大声喝道："这是干甚哩？"那崔守如猛地抬头来看，见是贾宝执，霎时六神没了五神，慌忙挤到一边去了。其余人等手忙脚乱，将攥在手里的物件放回原地。王三牛等众见是贾宝执，又惊又喜，连忙让出一条路来。贾宝执大步走过去，跳上台阶，高声说道："农业社的财产是集体的，谁也不能乱动！退社自由，得按章程办事哦。"

崔守如一听急了，在人群中辩解道："俺们牵牲口是工作队吴队长发了话的。"

"不管是谁，都得按党的政策、农业社的章程办事。"

那崔守如抓住把柄似的，从人群中蹦起来叫道："好呀，他说工作队违反政策，走，咱们找吴队长去！"说罢，趁势溜出院门去了。

却说崔守如一走，众人把贾宝执团团围住，你一言他一语纷纷诉说开来。原来，因工作队主张解散农业社，不仅像崔守如这样的富裕中农公开闹事，就连地主富农也活跃起来了。地主王文实在地头散布二话，说"办社会主义可办好哩，就是往死里饿人。"煽动大家吃社里的籽种，企图破坏春播。经他播种的麦地，每亩最多二百苗，最少的甚至只有四五十苗。听罢此事，贾宝执站上台阶，问道："王文实在哪？你说说，社会主义饿死谁来？"见无人应答，停了停接道："乡亲们哩，地主阶级的本性是不会改的。王文实他们不待见社会主义，要出让他们出，不出也欢迎，要是搞破坏，那就不是出不出的问题，是要开除他们，犯法的还要法办哦。听说还有几户王八吃秤砣，铁了心要出，那就不挽留了，到社里算账去好了。不过，俺要奉劝两句：你们出去安安心心搞好生产，可不能搞小集团，更不能破坏咱农业社，要不然有关政策有好事找你们哩。"贾宝执一席话一扫阴霾，一时间乾坤朗照。临了，贾宝执问王根儿："这些个情况，你们向吴队长反映没啦？"王根儿答道："反映哩，那吴队长说，这说明整社转组合乎民心哩。"眼见得今天这般场面，又听得如此情况，贾宝执不禁想起1947年土改时的情景。有史为鉴，贾宝执心里明白，若不是党内有吴队长之辈，那崔守如、王文实们何以如此猖狂。听说个别党员态度暧昧，贾宝执随即将党员们召集到农业社办公室，讲道："共产党员不能溜风潮，不能东风大了往东走，西风大了往西奔。咱们入党是为甚呀？还不是通过新民主主义到社会主义，最后过渡到共产主义？毛主席带领红军翻雪山、过草地，吃皮带、咽草根来到陕北，又是八年抗日、三年打老蒋，经过多少沟沟坎坎，如今遇上这么一点困难就吓倒啦？咱们共产党员，是革命的先锋队员，要晓得风向咧。"正说着，只见吴队长引着崔守如一伙人，气势汹汹地闯了进来。

"啊，贾主任，仗着你是全国劳模，就敢不执行上级的指示，就敢破坏整社工作？明确告诉你吧，这次整社转组工作是一位中央首长指示的，你应该考虑考虑你这个劳模的前途哦！"

"吴队长哩，俺也石头砸碾盘，实打实地告诉你，你们这的个搞，可是违背党中央决议的哦，是把俺们贫雇农往火坑里推哩！俺不赞成这的个搞，可不只是因为俺是个劳模，俺还是一个共产党员哩。共产党员和广大贫雇农站在一起，执行党中央的决议，有甚错来？"

"你是共产党，我也不是国民党！哼，告诉你吧，我入党时还不知道你在哪里呢？"

"吴队长，俺扁担打狼直说吧。你身为共产党员，为甚和贫雇农想不到一垯，却和地主富农站在一起？"

吴队长不由得愣住了。他不曾想到，一个小小村支书，竟然给他提出如此普通却又难以回答的问题。他更不知晓，眼前这位"小小支书"是个拳头上立得人，胳膊上走得马的硬铁汉。此刻，只见他两眼直直地瞅着贾宝执那宽宽的前额、浓浓的黑眉、犀利的目光、倔强的嘴唇，一时无以言对。不等吴队长回转神来，贾宝执便把地主王文实如何辱骂社会主义，又如何破坏农业社春耕生产，妄图反攻倒算的事情，一盘一碟端到吴队长面前。那吴队长听了，鼻子不是鼻子，脸不是脸，直愣愣地站着，早已棋输先着，难以为情了。贾宝执说罢，党员们也冲着吴队长闹开来。早已挤在门外的贫雇农社员，这时也都挤进屋，质问的质问，诉说的诉说。崔守如一伙见势不妙，阴一个阳一个溜之大吉。那吴队长见周围质问自己的竟是一群泥腿子，哪里下得来台，于是恼羞成怒，冲着贾宝执叫道："好哇！贾宝执同志，你自己不执行上级指示，还叫群众来围攻工作队。我要把你的材料报送县委，呈报地委。你这个劳模太成问题了。"说完，扭转身，怒气冲冲地走了。

等众人散尽，贾宝执让王根儿将王楞子叫了来。这王楞子平二十年纪，长得虎头虎脑，却还带着奶气。他七岁上死了亲爹，母亲二十六岁守寡，母子相依为命。无奈年幼，不谙农事，与母亲艰难度日。幸得村上有了互助组，在众人帮扶之下，日子方见柳暗花明。年时秋后初级社成立，便与众人欢欢喜喜入了社。这刻见到贾宝执，只怯生生站着低头不语。贾宝执问道："楞子，你老实告诉俺，在社里好好的，为甚想出社？"他仍愣着一声不吭，王根儿恨铁不成钢，骂道："咋啦？那股傻劲到哪里去啦？当着贾主任的面，你还不说说。"忸怩半日，他才将崔守如煽动他那些话说出。贾宝执听了说道："楞子哩，你和他们不是一路人哦，你跟他们一块，你迟早要当他们的奴隶哩。再说，光明大道你不走，要跟他们走黑暗路？你是寻活呢还是寻死？寻活呢，走社会主义道路，寻死呢现刻死了算了。"临末，贾宝执派大队会计贾维藩前去帮助他们算算账，让数字说话，到底是单干强还是集体好。这一对比，众人胸中泾渭分明，不出的愈发坚定，欲出的也不出了。最后，一十九户闹退社的，社委会决定开除两户，真退的唯有中农王田车一户。

再说吴队长一行，当日便撤回白家沟闭门不出。未过三日的一个清晨，全体工作队队员悄然离去。这一走，竟是赵巧儿送灯台——一去不回了。不久，接到县委一份通知，说吴队长执行了错误路线，经县委研究，报地委批准，撤销工作队。这是后话。

却说整社工作队撤离，白家沟及周边各村，渐次恢复平静。未几，一场人欢马叫的春耕热潮，代之而起。等到当年金秋时节，白家沟集体产粮二十四万斤，亩产一百四十八斤，超过 1952 年全村平均亩产的百分之十。紧接着，1954 年，虽经春旱、秋涝、早冻，粮食总产仍然达到二十二万斤，比之临时互助组增产百分之三十六。1955 年，又经春旱、秋雹袭击，集体粮食总产二十三点四万斤，基本保持上年水平。这一年，迎来全国合作化高潮，白家沟与西沟村、苏家里等八个自然村的七个初级社协商，合并为"吕梁先锋农林牧高级合作社"，实现了全乡集体化，农林牧副得到全面发展。其中，尤以畜牧业发展成为翘楚，其管理经验，被收录在由中共中央办公厅编撰的《中国农村的社会主义高潮》一书而载入史册。消息传回白家沟，社员们无不欢欣鼓舞。此时此刻，有谁知晓，贾宝执内心除却欣慰，更多的是惶恐与不安。盛名之下，其实难副。他十分清楚，成绩来之不易，也仅仅是个开始，尚有诸多问题，等待众人齐心协力方可破解。

这天，经贾宝执提议，社委会研究做出一项重大决定，并让人编写了一首顺口溜，先行公布出去，看看村民是何反应，不料铁锅炒豆子，炸了锅了。看官，这顺口溜究竟说了什么，引出如此大的反响，欲知详情，且看下回分解。

第十一回

党支书带头拉公子　油不浪作怪弄玄虚

第十一天

　　昨天凯丽读罢第十回，又觉迷惑不解，抬头欲问钟先生，钟先生则道："女儿啊，你是要问，那吴队长明明道出整社是中央首长指示的，为何贾宝执却不听从，是吧？女儿啊，这也是爹爹的疑惑呢。爹爹离开这么多年，不知史学界、学术界对于这段历史有何评述，待我到'无聊斋'看看房东主人有无此类藏书。"说来也巧，他果真找到了。一本是《中共党史辨疑录》，另一册则是《若干重大决策与事件的回顾》。钟先生如获至宝，一个下午全神贯注，潜精研思，终于了然于胸。今日凯丽见钟先生哼着小曲来到桌旁，便忍不住笑道："爹爹快快给女儿释疑解惑吧。"钟先生落座，捧起茶杯呷一口清茶，说道："莫急，讲解之前，给你说一段爹爹的故事，愿听否？"凯丽见爹爹兴致颇佳，点头道："愿意愿意。"

　　"这已是半个世纪以前的事了，"钟先生讲道，"当时'文革'如火如荼，我们一群志同道合的大学生红卫兵，组成一支长征队，决心效仿红军从井冈山出发，万里徒步到延安。那真是壮志凌云啊，可惜没有走过十天就散伙了。"凯丽问："Why？走不动啦？"钟先生笑道："士气正旺，何言劳累。NO，NO，NO，仅仅因为行走路线、速度快慢等意见不能统一，每到驻地便争论不休。临末大家都烦了，只好作鸟兽散。哈哈哈……"凯丽叹了一口气，说："爹爹继续讲啊。后来呢？"钟先生说："今天就讲到这里。下面先回答女儿的问题。中国共产党夺取政权之后，最低纲领是要带领老百姓奔社会主义的，可路怎样走，如同爹爹刚才讲的，路线快慢有了不同的看法。那位吴队长的整社，其实就是高层领导的一种不同意见。后来撤走也许因为情况反映上去，那持不同意见的高层领导得知，便不再坚持的结果。这原本是十分正常的事，'文革'期间，有人旧事重提，有意把问题推向极端，借以整人，这就完全背离毛主席的初衷了。"

"女儿曾经听爹爹讲过，中国改革开放后农村允许土地下放，这又是怎么回事呢？"

"彼一时此一时也。"钟先生说道，"从'文革'到改革开放，或者说从20世纪50年代后期到80年代，中国无论农村、城市、国民经济及国际环境等各种情况，都已发生深刻变化。适应新的形势，最大限度地解放生产力，调动各方积极性，爹爹认为是明智之举。即便如此，其实也是一种探索。因此，土地实行承包责任制，并没有否定集体经济，只不过是让一部分农民有更多的自主选择而已。总而言之，不管如何改革开放，只要把住两条——经济命脉掌控于国家之手，武装力量在党的绝对领导之下，中国百姓便可无忧。爹爹这些年游走欧美，左右采获，精意覃思，研核是非，方有此心得。昨日所获两本资讯，颇益论道经邦之略，也解爹爹多年疑惑。善哉善哉。"

"爹爹，您越说女儿越不懂啦。"

"哈哈，不懂好，不懂好啊！"钟先生说道，"近些年你不是老问爹爹在写作什么吗，现在告诉你，爹爹基本完成两部著述，一部暂名《现代资本主义与社会主义之比较》，第二部是《我所亲历的中国社会主义革命与建设》。此次回国正是为联系出版之事。到时你仔细阅读，就懂得今天爹爹的意思了。"

"啊，爹爹，原来是这样，爹爹真了不起。"

"好，言归正传。"父女俩异口同声说道，忍不住又开心大笑一回——

词曰：移风易俗事纷呈，当赞女娇人。木兰上阵，敢闯禁地，石破天惊。　须眉抱残何足论，时势造心魂。街坊混混，连连碰壁，革面重生。

　　　　新媳妇，高秀英，青春年少正水灵；

　　　　立志为公学配种，移风易俗当尖兵。

　　　　……

　　话说1956年仲夏的一天，白家沟村的黑板报上，突然出现这么一首顺口溜，差点儿把全村人都惊动了。最先是被收工回村的一伙后生瞅见，一念一嚷，老汉汉们也都围了上来，一个个揉眉擦眼细瞧不止。

　　"高秀英，这是谁家媳妇？"老汉汉们感到很陌生，问道。

　　"刚娶过的油咯嗻媳妇，水格灵灵的那个！"后生们笑着说。

　　"嘻，新媳妇拉公子，这兴的是哪一行咧。"

　　众人扑哧一笑散了。不大一阵工夫，好新奇的嫂子们、汝子们、小子们，一群一伙跑到黑板报前看红火热闹。人们七嘴八舌地说着，说甚的都有。高秀英婆婆正串门子，听人说起，气得老脸煞白，缺牙瘪嘴一噘，颠着小脚便往回走。打黑板报前经过，又听众人说长道短，比怀里揣了一把圪针还扎心，因此上黑着一张脸，头也没抬，只顾往家去了。

　　"玉清他娘，你家新媳妇上黑板报啦，真是喜上添喜呀，还不瞧瞧。"

　　玉清娘乜眼一瞟，是一个叫油不浪的外村人。这人大约四十开外年纪，瘦得像个干猴。左眼抹瞎右腿瘸，右低左高，走起路来东摇西晃，活像个不倒翁。玉清娘本就窝着一肚子火，一见那副阴阳怪气的模样腔调，恭维话变得格外刺耳，没好气地"哼"了一声，只管自己走路。油不浪碰了一鼻子灰，脸不红筋不胀，望着老太太背影嘻嘻一笑，转身又拐到人群之中。

　　仲夏时节，日头落得晚了，收工回家，还能务点家务事。这时，贾玉清正在院里劈柴火，忽见老娘攒眉苦脸从大门外上气不接下气地颠进院来，以为出了什么事故，连忙放下斧子迎上前接着。还没等他张嘴，老娘便嚷开了："村里都噪成一片了，你小子躲在家里倒悠闲。俺、俺问你……"一时气喘，连连咳嗽起来。

"娘，有事进屋慢慢讲，别伤了身子骨。"贾玉清双手扶住老人胳膊，边说边往家里搀扶。

那玉清媳妇高秀英此时熬煮稀粥，一边拾掇锅盆碗盏，见婆婆一脸恼意，已猜到八九。她两腮如帛裹朱，白里隐隐透出红来；那水格灵灵的大眼睛朝丈夫一挑，一吐舌头，连忙猫腰端上猪食盆，低着头径自出门往猪圈去了。

"俺来问你，是谁鼓捣你媳妇去拉公子？咹！"老人盘腿坐于炕沿，气色稍稍平和些了。

"她自己个儿呀！"贾玉清睁大双眼，俏皮地答道。

"她自己个儿？你这狗东西还瞒俺，没你唆使，她能去兜揽那'下三烂'营生？"

说罢又咳咳咳地咳嗽起来。

贾玉清一面给老人轻捶脊梁，一面说道："娘，莫急躁，对你讲吧，这是务东他爹老主任批准的。"

贾玉清这话像灵丹妙药，一下子就将他老娘的嘴堵住了。

在白家沟谁不知晓，贾宝执为集体发展畜牧业，付出了多少心血。初办合作社那阵，全村屈指可数的几头小毛驴，还都是富裕户的。那时人们已经懂得，抓农田失林牧，好比丢了酸枣吃醋柳。可是，多少年来，都说白家沟方圆百里马不下驹驴不生仔，使唤骡马只得翻山越岭，到千里之外去引进。故而那些年月，贫苦农户受够了没有畜力的苦处。后来，集体生产发展了，畜牧业今非昔比，且屡受嘉奖。然而，愈是如此，贾宝执愈生紧迫之感。他心下思忖，畜牧业要得到快速发展，必须走出一条自力更生的路。于是他不信那邪，带上干粮，亲自跑到河西买回两匹种马，不到一年光景，母马果然落了驹。因不曾经验过，驹子落地便夭折了。这小马驹虽未成活，可打破了"本地马不下驹"的传闻说道。贾宝执不知是心疼，还是兴奋，两眼不由得饱含泪水，抚摸着咽了气的驹子愣了半晌，突然站起身来对众人说："谁说咱这垯马不下驹？老皇历不顶事咧。往后只要学会护理，俺看准能成呵。"然而一提起牲口配种这营生，谁也不再言语。千百年来，世人把"拉公子"（牲畜配种）与唱戏、剃头同列为"下三行"，是社会上最卑贱的职业。在旧时代，但凡有个糊口营生，谁也不干这"倒运"行当。至今还流传一段顺口溜曰："拉住叫驴拄着棍，来到大门没人问。狗一汪、棍一扔，丢下叫驴出了村。给吃黍面包沙蓬，拿起扁担就担粪。咬一口、哼一声，你是爷来俺是孙……"这般精神烙印，深深地留在人们的心里。一日，贾宝执听说双双山一带有人会这门手艺，便亲自登门请了来。你道这人是谁？原来就是"油不浪"。说起这油不浪，在旧社会可是个恓惶人。他上无片瓦，下无立锥之地，才逼得将这营生务上。又因这门营生，被人打瞎左眼，被狗咬残右腿。到了新社会，他翻了身，扬眉吐气了，脑袋瓜却仍在旧时代。谁家请他配个种，他耍大牌拿架子，故弄玄虚，甚至装神使鬼，扬眉不瞪眼的。随着新农村畜牧业发展需求日盛，他成了香饽饽，人们却越发讨厌他了。如今见全国劳模亲自登门造访，自觉身价又高一筹。及至来到白家沟，得知独自一家，别无分店，心中窃喜，威风抖得越发大了。三天两头没给吃好的喝稠的，不是叫喊头痛便是腰酸，躺倒不干了。每逢此时，贾宝执又说又劝，说得高兴了便道："贾主任哩，俺机明着哩，俺又不是向你讨金要银的，只图个吃喝顺心，睡觉舒坦哩。"好容易把他说动了，却又这条件那要求。社员们反感，意见提了几箩筐，贾宝执则依旧善言身导，耐心等待。有一回正赶配种，他才言说："贾主任，这马不灌药不能配哩。"贾宝执问："那灌甚药？"他说："二十里铺包兽医有个方子。"贾宝执亲自跑到二十里铺讨了回来，哪料那包兽医比油不浪更滑头，怕油不浪偷了他的秘方，开了个假方子，给马灌下去屁事不顶。贾宝执急得要到城里请专家老师，油不浪急了，忙说："贾主任，不用哩。俺这垯有个方子，药到见效。"众人一听都毛了，瞋目裂眦，质问道："那你为甚不早言语，害得老主任受累？"他嘻嘻一笑，说："俺是怕自己的方子不保险，有了事故担待不起哩。"贾宝执知道他的小算盘，因道："不浪子，如今和旧时不一样了。旧社会咱干活是为混一口饭吃，如今咱做营生不光为自己，也是为集体为国家出力哩。过去，财主奸商欺压咱们，咱可不能再拿那一套来对付自己人呵。"

众人也嚷道："他孙子早就忘了本了，他如今就是拿财主奸商那套糊弄咱农业社咧。"油不浪听见这话，右眼珠子一转，一把扯住贾宝执衣袖哭丧着脸求告道："贾主任，你是知根知底的，俺可不是坏人咧。"贾宝执一瞧那副可怜相，笑也不得，恼也不是。

……（此处残缺）

却说这日清晨，天刚麻麻亮，贾宝执便把贾玉清和贾凤提两个后生叫到社里，语调平和地说道："社里商议把你两个派到饲养场……"那贾玉清不等贾宝执说完，便道："老主任，干别的甚都行，俺可干不了这营生。"贾宝执笑道："啥营生？俺还没啦说就嚷开了，哪像个新中国的青年。这回可不是叫你俩拉公子，社里决定叫你俩把种畜给看养起来，拉公子的事，俺来干。"两个后生一听，不知是羞愧的，还是惊诧的，两张脸唰一下红得有如两副猪肝，二人差不多同声脱口问道："您能干？"

"咋的个不能呀！"

"您是个全国出了名的劳模，又是社主任，干这营生不怕人笑话？"

年轻人的幼稚与直率，让贾宝执忍俊不禁。随即收住笑容，激动地说道："年轻人哩，旧社会地主老财把七行八业分成九等十八级。如今是新社会，各行各业都是为人民服务，不分高低贵贱，七十二行行行出状元。共产党的干部，不分大小，都是人民的勤务员，啥营生不能干呀？油不浪哩，咱要团结教育他，咱还要培养新人。俺带个头，先学学这门手艺。你们说说，是让油不浪那一套把咱拿住，还是咱拿住教育他油不浪？"

贾玉清答道："那龟孙子灰塌哩，还能让他拿住咱？"

贾宝执笑道："可如今人家拿着技术，要笑咱们，咱们没得招架。"

两个后生听了站起身来，齐朝贾宝执叫道："老主任，俺们也跟你一起学吧！"

贾宝执笑着问贾玉清："你娘那脑筋，能答应不？"

贾玉清说："嗨，她要是知道您也干这营生，保准没啦说的。"

当晚，贾玉清回家未敢明言，只说贾宝执要学配种事，他老娘听罢说："油不浪是个灰鬼，是该治服治服他哩。"后来见贾宝执走河西跑内蒙，到处求师拜友，又是城里参加行家会，大会小会作报告讲经验，群众参观上级表扬，便心疼起贾宝执来了。有一回，贾宝执家孩儿病了，也没顾上回，她问贾玉清："你们这些讨吃鬼，就不能顺手把拉公子的营生揽起来，也让宝执省省心哩？"贾玉清笑道："娘，俺们都快出师啦，你才念叨。"打这以后，玉清娘可真的赞成一班后生拉公子配种了。贾玉清见乡亲们慢慢开始夸赞他们，更加勤学苦练，竟成了行家里手。社里为改良绵羊品种，从新疆引进两只细毛羊，贾玉清又学起拉羊公子来。近日，得知县里调他去别处工作，便琢磨寻找接替自己的人。他想来想去，总无合适人选。后来转念一寻思，给羊配种是个轻省营生，让妇女们干，一来替社里省了男劳力，二来又可充分发挥妇女半边天作用，岂不两全其美。可谁家媳妇情愿干呢？于是他首先想到自己的媳妇高秀英，不料回家一提，那高秀英立马羞红了脸，只低头不语。贾玉清便开导说："老主任是全国劳模，见过毛主席，还去过外国，人家都能拉公子，咱们为甚不能？"高秀英说："你们是男人，俺是女人，羞死人了。"次日，贾玉清便跑去询问贾宝执，有无女人做此营生。贾宝执知道，这新媳妇为人正派，做事大方心细，是个不错人选，便说："你带她到朔县畜牧学校去，看看那里有没啦妇女，要是没啦，她就不要搞啦。"贾玉清果然带她去了，见几乎全是女生，回来这才踏踏实实应承了。事前，贾宝执叫他们先讨婆婆同意，那贾玉清却打包票说："保管俺娘没甚意见。"没想到，这下可闯了祸了。

却说玉清娘坐在炕头，一面咳嗽，一面左右思想："当初贾宝执带领一伙后生拉公子，是为治治那耍滑头的油不浪，可如今一伙后生都能干这营生，油不浪也没啦再捣鬼，为甚非叫个女人干不行？"想到此处，火头一下子又蹿了起来，冲着贾玉清说道："你小子别糊弄俺。宝执是个正经人，他能答应一个女人干这营生？从古到而今，谁们听说过婆姨家揽这丑事？你给老娘说说，唉？你小子越想越离辙儿了！"贾玉清忙说："时代不同了，男人能干的，女人同样能干。娘，你那旧脑筋该换换哩。"他老娘骂道："你这灰鬼懂个屁，你少跟老娘唠叨，俺找宝执去！"说着溜下炕，抄起拐杖往外就走。高秀英从门外进来，连忙上前搀住，说："娘，饭熟哩。"她理也不待理睬，一丢手，颠着去了。

此时，晚霞染红了天边，映红了白家沟。村子里，炊烟渐渐散去。暮色中，飘溢着钱钱小米粥的清香。贾宝执回家，听说村里喧嚷高秀英当配种员的事，玉清娘也闹开了情绪，饭也顾不得吃，扔下镢头就往贾玉清家走来。这些日子，社里抢墒下种，贾宝执忙得胡子拉碴，那络腮胡须黑森森的，衬着紫棠色的脸庞。这年，贾宝执才是偏四十的年岁，要单看那满脸胡楂，能看出五十开外。再看他壮实的身板和刚健的步伐，却像年轻人一样精神。

贾玉清小两口这刻正在院里坐着发愁，一见贾宝执进门，连忙起身叫道："老主任，你可来了。"

贾宝执拣了一条凳子坐了，说道："俺都知道了，老人家呢？"

贾玉清道："嗨，她说寻你去哩。俺跟她唠叨半晌，一句也听不进哩。"

高秀英一脸愁容，说："这可咋办呀？"

贾宝执道："不怕，这事她老人家会想通的。俺听说，这事有人在背后圪捣哩？"

贾玉清道："听石虎说来。说油不浪今儿后晌拐着一条腿，东游西窜，可忙活哩。"

贾宝执问："可听他说甚来？"

贾玉清气愤道："这灰鬼还有甚好话。俺们拉上公子，他就说踢了他的饭碗，心里早就嫉恨得不行。这回他会歇心？要不咱现刻就把他揪来，拷问他对俺娘究竟说甚来。"

贾宝执见贾玉清一副正容亢色的样子，禁不住笑了，伸手将他的肩头按了按，说道："俺这辈人，是从旧时代过来的，都沾染些旧思想，这不稀奇。你两个是在新社会长大的，不也有旧思想吗？旧思想这东西，好比瘟疫，传染性大哩。不要单看如今是咱受苦人的天下，地主资本家已被打倒，可那旧根根，还没啦铲净呢。不要单看如今都是农业社的社员，七长八短的事还多着呢。那天地委王书记来，给了俺一个本子，里头印了毛主席的好多指示，可开脑筋哩。"说罢，从衣袋里掏出《中国农村的社会主义高潮》一书选本。小两口接过书去，惊喜地问道："毛主席说甚来？"贾宝执一面抽着烟，一面诙谐地说道："毛主席指示咱们如何认识、解决秀英当配种员的烦心事。"高秀英听了，那活格灵灵的眼睛一亮，盯着贾宝执天真地问道："啊呀，毛主席他老人家知道有人反对俺当配种员来？俺不信。"贾宝执笑道："可不是。不信？你让玉清把俺画过红道道的给念念。"那贾玉清翻开书页，捧到眼前，一道霞光透过树阴，正好直投射于书页之上，照亮一行行字迹，于是念道："一个崭新的社会制度要从旧制度的基础上建立起来，它就必须清除这个基地。反映旧制度的旧思想的残余，总是长期地留在人们的头脑里，不愿意轻易地退走的。合作社建立以后，还必须经过许多的斗争，才能使自己巩固起来。……这一工作是艰巨的，必须根据农民的生活经验，很具体地很细致地去做，不能采用粗暴的态度和简单的方法……"

贾玉清念罢，贾宝执又道："地委王书记跟俺说，同旧思想做斗争，就是同传统旧观念实行决裂哩。"

"甚叫决裂？"高秀英一脸迷惘，当真地问道。

"决裂就是同旧思想、旧习惯一刀两断。王书记还说，要不这的个，俺们已经建立起来的集体经济就保不住。这是一场长期的艰苦斗争哩。"

高秀英站在一旁，一手抚弄着乌黑发亮的辫子，细心而恭敬地听着，觉得毛主席讲得又亲切又深奥。这位山村女青年聪明俊俏，一双眼珠儿黑白分明，像透水似的；虽然只是高小毕业，却灵光机敏，办事利索，且落落大方。此时，她的思想正像春天的雏莺乳燕，多么渴望冲上蓝天，去领略一番别样的风景。听到这里，她高兴地问道："俺们妇女为革命当配种员，就是和旧思想决裂，是吧？"

"是啊，这个决裂好呀。"贾宝执鼓励道。

那贾玉清瞪着眼睛瞅着媳妇，惊诧道："喝，你也理论开了。"

"咋啦？俺妇女就不兴理论啦？你这是甚旧思想？"高秀英连珠炮似

的，劈头盖脸朝丈夫袭去。

"呀呀呀，老主任，你瞧瞧，批判起俺来啦。"

"见错误就批，见好事就争，这才像个新中国青年。"

高秀英见贾宝执表扬自己，一时间眉眼盈盈，似春花绽放，两颊一阵飞红，朝贾玉清一努嘴，腰肢一动，将长辫子往后一甩，踏着轻快的步子，进屋去了。转眼间，捧着一碗香气扑鼻的钱钱小米粥出来，一双竹筷齐齐地放在碗上，双手送到贾宝执跟前，说道："老主任，喝俺家的一碗粥吧。"

"咋的？你们也没啦吃？"

"嗨，等俺娘哩。为秀英的事，她连饭也不吃就出门去了，说是找您去哩。"

贾宝执听了，连忙站起身，对贾玉清说："这阵还没啦回来，准是在俺家等俺哩。你们先吃吧。"回头又对高秀英嘱咐道："这可是一场思想斗争哩，不管别人咋的个嚷嚷，都要沉住气哦。"

高秀英接道："老主任就放心吧。刚开始，见婆婆变了脸，俺真有点害怕，后来玉清给俺叨了一气，俺才定了神儿，才刚听您一席话，头脑可开了窍哩，现在心里踏实多了。"

……（此处残缺 1 行）

贾宝执离开贾玉清家，夕阳已经下山，收尽余晖。行至兽医站门外，只见墙根跟前，两个人影儿晃动着。仔细一看，一个是油不浪，另一个正是玉清娘。……（此处残缺 2 行许）

且说那油不浪自从贾玉清、贾凤提当上配种员，便满心嫉恨。当他想到，从此再也不能像从前那样讨吃要价，心中好似打翻五味瓶，不知啥滋味。前晌见黑板报表彰高秀英，他先是吃一大惊，接着便叫起苦来："呀、呀、呀，这贾宝执好厉害，真要捣烂俺油不浪的饭碗哩！"之后，就一颠一跛地满街满巷转悠开了。他知贾玉清是个偏圪揽，不敢轻易冒犯，便把主意打在他娘身上。在黑板报前虽说碰了一鼻子灰，但见老人家那气色，却正好火上浇油。因此上早早吃了晚饭，便高一腿低一脚地朝贾玉清家走来。不料半路上碰见，心头一喜，便不容分说把老人扯住到了这里。油不浪是在江湖冲州过府，闯荡惯了的人，练得一副好唇舌。一见玉清娘，便添油加醋、挑三拨四地胡诌一气。这时正当贾宝执走来，只听他说道："俺说玉清娘哩，常言道，好铁不打钉子，好人不拉公子。唉，你瞅俺不这成器的，要不是为糊一张嘴，龟孙子才揽这营生。像你家，旧时穷得叮当响，也没啦揽上，如今翻了身，倒揽上了，这岂不是白裤子上补黑补丁，自己寻着出丑么？乡亲们听说你家新媳妇拉公子，谁不替你捏住一把汗？都说哩，玉清家新媳妇拉公子，耍屎弄蛋摸鸡巴，丢尽八辈子人哩。"玉清娘一听这话，心里好一阵难受。贾玉清他爹从小揽工，在旧社会是出了名的受苦人。现今解放了，吃穿不愁，何必担这个卑贱名声。油不浪刚才一番话，说到她心尖尖上了，因此不等油不浪说罢，便急切地问道："不浪子，事到如今，你说该咋个办？"

"那、那，你找贾主任不就成啦！"

"嗨，这事到底还是咱家那小冤家自己应承的哩，干宝执甚事？"

"瞧大娘你说的，没他贾主任点头，这事能成吗？"

"你是说还得找宝执？"

"是哩，就找他。你扭住他，大喊大叫，闹他个昏天黑地，他贾宝执再有能耐，能扭过您老人家？……"

贾宝执听到这里，三步两步往前走去，一边说道："油不浪，你在这旮旯胡说甚呢？"油不浪顿时右眼一轮，老鼠撞见猫儿一般，吓得六神无主，心里连连叫苦道："好爷爷，贾主任来哩！"一拐腿，扭头要溜，却撞到贾宝执身上。贾宝执恐他摔倒，顺手扶住他的胳膊，笑道："别忙走哇，俺还想听你唠叨哩。"油不浪慌忙说道："不啦，不啦。刚才赶巧碰上他玉清娘，没事扯了几句闲篇。"贾宝执松开手，正色道："油不浪，你也是个苦出身，对组织要放老实些些。高秀英主动当配种员，这是一件好事。玉清娘想不通，你要劝导才对，咋的个说东道西呢？"油不浪一听，知道刚才的话全被贾宝执听见了，魂儿都飞了。"嗯啊、嗯啊"支吾一阵，忽然踮起右脚，自己左一个嘴巴、右一个嘴巴，还不停地自骂道：

"你这贱嘴还乱说呀不，你这贱嘴还乱说呀不！"贾宝执忍住笑说道："好了，好了，快别丢人现眼了。还是要改造这的个头脑才抵事哩。"油不浪不住地点头哈腰应道："是哩，是哩。俺这旧脑筋非改造不行，非改造不行。唉，贾主任，说实心话，俺是怕玉清媳妇弄不好，给社里闹下糊糊哩。"玉清娘站在一旁，从来也没有像今日这样同情过油不浪。听着贾宝执批评一句，她替油不浪捏一把汗，看着油不浪那副狼狈可怜相，她很是觉着对不住。心想：唉，要不是为自己这桩事，不浪子何以吃这的个批评。因道："宝执，不要怪罪他哩，不干不浪子的事。俺老婆子专为寻你来，刚刚碰上他，闲拉了两句，不浪子也是一片善心。俺说宝执，看在俺这把老骨头的面上，给俺秀英媳妇倒换个营生行不？一个年纪轻轻的女子，干那低三下四的丑事，他们自个儿不怕旁人耻笑，俺老婆子还怕这老脸没处放呢。"贾宝执道："他娘娘哩，这事在旧社会，被老财们看成丑事、卑贱事。可在咱新社会，只要对革命有好处，就是好事、光荣事哩。旧时你听说过女人唱大戏来？可如今女人唱大戏的多得很哩。过去唱戏的叫戏子，没啦好人，如今唱戏的叫演员，为革命出大力咧。"夜色朦胧，贾宝执只见玉清娘拄住拐杖，侧耳细听，不吭也不动；油不浪却像热锅上的蚂蚁，走不能站不是，抓耳挠腮的，一刻不得自在。停了停，又道："他娘娘，在旧社会，你家没人当配种员，谁看得起你家来？还不是照样拉枣木棍儿讨吃，照样被财主家的狗咬得血水长流。你可记得那一年，你母子饿得起不了炕，是谁把小米送到你家来？"玉清娘一听，忙说："这还能忘了！那是三九年，要不是八路军哦，俺老婆子一家凭甚活到今天？"贾宝执笑道："共产党八路军看重咱们，咱们更要看重自己才对哩。就拿油不浪来说，旧时穷得拉上公子，还被人打瞎了眼，折断了腿。如今还是拉公子，谁敢欺负他呀。油不浪，你说是呀不是？"油不浪见问，猛然好似挨了一掌，往后一趔趄，答道："是哩，是哩。在咱新社会，不管做甚，都一样光荣，都是为人民服务咧。"玉清娘提起拐杖，朝地上一戳，对着油不浪生气地说道："那你为甚说新媳妇干这营生是丢人现眼？"油不浪瞄一眼贾宝执，低头说道："俺那是随便一说哩。"玉清娘冲着油不浪哼哧一声，又一戳拐杖，随即向贾宝执问道："谁干不行，为甚偏偏要叫俺家秀英干这营生？"

贾宝执忙道："这是咱农业社发展的需要哩。你看看，自从咱们转成高级社，里里外外，需要多少劳力呀。你家玉清怕占用壮劳力，提出让女劳力当配种员，这才自己带了个头，这是替集体着想啊。"玉清娘点头道："唔，这的个说还差不离。"贾宝执问油不浪："你说是也不是？"油不浪右眼一轮，连忙答道："是哩，是哩。听贾主任这一教导，俺油不浪这榆木疙瘩也开缝了。是哩，是哩。这样安排劳力，可是一举两全哩。一来发展了农业社生产，二来一家子大人小孩、男人女人都能挣上工分。玉清娘，这可是件大好事哩。"

正说着，贾玉清走了来。一则是叫娘回家吃饭，再则见娘这半天没回，唯恐给贾宝执添乱。贾宝执自然知晓贾玉清来意，见玉请娘已经动了轴儿，于是问道："他娘娘哩，你老人家还有甚意见？"

"没啦哩。若是对公家有好处，就让孩儿们闯去。"

当天晚上，贾宝执召开社员大会。会上，将玉清娘和贾玉清小两口的进步思想给予口头表彰，并狠狠地批判了剥削阶级散布的什么"上三流""下三烂"等旧观念。临末，又不指名地把油不浪的错误思想做了一番分析批评。次日，贾玉清领着媳妇高秀英，高高兴兴去到饲养场。许多社员见玉清媳妇真的当上了配种员，又是惊奇，又是夸奖，盖不在话下。

却说那油不浪见贾宝执这般仁义，虽则挨了批评，也决心悔过自新了。于是每到饲养场，有事没事便跟在高秀英前前后后，比比画画，尽力表现。不久，高秀英基本掌握了人工绵羊配种技能，贾玉清也便放心到县里上班去了。

花开两朵，各表一枝。且说一日，贾玉清老娘突然变了脸。初始，高秀英当是别的甚事，依旧吃罢饭就去饲养场。不料晚饭后，婆婆发话了："从明儿起，这屋里屋外的营生你都干了，俺这把老骨头可陪伴不起你。"说罢，溜下炕，操上枣木拐杖，黑着脸走了。高秀英见婆婆无缘无故生出这般气来，当下愣了片刻。转而心想，不高兴也罢，只要不拦阻就行。因此上第二天天不明，便一个人悄悄地起来担水做饭，从此把家务事全都揽了起来。那一阵子，每天要配几十只羊，累得腰酸腿疼，也一声未吭。直到配完最后一只母羊，概不见婆婆吵嚷一句，觉着这下兴许没事了，心中反倒踏实轻快了许多。春种秋收，弹指到了庄稼灌浆饱籽时节，满世界葱茏墨绿，一片喜人景色。自从当上配种员，高秀英天天盼着雪团一般洁白的小羊羔落地。谁料这天突然传来一个坏消息，你道是啥？原来高秀英经手的这一批母羊空身了。这消息如同高秀英当初当上配种员一样，轰动了全村。风言冷语，也像当初那样朝高秀英扑面袭来。有的说："唉，本来就不是一个女人干的行当。"有的说："呀呀，准是冲了神神咧。"还有的说："没的说，算盘珠子拨拉吧。"唯独油不浪大不同于从前。只见他焦急地颠来颠去，一会儿对贾宝执说："这事准有坏人捣乱，要不为啥偏偏出在高秀英手里呢？唉！"一会儿对高秀英婆婆说："老人家放心，有人要是提出让秀英赔损失了，俺油不浪头一个站出来替秀英说话。"玉清娘听了，心里越发窝火，当下找到贾宝执说道："宝执儿，你要给俺老婆子做主呀！当初俺就说婆姨家做不得这营生，你偏说做得，看看闯下多大的祸哩！罢罢罢，快快把那冤家替换下来吧。"一时间，闲言碎语闹了个破米糟糠，搅得满村乌烟瘴气。

　　这件事对于高秀英，简直如同晴天炸了一个闷雷。连日来，心里又惊又怕。倒不是怕赔偿责任，也不是怕别人风言冷语，她是怕因此取消她当配种员的资格。转念自问：自己一心一意为集体，怎么会弄成这的个结果？是真如人言，没有"金刚钻"，揽了"瓷器活"？想着想着，禁不住鼻子一酸，涌出两窝泪水。忽然，听见院里脚步声，赶忙撩起袖角揩拭，只见贾宝执跨进门来。见高秀英两眼红杏杏的，脸上还留着泪痕，笑道："咋的？挺不住啦？"高秀英本是心底要强的青年，听贾宝执这么一说，脸上唰地泛起红晕，孩子气地说道："老主任，横竖他们咋的个嚷，俺都不怕。俺只觉没把营生做好，对不起农业社，对不起您，心里难过得不行。"说着，那眼睫毛闪动着莹莹泪花。贾宝执道："这倒是。不过，还得看看，这营生为啥没做好咧。"高秀英两手搓着辫子，惭愧地低下头，答道："怪俺自个儿笨呗。"

"俺看不全是这的个。你没听油不浪讲，肯定有坏人捣乱么？"

"油不浪的话，十句还不知有一句是不是真的哩。"

"唉，油不浪这句话可不假呢。"

"那谁们破坏呢？每一只羊都是经俺亲手过的。"

"坏人捣乱是不择手段的。你这个新中国青年，还不如油不浪机明呵。"

"那，那究竟是谁们？"

"你想想，谁会搞这的个破坏？"

"俺看，这种事只有油不浪才干得出来。可……"

高秀英正说着，只听婆婆在门外嚷开了："张嘴油不浪，闭嘴油不浪，没的个完哩。"一进了屋，便冲着贾宝执叫道："宝执儿，这回俺把话说清楚了，再让玉清媳妇干那营生，俺老婆子可不依你咧。你也别再光荣长需要短的劝导俺，那些俺都服你。可这营生到底不是女人家干的咧。头一遭就给社里闯下这的个大祸，赶明儿咱集体的家当全让她给败哩。"说罢，连喘带咳，满脸挣得紫红，难受得直不起腰来。高秀英慌忙搀扶婆婆上炕，又给老人轻轻捶捣脊梁。等老人歇罢，贾宝执道："他娘娘，这事不能责怪秀英，你老人家也不要急躁。今天夜里，社里开个会，专讲这疙瘩事，你也去听听，开开脑筋吧。"高秀英听了这话，心知事情许有着落，急忙问道："老主任，到底是咋的回事？"贾宝执道："据现刻掌握的情况看，这事正是他油不浪闹的。"婆媳二人听了惊愕得你看看我、我看看你，都说不出话来。常言道：事出反常必有妖。事发当天，贾宝执便召开了支委会，经研究讨论，一致感到这么多母羊空身，不同寻常，应当严肃对待。随后，又召开饲养员座谈会，让大家都来检举揭发可疑人和事，寻找蛛丝马迹。如此一来，羊倌们可都坐不住了，争先恐后反映情况。白家沟满共七八圈羊，考虑送肥便当，将羊群分别圈养在靠近耕地的七沟八岔。配种那阵，油不浪今天蹿到这里鼓捣，明日跳到那里嘀咕，对羊倌们装作玩笑话说道："兄弟，把没啦发情的母羊拉去，看她咋的个配法。"羊倌们有的为闹着好玩，有的原本就见不惯女人做此营生，因此上都未细想，全都照着办了。怎奈高秀英初次上手，发情与否，并未机明，好歹都把公羊精液注射过了。摸清来龙去脉，贾宝执叫来油不浪对证，那油不浪死活不肯认账，便决定晚间开个社员大会，让大家一起来说道。

　　且说贾宝执跟婆媳两人正谈着，忽听村里传来嘈杂声，间或挟着尖厉的呻吟声。高秀英睁大眼睛一听，惊喜地叫道："娘，他们把油不浪揪来哩！"三人走出街门看时，只见几个民兵拽住油不浪正往农业社办公室方向走动，一群大人小孩前簇后拥跟着。这当口，那油不浪装疯卖傻，瞪着右眼珠子，趴在地上赖着不动。于是人群呼地齐上，将他围在街心。那些羊倌们经贾宝执半晌学习讲解，心中又悔又恨。这时候，一个个都忍不住就地揭发批判开来。贾凤提一旁听着，火苗子在胸中蹿腾，见油不浪这般赖皮，顿时怒发冲冠，虎睁圆眼，上前一把抓住油不浪衣领，嗖地提到半空，喊声如雷："油不浪，你老实交代不交代？说！"油不浪那猴儿脸霎时没了一点血色，四肢软作一团，迭声告饶道："好兄弟，轻轻、轻点，俺俺交代、交代呀！"贾凤提将他放回原地，但见油不浪龇牙咧嘴从地上爬将起来，回了回神，哭丧着脸筛糠似的说道："各位父老乡亲，这、这、这事，是石门村地主石占魁叫俺干的！还、还、还有，上回挑拨玉清娘，不让玉清媳妇当配种员，也、也、也是他、他的主意。这、这些都是实情……"贾凤提厉声问道："你们安的甚狼心狗肺？老实交代！"油不浪答道："他、他、他说，要是让娘儿们都拉上公子，将来俺就要被赶到地里动弹。他还说，贾主任这样做，是、是、是不仁不义。他还说，不把贾主任闹的这事搅黄，俺和他这种人，就、就永世抬不起头……俺就记得这些些。"众人不听还罢，一听都怒不可遏，当下喊声四起："捣煞这扶不上树的死猫！""撕烂这条癞皮狗的皮！"……随着喊声，人们一拥而上，撸拳伸腿，劈头盖脑正要打去。刚刚走至跟前的贾宝执，一看急了，连忙喊道："凤提子，拦住拦住，不能这的个！"人们这才将拳头腿脚收住。贾宝执走进圈内，说道："乡亲们，这类事情是拳脚解决不了的哦，咱们只许动口不许动手哩。再说，油不浪和石占魁还不是一个庙里的泥胎。今儿夜间，咱们社里召开批判大会，大家都来说道说道可好。凤提子，你带上两个民兵，立马去将石占魁请来。"石门村与白家沟时属一个联社，离白家沟十数里地。当即，贾凤提和两个民兵整装去了。贾宝执回头见油不浪还在地上爬着，便道："油不浪，今夜你要好好揭发，立功抵罪。回去吃饭吧。"油不浪这才连连答应着给贾宝执磕了个响头，随即爬将起来，抖抖身上尘土，耷拉着头脑，一瘸一拐往回走了。一大群小孩儿跟在后面，嬉嬉闹闹，一直将他"护送"到家门口。当晚油不浪如何揭发，村民们又如何批判，姑且不表。且说散了会，社员们都走尽了，只见那玉清娘双手拄着拐杖，望着贾宝执愣愣地站着，那满脸皱纹颤了颤，问道："宝执儿，这都是真的？"

"他娘娘咧，一点不假呀！"

"秀英这孩儿做这营生，碍他地主石占魁甚眼子，这的个狠？"

"他娘娘，咱们破除旧思想，就好比刨了他家的祖坟呐。你说他不反对行吗？"

"这样说来，俺老婆子也在护他们的祖坟哪？啊呀呀，好不怕人！宝执啊，配种那阵，俺把家务事都推到秀英这孩儿身上，也是听了那油不浪的话。他说，这的个秀英吃不住，就会自动退下来。哪承想，这可怜孩儿硬生生挺过来了。"高秀英一旁听着，笑了笑，爽朗地说道："娘，只要你老不拦阻，俺甚都依你。"婆婆一跺拐杖，嗔怪道："唉，这是甚话。往后家务事儿还是俺干，有了孙孙俺带，你就安心务你的营生吧。这也算俺老婆子替农业社出一份力咧！"众人听着都笑了起来。过了几日，贾宝执见社员们情绪平复，便带上油不浪在众人面前做了检讨。那油不浪当众痛哭流涕，说："俺为耍笑秀英，鬼迷心窍，给农业社带来天大损失，俺对不起乡亲们，对不起秀英，更对不起贾主任。俺做下了亏心事，俺情愿砸锅卖铁也要赔偿社里的损失哩。"贾宝执见他心诚悔过，说道："一碗水倒在了地上，后悔也不抵了。说赔你拿啥赔？往后就看你的行动了。"从此那油不浪真的变了，不久便当上农业社的正式饲养员，成了白家沟畜牧业的台柱子。次年，高秀英被评为地区劳模，戴上大红花多次出席地、县劳模大会。这都是后话。

古人云：二人同心，其利断金。经过这一场风波，白家沟空前的团结，无论农业还是畜牧业都是空前兴旺了。据统计，仅畜牧业一项，到1958年底，整个管理区存栏大牲畜发展至三百七十九头，比1952年增长六倍半；当年共有适龄母牛、母马、母驴一百零九头，全配满怀，先后生产小畜八十六头，成活八十五头，成活率达到百分之九十八点二八；羊存栏四千零七十只，比1952年增长十倍，其中适龄母羊一千五百四十五只，全部受胎，繁殖羊羔九百三十只，全部成活；猪存栏一千二百零三头，户均两头，比1952年增长二十五倍，内存适龄母猪八十五头，全部满怀，共产小猪一千三百头，全部成活。三年期间，管理区每年出售大牲畜三十余头，羊四百余只，羊毛、羊绒计两千余斤，肉猪一百二十头，纯种小猪一千余只，畜牧总收入六点五万元，占到全社总收入的百分之四十九，户均一百八十元。此外，三年新修地埂一千余亩，改河坝地一百二十亩，新修水地九十亩，栽种果树五百亩。粮食产量自足有余。总收入除却开支，扣足次年生产抵垫，所余积累每个劳动力平均分红一元以上。

捻指奋斗光阴似箭，果然激情岁月如流，转眼便是1958年。这一年，全国农村实现公社化，亿万农民在社会主义道路上迈出了一大步。在这一热潮中，白家沟吕梁先锋农林牧高级合作社与周边三个高级合作社，联合组成白家沟人民公社。这日，白家沟打谷场上锣鼓喧天、红旗招展，只见万头攒动，挨山塞海。听得高音喇叭播送歌曲《毛主席来到咱农庄》，更是激情澎湃，热火朝天。那歌词曰：

麦苗青来菜花儿黄，毛主席来到了咱们农庄。

千家万户齐欢笑，好像那春雷响四方。

毛主席来到咱们村，跟咱们社员来谈心；

一问咱公社办得好，又问咱生产……（此处残缺3字）。

毛主席呀关心咱，又问吃来又问穿；

家里地里全问遍呀，还问咱们农校办没办。

主席的话儿像钟响，说得咱心里亮堂堂；

主席对咱微微笑呀，劳动的热情高万丈。

鼓足干劲争上游哪，齐心建设咱新农庄。

伴随着这动人的歌曲，在一片欢呼雀跃的掌声中，贾宝执被推选为白家沟人民公社主任，之后在党内又被选举为白家沟管理区党总支书记。正是：人人当家做主，个个意气风发。那是一个千百年来从未有过的，全国人民破除迷信、奋发向上、恣情浪漫、振摆超腾的年代。有民谣诗歌为证：

其一，天上没有玉皇，地上没有龙王。我就是玉皇，我就是龙王。喝令三山五岳开道，我来了。

其二，一阵锄声卷入云，惊动天上太白星。拨开云头往下看，呵，梯田修上南天门。

其三，稻堆堆得圆又圆，社员堆稻上了天。撕片白云擦擦汗，凑上太阳吸袋烟。

其四，社东有条清水河，河岸是个小山坡。社员坡上挖红薯，闹闹嚷嚷笑呵呵。忽听河上一阵响，河水溅起一丈多。吓得我忙大声喊：谁不小心掉下河？大家一听乐开花，一位姑娘回答我：不是有人掉下河，是块红薯滚下坡。

其五，月宫装上电话机，嫦娥悄声问织女：听说人间大跃进，你可有心下凡去？织女含笑把话提：我和牛郎早商议，我进纱厂当女工，他去学开拖拉机。

白家沟村头一堵粉白墙上，一段顺口溜更是道出了那个年代人们的乐观与自信，据说书写在墙头也是为扫盲之便。词云：

妇女赛过穆桂英，老汉赛过老黄忠。

青年赛过赵子龙，壮年赛过大武松。

儿童赛过小罗成，婆婆赛过佘太君。

　　却说这伟大的年代，激情燃烧，火红燎天，竟惹得地妒天嫉了。看官，庄子曰：天与人不相胜。今次却与人相悖，天旱地涸，人何以处之？欲知详情，请看下回分解。

第十二回

天老爷无情遭大旱　锦囊袋有计克时艰

第十二天

今日凯丽尚在修眉涂唇，钟先生早已坐于书桌旁，捧起《英雄生死录》开始翻阅了。及至凯丽端着两杯清茶走来，放好茶杯落座，钟先生这才开口道："女儿啊，今天朗诵的这第一十二回，爹爹方才翻检一遍，残损更多哩。这一回讲述的是中国三年苦渡灾荒的故事，残缺甚多，实在可惜了。爹爹是亲历者，多想看看贾宝执他们到底是如何渡过难关的喔。"凯丽问："爹爹那时在哪里啊？"

"在一所县城中学上学，"钟先生说，"那时党和政府照顾青年学生，每月供粮三十四斤。拿到现在，要撑死人了，可那时却吃不饱啊。为啥？缺油水呢。"

"你们中国人不是习惯吃猪肉吗？多吃猪肉，不就有油水啦？"

"哈哈哈……"钟先生哑然失笑道，"我的好女儿啊，人都不够吃，何以养猪？那时候可没有现在的什么人造饲料，全靠粮食和野菜哩。好了，这个话题的精彩故事颇多，爹爹以后慢慢再讲。"凯丽是个善解人意的姑娘，因道："今天咱们来看看贾宝执是如何带领大家渡过这一难关的。爹爹，我开始朗诵啦——"

诗曰：三年困境闯难关，斗地战天同渡船。

幸运只缘一领导，粮食满囤尽开颜。

　　话说吕梁山不知从何年何月起始，便旱灾频仍，人称"十年九旱"。老天爷脾性，历来难以琢磨，高兴了十年三旱，若是生气了，便来个十年六旱七旱并非夸大之词。不过，此次有所不同。吕梁山 1959 年的旱情，只是傻大姐下棋——抢先一步而已。紧接着，到得 1960 年，这旱情便蔓延至大半个中国，且延绵三年之久，史称"三年困难时期"，百姓则言"过粮食关"也。自古以来，中华这片广袤土地，据史料记载，除去始于先秦所兴蜀地都江堰、三秦郑国渠等少许大型水利工程，及江南得天独厚的天时地利，岂不都是靠天吃饭？新中国在"一穷二白"的土地上成立甫尔十载，虽然进行了亘古未有之大规模兴修水利，仍不足以抵御如此天灾。可喜的是，站起来的亿万人民，有了中国共产党的领导，团结一致，齐心协力，兼之政府全力救助，富省帮穷地，八仙过海，各显其能，勒紧裤带，终究战而胜之，挺过难关。其间，饥饿交迫、艰难竭蹶者有之，忧国奉公、负芒披苇者亦有之……（此处残缺数 10 字）。

　　……（此处残缺）

　　且说吕梁山大旱，白家沟粮食减产。起初，人们依仗存粮，精打细算，瓜菜代、粗细配，省吃俭用，畜牧业施行羊圈上山、移畜就草等措施，尚能维持。及至后来捉襟见肘，入不敷出，便举步维艰了。整个管理区两千六百张嘴要吃饭，四百多头大牲畜、八百多口猪、三千多只羊要吃草用料。社员成群结队上门，向干部们要粮要草，眼看道尽途穷，束手无策……（此处残缺）

　　……（此处残缺 2 页）

　　……（此处残缺）一日，贾宝执向队干部们说道："咱们是坐吃山空，躺着等死，还是挺起腰杆死里求生呢？"干部们已经焦头烂额，计无所出，一听此言，犹如张飞穿针，大眼瞪小眼，面面相觑，瞠目结舌不知所以。已经担任管理区主任的贾维藩，是村里土秀才，思维敏捷，心细如发，谋多智广，人称"大脚板管家婆"。他一听便觉出话里有话，却仍揣着明白装糊涂，问道："你咋的提出这的个没头没脑的问题？现而今谁想坐吃山空哩？眼下旱情看不见尽头，地里寸草不生，收成没啦希望。

俗话说，一日无粮手中空，十日无粮难生存。山穷水尽，有甚好法子？把你的锦囊解开，说说你的对策。"贾宝执笑着反问道："咋的没法子？人生一世，除了死法，都是活法。难道活人还叫尿给憋死不成？"停了停，点着一锅烟叶，不慌不忙，不紧不慢，继续讲道："俺幼时听老辈子讲，咱这一带流传一则《四林子造反歌》，今天俺来唱给大家听。"只见他清清嗓门唱道："'民国三年正月正，双双山来了一干人。打富济贫扎营寨，精壮骝马一大群。专叼银子不要钱，四林子名扬天下闻。身挎洋枪骑白马，太原府官兵上来了。叫一声四哥不好了，可把我三哥打坏了……'哈哈哈，俺就记得这几段。据老人们传说，光绪年间，咱兴县胡家沟有个刘姓人家，荒年又遇阎王债，不得已全家逃奔口外。家有弟兄四人，依次叫甚大林子、二林子、三林子、四林子。那四林子学得一身好武艺，能射善骑，性格刚强，好打抱不平。后来落了草，带领一干人马上了双双山。当时河西种植洋烟兴盛，官府设立关卡，敲诈勒索，生意人吼天骂地，怨声载道。那四林子瞅准机会，就领上人马前去攻打税卡，缴获白银无数。一次，返回路上，撞见一伙马贩子，四林子把他们拦住。马贩子吓得跪地嗯嗯啊啊求告开恩，四林子大笑说，起来起来，俺们不是强盗，不白要你的，既然是你买下的，俺就用白银买下就是，俺山上有的是肥田野草。听见没啦？那时也是大旱，四林子说山上有的是肥田野草。这说明甚？说明'天旱雨淋山，雨涝冲河滩'的说道，一点不假。"话音刚落，听得入迷的干部们这才恍然大悟，顷刻间一个个舒眉展眼，就都松了一口气。贾宝执吸了几口烟，将一碗凉水一饮而尽，接道："年时，俺上过一趟山，咱这里捉不住苗，山上草木丰茂哦。前一阵，俺又去瞄了瞄，一坡一坡荒草长得一人马高。那都是抗战那些个年月，三五八旅部队开垦过的地，土质松软，没啦乱石荆棘，咱们拉上几头大犍牛就能耕种。这阵子俺总盘算，咱们能不能组织一支远征军，上山开荒地？"众人听罢，如同暗室逢灯、绝处逢生，兴奋得七嘴八舌议论开来。众人说："这可是个好办法。"可也有人说："离村老远的，吃住咋整？"还有的说："这的个闹，会不会闹成水土流失，破坏了山林？"众说纷纭，莫衷一是。……（此处残缺）

……（此处残缺）

……（此处残缺）那贾宝执见众人争论不休，如同矮子看戏一般，便不疾不徐地说道："俺看这是眼前唯一的生路。抗战那阵，三五八旅在山上种出那些个粮食，如今山上照样鸟飞草长，哪里来水土流失，更没啦丢失甚地肥。咱们这的个闹，也是逼不得已的权宜之计哩。至于吃住，这的个季节，不像冬天价，随便搭个棚安个灶的，有甚难处？就是比在村里辛苦些些，说远也不咋的远，想婆姨孩儿了，一天也可以跑个来回哦。"说到这里，把众人逗的都乐了……（此处残缺）

……（此处残缺 1 页许）

这日当晚，贾孩兴冲冲来到贾宝执家里，说道："老主任，俺看这事就定了吧。眼下得抓紧选配人马，尽快上山，节令不等人哦。"这贾孩是贾宝执当年"老八户"时期的老伙计了，每到节骨眼上，总有他的身影。贾宝执知道，他是村里数一数二的种地把式，犁耙耧镰、锄铲刀磨，无所不会；春耕夏种、秋收冬储，事事精通，又是农业社的副主任。贾宝执正说与他商议"远征军"人选事宜，他倒不请自来了。于是问道："这人手你心里有数啦？"

"前晌听你讲，俺已经在琢磨了。"贾孩说道，"俺看这的个，还是俺上山吧。余下挑选上一十八个好劳力，拉上七八头大犍牛，再配上两个伙头军，就差不离了。"

"跟俺想到一搭了。赶明儿开个支委会，你把人员名单提出来，把你的具体安排意见，都让大家圪吵圪吵。"

当下二人便将一些问题与细节道长论短一番，那贾孩愈加感到虽目无全牛，胸中却已有数了。

却说 1959 年春分时节，这日一早，晴空万里，锣鼓震天，白家沟公社"远征军"誓师大会，于白家沟村大晒场举行。男女老幼比肩接踵，熙熙攘攘，都来为此次远征军壮行，将一个晒场挤得满满当当、风雨不透。此时，有人正领着大家高唱《军民大生产》歌曲，场面更显得热烈而欢快了。那歌词曰：

解放区呀么嗬嗨，大生产呀么嗬嗨，军队和人民西哩哩哩、嚓啦啦啦、嗦啰啰啰哒，齐动员呀么嗬嗨。

兵工队呀么嗬嗨，互助组呀么嗬嗨，劳动的歌声西哩哩哩、嚓啦啦啦、嗦啰啰啰哒，满山川呀么嗬嗨。

……

自己动手么嗬嗨，丰衣足食么嗬嗨，加紧生产西哩哩哩、嚓啦啦啦、嗦啰啰啰哒，为抗战呀么嗬嗨。

大家正唱着，只见贾孩领着一十八位青壮年，排列整齐如同一队战士，从村中款款走来。顿时，歌声、吆喝声、巴掌声排山倒海一般，响彻四野。这日，那贾孩头束羊肚子毛巾，身穿土布白汗衫，外罩青洋布大襟袄，腰间系一条白布带，连同宽裆大裤都扎住了，再兼绑腿脚蹬千层底蓝布鞋，显得精神抖擞，气宇轩昂，精干异常。……（此处残缺）这才安静下来。大会开始，只听贾宝执讲道："同志们，现在俺宣布，'远征军'今儿要上山了。贾孩同志为'远征军'队长，贾怀多同志担任副队长。这次远征双双山。你们肩上担子重啊！乡亲们来为你们送行，是盼你们秋后拿回粮食来哦。咱们现在是河西走不通走河东，不管遇到多大困难，宁叫蹶死牛，也不能退了车。大家有没啦信心啊？"……（此处残缺）那一十八名汉子齐声应道："有！"声似大吕洪钟，气冲牛斗，惊起老槐树上刚刚飞来的一群喜鹊，欢叫着朝双双山方向飞走了。众人一边鼓掌，有人一边喊道："让贾孩队长也来吧两句，好呀不好？"

"好，好！"众人拍着吼着嬉笑声响成一片。

只见那贾孩面红颈赤，不予理会，跨前一步，一个转身，面向他的队伍大手一挥，喊道："出发！"众人轰然大叫……（此处残缺）在众人簇拥之下，壮汉们拉上耕牛，肩头扛着行李，出村去了不提。

且说……（此处残缺）"远征军"一十八名壮士，牵着七条大犍牛向双双山开拔，贾宝执也跟随上了山。……（此处残缺）勘察地形，搭建简易居舍，垒灶起锅，……（此处残缺）拾掇农具，调拨粮草……（此处残缺）开工那日，贾宝执与贾孩亲自扶犁下种。看着翻起来的黝黑泥土，贾宝执好不快慰，笑着对贾孩说道："你看看，这的个土呵，别说一年丰收，就是三年不施肥，也要打老多粮食哩。"……（此处残缺）这天正是农历十五，入夜皓月当空，四下银辉好似铺就一层白霜，清凉舒适。抬眼望去，双双山清晰可见，那山脉映着月光分外雄奇嵯峨。众人累了一天却无疲乏之感，你道何故？原来这个节令，山下酷热难耐，此处竟惬意无比；村里因粮荒而烦躁，这里因希望而舒心，几日疲劳早已被兴奋驱散了。吃罢晚饭，众人以石为凳，杂草当蒲团，围坐一圈，抽烟拉话。唠着唠着，只听贾虎叫道："哦啊，你们扯那些闲篇有啥意思，让宝执叔给咱讲一则故事，咋的个？"

"好啊好哇！呱唧呱唧！"众人立马应道，高兴地鼓掌欢呼起来。

这时，贾宝执正吸着旱烟看着大家你一言我一语，心里甚是舒坦。忽听贾虎提议，便在鞋底磕了磕烟锅，笑问道："咱们这座山叫双双山，还有一座山叫甚双锁山，谁们知道？"见大家獐头鹿耳的模样，接道："没啦人知道哇？俺也是在戏文里晓下的。戏文里说，宋朝安徽地界，有个蒙城县，县里有个女子叫刘金定，自幼喜枪弄棒，成人后学得一身武艺，好生了得。因天下动荡，官匪横行，糟蹋百姓，她就拉着一帮人上了双锁山，占山称王，专与官匪作对。她打小就任性，到了青春年纪，厌恶那个甚媒妁之言父母之命，一心想自个儿比武招亲，就写了个木牌牌放到三岔路口。那时赵匡胤还没啦得天下，和南唐作战被困。他有个外甥叫甚高琼，也是武艺高强，赶去救援，途中瞅见招亲牌，很不服气，两人就来个一比高下，结果那高琼输了。不打不相识，二人就这的个做了夫妻。后来赵匡胤坐了龙庭，和辽国作战，刘金定与高琼夫妻二人自告奋勇，来咱北方抵御，战场就在咱们山西偏关、宁武一带。俗话说：'兵马未动，粮草先行。'刘金定听说咱们这里有座双双山，恐怕是听成双锁山了，很是奇怪，就来考察。二人一瞅，啊呀呀，山上有林木，脚下有肥土，又可屯兵又能种粮食，好不喜欢。就这的个，这垯做了宋军的后勤保障基地。那辽军也不是吃素的，前来挑战。说有一天，高将军与一名敌将鏖战，两匹战马搅作一搭，一来一往，一上一下，战了数十回合，那敌将败走，高将军奋不顾身策马追赶，临近百丈，张弓就是一箭。哪承想，用力过凶了，连着坐骑腾到半空，而后又重重地落下，不偏不斜，那马蹄正好踏在一块青石头上，竟把青石踩出一个窝来。后人就把这的个青石，喊成马踏石……"众人一直听得聚精会神，敛声屏气，听到此处都不由得惊呼起来。那贾虎问道："宝执叔，那块青石在哪垯？"贾宝执听问，忍不住哈哈大笑道："等把咱们的籽种安齐了，秋后打下粮食，俺领你们瞅瞅去。"……（此处残缺）

……（此处残缺一段）

……（此处残缺11页）

这一年，"远征军"拓荒一千三百七十一亩，粮食总产十八万一百斤，平均一个劳力产粮一万余斤。有了这些粮食，白家沟公社全体社员们的口粮标准提高了，又重点照顾了特困户。消息远播省城，惊动省委省府诸位领导，不久省报记者匆匆赶来采访……（此处残缺）

……（此处残缺6页许）

话说……（此处残缺）白家沟垦荒"远征军"，大战双双山，时间持续五年之久，为集体生产各类粮食五十九万四千余斤，收获饲草六十多万斤，胜利渡过三年灾荒。靠山吃山，吃山养山。为此，他们实行"三垦三不垦"：垦缓坡田，不垦陡坡地；垦山峁脊背，不垦山腰沟注；垦林草稀少处，不垦林密草茂间。与此同时，取平耕地，修整渠壕，加高地棱等，有效地保持了地肥，也避免了水土流失。此外，利用农闲护林保山，培育幼林，仅三年就植杨树三万四千株，已然成林连片。虚说无凭，有诗为证。当年不知哪位秀才，上山见了，惊叹不已，顺口溜出一绝，至今还有人记得，吟唱道："登上双双山，如同上青天。四下望一望，山林紧相连。童山披绿装，坡地变梯田。沟里牧草茂，六畜白云间。粮食年年涨，社员把劲添。……"此为后话，表过不提。

……（此处残缺半页）

　　且说那贾孩像一颗铁钉钉在山上，前后整整五个年头。常言道：老将出马，一个顶俩。他带领"远征军"双双山一战，功不可没。故而经贾宝执提议，被评为劳动模范，光荣地出席了县、地劳模大会。曾有记者采访贾宝执……（此处残缺）他说："打1944年办社到如今，拢共十七八个年头，俺们白家沟遭受大灾六次，小灾四次。不管大灾小灾，俺们都没啦怕。为甚？上有党的领导，下有贾孩这样的共产党员，和社员群众干在一起，上下齐心，那黄土还能不变成金？"

　　……（此处残缺2页）

　　却说这年夏天，贾宝执在兴县城里参加会议，吃罢晚饭正往街上行走，忽听高音喇叭急促呼叫白埃前。他知这白埃前是白家沟公社的学生娃，这当口如此急呼必与其父有关。"到底发生了甚事？"贾宝执预感大事不妙，顿时三步并作两步疾走，竟至小跑起来。看官，这学生娃的父亲到底是何人，又为何事令贾宝执如此紧张？欲知详情，请看下回分解。

第十三回

白油清无钱胃穿孔　主心骨破矩险化夷

第十三天

　　凯丽自昨日下午接过母亲电话，得知其伯父在美国病逝的消息，便一直沉默不语，钟先生也不便多问。今晨见她气色好了许多，这才问道："昨天你妈咪与我通话情绪不错嘛，后来她与你讲了些什么，让你不高兴了？"凯丽答道："爹爹，不关妈咪的事。"

　　"那是为何？"

　　"妈咪告诉说，伯父前段时间患了流感，开始因忙于厂里事没有在意，后来感到严重了方才住进医院治疗。前后不到三个星期，花了上百万，生命没有保住，工厂也破产了。听妈咪说，他的病情和现在中国的新冠十分相似。爹爹，如若真是这样，这'美国流感'可不要传到欧洲去哦。"

　　"是这样啊。不过，女儿不必担心，提醒保姆叫妈咪少上街，自我隔离就是了。今天下午爹爹就与妈咪打电话，告诉她防患未然为上策哦。爹爹也会密切关注欧美流感情况，确保妈咪安全。"

　　"谢谢爹爹。"凯丽等钟先生喝口茶水，莞尔道，"爹爹，我开始朗读啦。"于是，那银铃般的嗓音徐徐开启——

　　词曰：扶伤救死本职中，危难显群英。不分贵贱，得失何计，白氏遗风。　　非亲非故非医者，疾秒视仁同。言以施善，行则惊世，佛祖留踪。

话说这天傍晚，兴县城月光映照灯火，天地通明。只见两个青年后生抬着一副担架，担架上躺着个病人，急急慌慌地从城西面过来，径直朝县人民医院奔走。

这日正是 1961 年的农历七月半，兴县城里红火非常。虽说那时国家正遭受自然灾害，但在这个传统的赶会日子，人们依然乐观向上、意气昂扬。又是物资交流，又是排演大戏，锣鼓咚咚锵锵，鞭炮噼里啪啦，街头扩音器播放欢乐雄壮的乐曲。此时喇叭里播放郭兰英演唱的歌曲《社员都是向阳花》，那曲调几乎人人会唱，那歌词个个耳熟能详。词曰：

公社是棵常青藤，社员都是藤上的瓜。瓜儿连着藤，藤儿牵着瓜。藤儿越肥瓜越甜，藤儿越壮瓜越大。

公社的青藤连万家，齐心合力种庄稼。手勤庄稼好，心齐力量大。集体经济大发展，社员心里乐开花。

公社是颗红太阳，社员都是向阳花。花儿朝阳开，花朵磨盘大。不管风吹和雨打，我们永远不离开她。

公社的阳光照万家，千家万户志气大。家家爱公社，人人听党话。幸福的种子发了芽，幸福的种子发了芽。

这般阵势，真比过大年还热闹。社员们白天忙罢抗旱锄地，入夜挂上锄头，从四面八方纷纷赶进城里。男人们穿着崭新白褂黑裤，女人们黛眉粉脸着红戴绿，一派欢娱喜庆之色。女人们一会儿跨进这个商店瞧瞧，一会儿拥到那个铺上挑挑，在人群中穿来挤往，好一道绚丽风景。男人们则满街满巷东游西逛，翻腾喧闹，加上天气闷热，个个满头大汗，乐此不疲。在六畜市场，白家沟大队几十匹精壮骡马，犹如吸铁石一般，将人们吸引过去，里三层外三层，围了个水泄不通。有的比手画脚，高声赞叹；有的品头论足，争相摸价。从早至晚，相牛看马的人络绎不绝。

却说赶会的人见两个青年抬着一副担架，后面跟着五六个人一溜小跑，汗水湿透了衣衫；又听得病人"唉咿呀"直呻吟，不知道是哪个村的，都慌忙闪开，让担架过去。大约过了一个时辰，扩音器里突然停止了歌声，只听得播音员急促地叫道："白家沟公社的白埃前，县人民医院门外有急事等你！"那白埃前这时正在戏台下看戏，一听慌忙挤出人堆，朝县人民医院跑去。

原来，这白埃前是担架上病人白油清的大儿子，年方十六，在县城中学念书。白油清则是白家沟公社赫家沟社员，因胃病已在炕上躺了多半年。这日，突然病情恶化，疼得死去活来。家里除了婆姨，全是不晓事的孩儿们，吓得哭成一团。村里人得知，忙天慌地将病人抬到公社医院，初步诊断胃穿孔。医生告诉，这病如不及时开刀动手术，便会要了性命。公社医院并无手术条件，必须立马送往县城。于是，几个社员一口气赶了四十里山路，来到县人民医院。可没想到，医院连大门也不让进去。看官，你道为甚？原来医院规定：住院开刀，务必先交现金抵押。在住院登记处，一再诉说无用，又找医院院长陈述，说病人是个老贫农，家里口业多，劳动力少，病得时间长，一时半会拿不出若许现钞，等救了命，不管花销多少，再付不贷。那院长尊姓代，雅名威生，偏五十岁年纪，早十年便谢了顶，满脸松塌，如同白面做成一般。他听罢，皱了皱眉头，冷冷地说道："这种手术我们这里动不了，送省城去吧。"说完一转身走了。病人约莫四十开外，因疾病长期折磨，骨瘦如柴。这时疼痛稍可，神志清醒了些，心下暗想：到省城岂不花销更大，哪来那么些闲钱。即便去了，山高路远，过河蹚水，恐怕不到半路就没了性命。他举目茫然，望着一片乌云遮住的苍天，如同哑巴看失火，心急难语了。一阵剧烈疼痛上来，便晕厥过去。众人一见此情，又是摇又是唤，半晌病人睁开眼，无神的目光盯住众人，吃力地说道："狗蛋儿，你去吼一声埃前，他在学校里。"众人这才突然想起，赶忙让狗蛋叫人去。

这头，且说白埃前飞也似的穿过赶会人流，没命地朝医院跑来。到得大门外，见父亲凄厉地呻唤，当场哭喊开了。白油清忍住钻心疼痛，把儿子叫到跟前，断断续续说道："哭甚哩？咱农业社有老主任咧，将来你们受不了制的。往后照顾弟妹，帮你娘多做点营生……"那白埃前听了，哭得越发伤心了。一旁站着的几位乡亲，也忍不住落泪。停了一刻，病人突然倒抽一口凉气，长长地"唉"了一声，便大声叫道："老主任哩，你在哪垯咧？"白埃前一抹眼泪，忙说："听人说，老主任在县里开会哩。"众人急忙道："你爹叫老主任，还不赶紧吼去？"白埃前转身正要走，却听一个熟悉的声音从背后传来："俺晓下啦。"众人回头一看，只见路灯底下，一个人匆匆朝这边赶来，禁不住齐声惊喜地叫道："老主任！"

贾宝执近日在县城参加县委会议。这天吃罢晚饭，刚从县委大院出来，本想到车马店看看本村社员，经过戏台，便听得喇叭里呼叫白埃前的名字。白油清的病他是知晓的，曾亲自请医生上门看过。因此一听叫白埃前到医院，心里立刻明白几分。当即转身朝医院急赶。此刻，他黑黝黝的脸额沁着汗珠，一双眼睛扑闪着和蔼的光亮，朝病人俯下身去，叫道："油清，你看俺是谁？"病人看见熟悉的面孔，颤颤巍巍伸出手，将贾宝执紧紧抓住，嘴唇抖动两下，喉咙里仿佛哽住一块棉团，说不出一句话来，只见眼泪像泉水一样涌出。

"唉！有什么难处，你且说，有咱们大伙儿哩。"

贾宝执伸手轻轻抹去病人眼角弯的泪珠。白油清闭目沉默半晌，这才强撑着睁开眼说道："老主任哩，往后……俺那些孩儿们……齐托给你了……"

贾宝执不等他说完，带着责备口气说道："唉呀，看你想到哪里去了。到了医院，让医生好好给治就对了……"病人难过地摇了摇头，泪水越发止不住一股一股往外涌。贾宝执心里不禁一颤，抬起惊疑的目光，朝众人问道："叫医生检查过没啦？"众人这才将方才的情形如此这般说了。贾宝执听罢，霍地站将起来，朝大门旁挂着的"人民医院"几个大字瞥了一眼，胸中那团火便滚动起来。他回过头来，对众人说道："走，先把病人抬进医院去。"两个后生将担架抬起，一行人跟着贾宝执进了医院的大门，来到门诊值班室。贾宝执将值班大夫安顿了一下，便抽身朝后院去了。到得院长办公室，贾宝执推门一看，代院长戴着老花镜，正坐案前喝茶看报。

"代院长忙着呢。"贾宝执朝代威生招呼道。

"啊，"代院长抬起眼来，从老花镜上面一瞧，见是贾宝执，慌忙取下眼镜站起身，忙个不迭道，"贾主任，请坐，请坐。"说着，便要倒水送茶。

"不渴不渴，代院长请坐。"

代院长又急忙摸出牡丹牌香烟，抖瑟着半晌抽不出一支。

"代院长放下，俺今天有急事求您呢。"贾宝执一面掏旱烟袋一面说道，"代院长，您请坐，俺有疙瘩事跟你商量。"

"啊，好嘛，好嘛，尽力而为。"

"请问，必须先交钱才能住院，这是谁家的章程？"

"这——"代院长先是一惊，连忙答道，"这是上面统一规定下来的。"

"您觉着合适也不？"

"咳，贾主任，那些乡下人难说话呀。你不这样死硬规定，等他把病治了，就很难收回这笔款哩。"

"那要是要命的病呢？"

"咳，那有什么法子。既有规定，就得执行不是？"

说罢，瞭见贾宝执的脸隐约变了颜色，两道浓眉下闪出逼人的目光，便不由自主地伸手抹了抹溜光的头脑，补充道："不过，还得看具体情况。比方说，像您这样的同志，信得过，即使花上千儿八百，事前分文不交也不是不行的。"

"那好吧，代院长，如今俺有个急病人，需要立即住院，您去看看咋的个？"

"好哇。在甚地方？"

"您跟俺来。"

贾宝执说着便起身往出走，那代院长慌忙拿上听诊器，迈着细碎步子，一扭一摇地在后面紧紧跟随。来到门诊值班室门口，听得屋里传来病人痛苦的呻吟，代院长止住步，先把个大口罩兜上，这才跨进门去。一看几个后生横眉竖眼瞪着他，想起刚才贾宝执的一番问话，方才明白过来。于是脊梁骨好似猛地钻进一条虫子，从下一直爬至脑门，霎时冒出一层汗粒儿。他在病人腹部按了按、揉了揉，用听诊器听了听，便将贾宝执拽到另一个房间，拉下口罩说道："贾主任，这病人确实是胃穿孔，需要开腹哩，一刻钟之前我就看来。可这手术，咱们医院技术不行，很难做好，最好送省城医院……"

"这病还能拖几时？"贾宝执打断他的话问道。

"很难说。"

"能保证病人平安送到省城不？"

"这，这更不好说咧。"

"那咱们医院就看着病人丢命咧？"

"贾主任，那、那……"

"代院长，办法总比困难多，只要大胆仔细……"

"贾主任，这是科学，不行就是不行。人命关天的事，可不是闹着玩的！"

贾宝执平素对医院情况也略有耳闻。要说历史，这医院还是晋绥边区八路军战地医院。解放战争期间，随着大军南进，医务人员走了大部。新中国成立之后十余年，医院虽有发展，论设备条件比战争年代不知强了多少。但近些年来，老领导老职工走的走、调的调，遗留问题不少。这代威生原系旧时医科大学毕业的专科医生，解放后被国家安排来到这里工作。因医院难得他的医疗技术，大前年从主治医生提为院长。打那以后，群众对医院的意见越来越多了。院内职工说，代院长是看菜喝酒，不好说话。院外群众反映，说他对待病人是"三看三不看"，即看上不看下，看大不看小，看钱不看命。今日他见病情十分严重，又是个农民，若有差池担当不起，因此一推六二五。这心思，贾宝执一听他言语，便揣摩到八九。病人在一旁呻唤，声声揪住贾宝执的心。见代院长一时难以说服，只好抽身疾步朝医院党支部走去。张书记听得贾宝执说罢情况，立即将大夫们召集到会议室。那代院长手里拿着一张报纸，也跟了来，踱到最边的地方坐了。张书记见人到齐，做了简短动员，便让贾宝执介绍情况。贾宝执用严峻而亲切的目光瞅着众人，声调沉重地说道："医生同志们，刚才你们支书讲了，俺想简单说两句。这病人是俺们公社的社员，他家口业多，劳力少，一时半会儿拿不出钱，那就只有等死吗？咱们医院挂的是'人民医院'的牌子，可'人民医院'的大门不朝人民开，这到底是甚道理？"这一讲，医生护士们便说道："我们早就反映过，像类似情况，规定应当灵活一些些，再说有困难的贫下中农，看病应当免费住院才是哩。"

"医生同志们，也不需要这的个，"贾宝执突然放开嗓门说道，"有咱们人民公社，慢说几十元，就是几千上万，俺们负担得起。眼下是要麻烦大家伙儿，拿出为人民负责的精神赶紧救人哩。"

"贾主任，现在不是讲精神的时候。"代院长抬起头来，说道，"医学是科学，需要的是技术。如果只要什么精神就能治了病，那要咱们这些人干什么？白开水最好喝，可不能当饭吃哦！"

"代院长，您说得对着哩，治病是需要技术。"贾宝执接道，"大家知道，咱们这所医院原来是八路军战地医院。那阵子，咱这穷山沟，要医药没啦医药，要技术没啦技术，可就是凭着打鬼子的报国精神，咱八路军的医生同志们，边干边学，不是照样给伤病员开刀治病么？"

众人听罢，脸上泛起兴奋的光彩，一时间你一言我一语，聒噪议论开了。突然一个尖利的嗓音喊道："代院长，你有技术，为甚想把病人推脱咧？""对呀，代院长需要的是甚东西呢？"众人哄的一声大笑起来。代院长没想到两个黄毛丫头小护士竟敢揭己之短，两个细眼珠子一轮，当下气得一脸灰白，脑门心好似抹了一层黄油。那张书记忙道："代院长一时想不到也是有的，过去的事就不再提了。现在咱们让代院长担任这次抢救小组的主治医师，大家说好不好呀？"话音未散，代威生举起一只手，冷眼一扫众人，回头对贾宝执道："贾主任，我郑重申明，本人不参与这个手术。理由有三点：其一，未交费就住院，违背上级规定；其二，我是院长，是负全院责任的；其三，你们谁要蛮干，由此产生的一切后果，与代某概无干系。"说罢，起身悻然离去。

　　众人失望地目送代院长出门，好似决了堤坝的潮水，一齐喊叫起来。有的说："没了王厨子，照样吃烧卖。咱们边干边学吧！"有的说："人怕心齐，虎怕成群。众人都出力，咱看也不是拿不下来！"说着一个个憋足一股子劲气。贾宝执一看这般情景，说道："医生同志们，病人还等着哩，事到如今没有别的办法可想了，咱们今儿是蛇钻到竹筒筒里了，只好走这一条路了。俺在这里拜谢大家伙儿了。"张书记接道："没啦问题，只要大家胆大心细，笃定把手术做好。大家看有甚困难，尽管提就是。"一个大夫说："现在最缺的恐怕是血源哦。咱们医院没有血库，没有储备哩。"贾宝执站起说道："你们没啦血库，俺那里有哩，这疙瘩事包在俺身上了。"张书记带头鼓起掌来，笑道："好好，今晚就由你们科室吴主任主刀了。"于是，众人分头急急准备去了。

　　这日傍晚，天气闷热异常，众医生也分外紧张。此时大街上依然明灯亮烛，赶会的人们近的回了村，远的住了店，留在街上的大都挤到戏台前观看北路梆子《王宝钏》全本戏。锣鼓的喧嚣声，北路梆子的咳咳声，一阵阵传到医院。那些住院轻病号，三三两两坐在院地，一面乘凉，一面尖着耳朵静听。此时月儿躲进乌云，天空黑漆漆的，没有一丝风，一只只燕子不时地从眼皮底下箭一般掠过。在手术室里，医生和护士们正紧张忙碌着，个个汗如雨下。贾宝执站在手术室门外过道处，手术室无灯影的"唑唑"声，手术器械的碰击声，声声牵动着他的心弦。透过玻璃窗，瞪着一双大眼，瞅着医生们的每一个动作，额上黄豆般的汗珠一颗接一颗流淌。虽则深信医生们能够打好这一仗，但因对病人性命的过分关切，他还是按捺不住内心的紧张。这刻只听"嘶啦"一声，腹腔拉开了，红腥腥的肠肚鼓胀出来。只见吴大夫灵巧的手指伸将进去，翻出胃肠，迅速寻找破处。忽然间，只觉倏的一下，眼前一片漆黑。

　　"咋啦？！"

　　"停电！！"

　　刹那间，手术室的空气仿佛就要爆炸。贾宝执也晓得，此时没有灯光，病人命悬一线。这一想，一股热流直冲脑门，胸中仿佛吊起一个铁圪蛋来。但他即刻镇住自己，推开手术室门，说道："大夫们莫慌，俺取灯去！"说着一转身冲出医院，旋风般朝大街奔跑。他使出平生力量，一口气奔到露天剧场。剧场舞台上有说有唱，鼓乐交鸣，数盏悬吊着的汽灯晃得人睁不开眼。贾宝执身上不觉一阵轻快，不由得飞一般跳上舞台，一边大声说道："对不住啦，有急事借用一下哇！"顺手摘下一盏来，撒腿往回便跑。台上人看见贾主任取灯，正要上前询问，他已跑远了。众人料定有事非比平常，也便作罢，由他去了。

且说医院手术室里，医生和护士们只听贾宝执告了声"取灯去"，还没来得及问"哪里取灯"，贾宝执已经不见了。这早晚，众人正不知如何是好，却见贾宝执手提一盏亮瓦瓦的汽灯出现在眼前。前后不到十分钟，医生护士们急得冒了一头冷汗，贾宝执却也湿透一身衣衫。那主刀吴医生长舒一口气，便继续手术。贾宝执退出门来，依然趴在过道玻璃窗前，气喘未停。因手术室原本不宽，设施简陋，手术过程他看得真真切切。只见：忽而胃上溃烂部位得见，医生一刀，割下一大块；紧接着一针又一针缝合起来。……（此处残缺数字）看见手术顺顺当当，贾宝执的心方才渐渐平息下来。此时，却听手术室里医生唤道："输氧来！"贾宝执不由得一阵惊悸，定神看时，只见病人呼吸急促，身躯抽搐起来，一位女护士连忙转身推取氧气瓶。

"呀，这氧气瓶怎地开了阀啦！"女护士惊惶地叫起来。

"啊，那赶紧再取。"

"就剩下这瓶咧！"

室内陡然静默，只听得汽灯噬噬的声响，好似炸药包的火线在燃烧。

"贾主任，这比没有灯更危险哩！"一位医生从门里探出头来说道。

"咱城里哪垯有卖？"贾宝执急问道。

"要有，就看铁厂了。不过，太远呀！又是夜半三更的……"

"不怕，几里地，俺取去。"

贾宝执说完拔腿出了走廊过道，朝医院大门跑去，迎面却扑来一股凉风，只听得门外院里哗哗啦啦山响。原来不知何时，天下开雨了。贾宝执行至门前一看，漫天黢黑，大雨如注，好似到了"水帘洞"一般。有人取伞赶来，话没出口，早见他消失在雨幕之中了。

雨愈下愈猛，风愈刮愈威。闷雷滚动，一阵紧似一阵，仿佛要把吕梁山炸平似的。闪电过处，泥水泛着白花花的泡沫与残渣，满地横流。贾宝执跑到县委大院，叫起值班司机，冒着滂沱大雨赶到铁厂，取回氧气瓶时，汗水和着雨水再次湿透全身。一进门，有位大夫跑上前，双手捉住贾宝执的手，沉重地说道："贾主任，你辛苦了！"贾宝执抹一把满面雨水，定睛看时，是代院长代威生医生。原来这代院长并未离开医院，手术先遭停电，后遇无氧，见贾宝执如此这般，深受触动，感篆五中，故而趁贾宝执取氧之际，便参与抢救了。贾宝执见状，说不出的高兴，只道："好，好，代院长和大夫们辛苦哩！"

……（此处残缺）

次日黎明，风停雨歇，一场不平常的手术早已结束。病人因失血过多，脸如纸色，唇似抹蜡，昏昏糊糊，不省人事。代院长一直守候病房，一刻未曾离开。贾宝执一夜没得合眼，此刻瞌睡虫袭来，正欲……（此处残缺几字），忽然一位护士跑来叫道："贾主任，快把你的血库搬来吧！"贾宝执一个愣怔一脸惊愕，二话没说，一撸袖口，伸出胳膊，便说道："来吧，这不是血库？"那护士见贾宝执苍白脸色，疲惫不堪，深陷的眼窝布满了血丝，心疼地说道："贾主任，您整整一宿没休息，看把你困的，不能抽你的了。"

"咳，看你这小女子好死板咧，也不看这是甚时候，灵活灵活吧。"贾宝执把袖口挽得更高，凑到护士跟前，非叫抽他的不可。医生们知道拗不过他，便告知一个人的血不抵事，他这才放下胳膊说道："好吧。这的个，你们准备，俺这就搬血库去。"说着一转身不见了。看官，你道贾宝执的"血库"指的是甚？原来就是那些牵来精壮骡马赶会的白家沟社员们。贾宝执三步并作两步来到骡马店，把白油清胃穿孔，医院昨夜如何抢救，现刻需要输血诸事大概一讲，众人齐声应道："没说的！走，献血去！"于是连同其他大队社员，满共三十余号人，跟着贾宝执来到医院。人们拥至化验室门外，胳膊一起伸到护士眼前，又嚷又叫，把个护士闹得又是感动又难招架。临末，张书记走来，做了如下安排：一个挨着一个排好队，先查血型，将姓名编号，依次而行，众人这才安静下来。贾宝执因急着回县委开会，挤到头里硬要护士验过血先抽了他的方才离开……（此处残缺数字）

　　闲话少提。且说半个月后的一天中午，兴县人民医院住院部窗外，静静悄悄，一群麻雀在树丛里叽叽喳喳嬉跳，两只白鸽停在屋檐，悠闲地梳理它们美丽的羽毛。室内，白油清半躺病床，脸上已有些气色。这时刚进过流食，安然凝望着窗外大海一般碧蓝的秋天，不觉想起两件难忘的往事。一则是：二十年前，他被晋军抓丁，因受不了军警整治而逃离。一天被抓回，正五花大绑吊打得死去活来，至今都不知贾宝执当时使了何种妙计将他救出。第二件，发生于1947年那场"搬石头"运动中。一个月黑夜里，一伙二流子突然闯进他家，将他捆绑起来，拉到农会斗争。长七短八折腾一气，说是解到乡农会法办，便将他带走。他媳妇放心不下，悄悄跟随其后。走至半道，却见他们折进一条沟里。媳妇慌忙抢上前去说理，那伙歹徒哪里依她，操起铁锹就掏土坑。呀，这不是要杀人么？她当下吓得昏了过去。等她醒来时，歹徒们正将白油清往坑里推搡。情急之下，女人没命地扑上前去把丈夫紧紧抱住，哭喊道："救人哪！龟孙子们杀人啦！……"其间一人猛一脚将她踢开，骂道："反革命臭娘儿们，等着再拾掇你！"这一脚踢得好狠，她再也无力爬起，只是呼天抢地哭喊救命。那喊声和着凄厉的风声，惊天撼地，在沟里回荡。白油清则迎着寒风，可着嗓门喊道："嚎甚哩！回家照顾好老人……"这时土已埋到他的胸脯……（此处残缺）。说时迟，那时快，随着哗啦一阵枪栓声响，一个熟悉的声音喊道："不许动！"歹徒们哪里料到，是贾宝执带着民兵赶来了。一听喊声，吓得魂飞胆丧，扔下家伙拔腿便跑，四处逃散……（此处残缺）

　　白油清默默想到这里，禁不住两颗滚烫的泪珠从脸颊掉落下来。他用拇指抹去泪痕，转过脸来问儿子："埃前，老主任这刻还在城里没啦？"

儿子告诉他，贾宝执开罢会，要传达会议精神，早些日子便回村了。最近打来电话，问询病情，嘱咐不要惦记家里，一切有人民公社。父子俩正说着，房门轻轻地开了。白油清闪眼一瞧，见贾宝执、张书记和代院长相跟走了进来，慌忙挣扎着下床，一面叫道："呀呀，老主任，你……"贾宝执急步走上前，把他扶回躺下，说道："当心当心，开了刀不能乱动哦。"白油清紧紧抓握住贾宝执的手，看着贾宝执，半晌才道："咳，老主任，要不是你……"话没出口，心头一热，鼻子一酸，两行泪水扑簌簌直往下淌。贾宝执微笑着，回头看了看代院长与张书记，说道："唉嗨，这事全仗代院长他们哩，你可要好好感激他们咧。"代院长两颊略带赧色，笑着说："唉，你不知道，那天夜里好悬啰，接二连三冷灰里爆豆子，要不是贾主任，你的命难保哩。咱们医院得感谢贾主任与乡亲们哦。"听代院长娓娓道来，大家都张开嘴乐了。窗外几只麻雀看热闹似的，飞到窗台上，隔着玻璃蹦蹦跳跳，叽叽喳喳叫个不停。众人正说得高兴，医院办公室武主任疾步走来说："贾主任，县委办来电话通知您开会去哩。"贾宝执"哦"一声站将起来，向病人说："油清，歇心养病哦，赶会开过，俺再来看你。"那张书记与代院长也一齐起身，知贾宝执肩负公务，也不敢挽留，将送至医院大门口方回。

　　看官，贾宝执再次赶来县委必有急事，但不知是喜是忧。欲知详情，且看下回分解。

第十四回

大旱当头干群奋战　另辟蹊径领导慌谋

第十四天

　　这日，应钟先生请求，张大妈领着电信师傅来到家里开通电视网络，终于可以观看国内电视节目了。凯丽欢喜非常，向钟先生提议道："爹爹，今天可不可以推迟朗诵，我们先看看中国的电视节目好吗？"其实钟先生也急不可待，于是说道："好哇。爹爹多年难得收看到 CCTV 新闻了。"说着打开十三频道，恰巧正在重播中国全面抗击新冠的画面。紧张热烈的场景，伴着播音员铿锵悦耳的普通话，把个刚刚来到中国的洋妞激动得心花怒放。她目不转睛地盯着电视屏幕，突然叫道："爹爹，你看，火神山，哇，好多推土机啊，像蚂蚁似的。10 天？10 天建成一所医院，天啦！哇，雷神山，又一座医院，也只用了 12 天。爹爹，这不是天方夜谭吧？中国太神奇了！"接着，电视画面呈现全国各路医务大军支援武汉的动人景象，再一次将凯丽镇住了。她从未见到过如此之众的人群，且身负行囊，戴着口罩，全副武装，又是飞机，又是大型客车，如同观看二战时期欧洲战场影片，不同的是这里井然有序，无炮声轰鸣，亦无硝烟弥漫。钟先生将从手机得知的数据告诉她，为抗击疫情中共中央一声令下，一夜之间数千人、上千台机械排阵施工；几十分钟完成施工图纸，24 小时拟出设计方案，60 小时敲定施工图纸；随即平整场地、道路以及排水、防渗、污水处理、垃圾转运、输电网、通信基站等工程相继入场。与此同时，数万军、地医务人员，从全国各地聚集武汉。钟先生激昂赞叹道："女儿啊，你见过如此强大的号召力与凝聚力吗？你见过如此神奇的速度吗？当然没有。难怪当年贾宝执与他的农民兄弟们，那样钟情于社会主义。由此反观，中国社会主义的伟力原来是根植于民众之中的。"

父女俩面对电视机看了一个前晌，午餐时仍然意犹未尽。从书中贾宝执的事迹，到今日眼见之情景，凯丽对这个神秘的国度抱有太多问题，她不停地向钟先生问"Why? Why? Why?"比如，贾宝执那样忠贞不贰，为何却又不顺？中国百姓为何像信奉上帝那样绝对服从毛泽东？中国共产党为何总能一呼百应？……临末，钟先生说道："女儿啊，你真不简单哦，三十年前倘若爹爹也有你这样的思考就好啰。今天你朗诵罢第一十四回，恐怕问题更多呢。"果然，下午朗读中途，凯丽几度停下来追问不止——

　　诗曰：天灾人祸复重重，独木阳关各有踪。
　　　　　出路不妨史作鉴，何须倚势说西东。

话说当年注定是个多事之秋。贾宝执刚刚开罢抗旱会议，又突然接到县委紧急通知，便预感恐有大事，于是吃罢晌午饭便骑上铁青马上路了。抗旱的社员们远远瞭见老主任骑在马背上，如同一只山鹰，忽而在兰瓦瓦的天空翱翔，忽而在百丈深涧飞奔；时而听得马蹄声得得价响，时而只见一串串白蒙蒙尘雾。眼看这般光景，社员们便知县上准有当紧事故。说话间，铁青马来到坡下，众人扯开嗓门招呼道："老主任——，做甚去呀？"

"县里开会哩！"

贾宝执回答着疾驰而过，社员们则回转身一面干活一面议论起来。

"八成是县里传达上级抗旱的重要指示哩！"

"那还用说，保准是商议咋的个对付这老天爷咧！"

"嘿嘿，这回龙王爷可要干瞪眼啦！"

"……"

且说1962年的大旱，把庄户人家的心都攥到一起了。这是吕梁山史上所知罕见的大旱之年。农谚道：麦望四月雨，莫误二十九。可眼下已经入夏，天上不见鸡毛宽的一片云，地下未有芝麻大的一滴雨。每日拂晓，日头像一团火球，在东山梁上升腾。没等吃过早饭，仿佛满世界都成了火焰山。走到地里，只听得禾苗噗噗地卷叶，土地嚓嚓地裂缝。人们眼睁睁地看着，夏熟作物就这样被老天爷吞食。那些日子，贾宝执见天领着社员们引水抗旱，担水补种，决心依靠人民公社"一大二公"优越性，夺得秋季收成，将夏季损失弥补回来，到冬季再打一场农田基本建设翻身仗。贾宝执一路盘算着，如何总结白家沟的经验教训，如何向县委保证打好抗旱保秋收这一仗。心里寻思道："白家沟过去偏重畜牧业，忽视了农业，尤其是对农田基本建设的作用认识不足，教训深刻啊！"前些日子，他曾将这个问题摆出来让干部们讨论，有的还说，又是畜牧业又是农业，又要种庄稼又要修地，就是长出三头六臂也难办到哩。这时，看见满山满沟尽是抗旱社员，周身不由得激愤起来，两腿猛地一夹，一抖缰绳，铁青马忽地扬起头，对着火燎燎的苍天一声长嘶，顿时四蹄生风，在山间大道上飞也似的奔腾起来。只听得热风在耳边呼啸，树木、电杆、山头一个劲向后倒去。沿途抗旱社员们见了，一个个好不敬慕："看，贾主任还是旧前那股劲头呢。"人急马快，半前晌便进了县城西门，将铁青马寄驻骡马店，水没喝一口，先到医院把白油清看了。此刻，他正朝县人委的大门大步走去。进了大院，走向一排平房，上了台阶，便听得屋内传来刺耳的圪吵声，不由自主地站住了。

"嗨！哪朝哪代都一样，有天造灾害，更有人为祸患。"

"所以俺说呀，选上好干部也不抵事，就是神仙也难闹哩。"

"依我看，即使改变核算单位，也解决不了甚问题。脚下、腰间、磕膝盖只差二三尺，变呀不变还不是外甥打灯笼，和过去一样。"

"哈哈哈哈……"

"人民公社是属筛的，漏窟子太多咧！"

又是一阵狂笑声。

贾宝执站在窗外，突然好似被谁浇了一瓢凉水，不禁打了一个寒战。听说话语气口音，都是人委的一班干部。这些人平日里安分守己，现在为甚如此放肆起来。他屏了屏气，推开门，一步跨了进去。屋里的人一怔，见是贾宝执，一个个闹了个大红脸。静默片刻，有人说道："贾主任，我们正在学习讨论肖书记的调查报告呢。"贾宝执问："肖书记的调查报告就说了这些？"众人答道："差不离。"贾宝执起初压根儿不肯相信，后来见他们手里真的拿着调查报告文本，还是将信将疑。他愣怔了一刻，便道："不管咋的，大家还是要实事求是。你们都是俺县里的秀才，是理论得开的人，可不能蹽风潮哦。"说罢，头脑里嗡嗡价响着走了出来。

走至院地，贾宝执只觉眼前云山雾罩，一时不知该去何处。从1944年办社至今，整整过去了十八个年头。在这不算太长的岁月里，一到十字路口，怀疑或反对集体化道路，有过各式各样的人物，今日身为县委书记的老肖，难道也怀疑起来了？这样想着，不觉来到肖书记办公室门前。他要亲自问问肖书记，到底是怎么回事，不料撞了个铁将军。停了一刻，他想起主持日常工作的县委常务副书记温亮信。他与老温早在晋绥时期就已相识。老温对党忠诚，工作说一不二，深得群众拥护，他也最为敬重。平素有什么心里话，二人都要坐下拉谈拉谈。眼下出现这么大的事情，想必老伙计是清楚的，于是提腿朝温副书记的办公室走来。这时，温副书记正伏案翻阅文件，听见门外熟悉的脚步声，抬头看时，果然是贾宝执，连忙起身叫道："啊呀老贾，刚从家里来？"说着将贾宝执拉来坐了，又是拿烟，又是倒水。贾宝执接过烟卷，划根火柴点燃，一面吸烟，一面将听闻告诉温亮信，临末问道："温副书记，肖书记真闹了个甚调查报告？"提起此事，温亮信脸上晴即转阴。他坐下来点了点头，沉重地说道："他这还嫌不够哩，又带着人下去了。"说罢，陷入沉思。片刻，觉着有必要将一些情况向贾宝执交一交底，便把肖书记的那一套理论和近期搞的调查报告内容，向贾宝执说了个大概。贾宝执听着，感到问题比他想的更为严重，不觉一阵阵心痛潮涌。

原来，那肖书记自参加北京七千人大会归来，对农村形势的基本认识是：现行的人民公社不如合作社，合作社不如互助组，互助组又不如单干，战后的单干不如战前的单干。由此产生了他的三种想法：其一，解散人民公社，实行单干。但他觉着，毛主席党中央费了九牛二虎之力把农民组织起来，不会轻易让其解散。再则组织起来这么多年，一下解散了，不利于发展生产，因此这条路暂时行不通。其二，按劳动力下放土地，包产到户，然后按人口分配任务，征购到户。他认为这样最能调动农民的生产积极性，但又觉着人多劳力少与没有劳力的农民会反对，因此这条只能试行。其三，实行"两田制"，即公田与私田。公田由集体伙种，完成征购任务，私田自种自收。他断定这条适合目前形势，可以普遍推广。为证明这些想法的正确性，他仆仆道途，洋洋洒洒凑了万言调查报告。贾宝执听罢，仿佛肖书记在谋算掏他心肝似的，浑身不觉战栗起来。愣愣地瞅着温副书记，一个劲儿地抽烟，他在使劲控制自己的情绪。过了大约一袋烟工夫，他沙哑着嗓门问道："温副书记，你觉着咋的个？"温亮信低着头在办公桌前踱来踱去，见贾宝执问，这才停住脚说道："老贾，咱们现在确实面临重大的困难哩。自然灾害是历史上罕见的，国际上有人趁机卡咱们的脖子，企图掐死咱们。但是无论天下发生甚事，俺们也不能放弃社会主义这条道啊。咱的看法是这样：人民公社是我国农业社会主义改造的伟大成果，现阶段咱们实行的是三级所有，队为基础。克服目前困难的方针，周总理有明确的指示，就是'调整、巩固、充实、提高'。这是原则问题，不能有半点含糊。"温亮信思量着又踱了两步，压低声音接道："老贾，咱看这架势有点像五三年和五六年那股砍社风哩，恐怕是从上面甚地方刮下来的，咱们可要有思想准备。"

贾宝执站起身来说道："那不怕！请县委放心。社会主义集体化这条道儿，俺们横竖是奔定了。哪怕是天塌下来，有党有毛主席，俺们顶得住！"说罢，扔掉烟头，抓起茶杯，咕嘟咕嘟喝了个干净。温亮信正要给他倒水，他抹一把嘴说："不啦，俺还要报到去，等开罢会咱俩再拉谈。"便出门朝人委大院去了。

话说贾宝执在人委报了到，又到城里圪转了几个地方，愈加感到一股烟雾正在县城迷漫。吃罢晌午饭，他哪儿也无心去了，一个人在招待所坐下来抽烟，寻思着事情的前前后后。他的心境，自公社化以后，还是头一回如此忧闷。……（此处残缺）他背靠铺盖卷陷入深深的思虑之中，不觉便睡着了。

"贾主任，电话吼你开会哩！"

窗外传来招待所女服务员的喊声。他睁眼一看，已是下午三点钟，便坐起穿上鞋，手里握住旱烟锅子来到县人委会议室。这是个不大的窑洞，正中摆着长方形条桌，条桌四周是条凳。其时，全县二十几位公社主任已经就座，一面抽烟，一面交头接耳。烟草味裹着汗腥味，充塞着整个屋子。贾宝执拣了一个空位坐了，将旱烟嘴插进烟袋，戳了一锅烟叶，同邻近一位主任对了火，也吧嗒吧嗒抽将起来，耳朵仔细地听着众人言语。不一阵工夫，主持会议的马副县长进门，见人到齐，便招呼道："开会吧，肖书记刚从乡下回来，今下午那边开常委会，不能来，侯县长说话就到。咱先和大家核实一下夏收产量吧。"于是，一个公社挨着一个公社汇报，听来问题委实严重。有的主任谈到本公社情况时，眼圈都潮红了。许多人皱着眉头，旱烟一袋接着一袋抽，使人感到空气异常沉闷，令人窒息。谈了大约半数公社情况后，门外潇潇洒洒走进一个人来。这人光头脑、长眉脸，身体微微发福，看上去不过四十开外。此人便是侯县长。众人见他一副志得意满的劲气，都直起腰来拿眼睛盯着那白皙细嫩的脸，仿佛期盼他带来渡过难关的"锦囊妙计"。侯县长则心领神会，面带悦色，扫了众人一眼，喝一口浓茶，清了清嗓门，然后振振有词地说道："同志们的心情，县委县府是了解的。才刚，肖书记从下面回来，指示说：今年旱象严重，非同寻常。据知，八百里秦川河水断流，天府之国禾苗枯萎，全国可想而知。所以，依靠国家发放救济，希望渺茫，只有自力更生一路可走。咱们兴县至此，旱情发展，致使夏粮不收，秋作物难以下种。为使全县十八万人民免除灾难，肖书记提出一项措施，看大家意见咋的。"说到这里，他看了看小蓝皮本，提高了嗓音："为了刺激群众的积极性，战胜灾荒，县委决定：给每个社员下放土地一至二亩，有水地的一亩，纯山区两亩。不管青苗地还是白茬地，都是可以的，这叫什么田呢？我们暂且管它叫'保命田'吧！"

侯县长得意地结束了这最后一句话，用探寻的目光看了看众人，仿佛说：怎么样？不错吧！却没有得到反响，只听得抽烟的咝咝声和墙上挂钟的滴答声。会场足足静了三分钟，不知谁说了句什么，就像一潭平静的池水猛然受到狂风的袭击，顿时掀荡起来了。有的如获至宝，拍手称赞；有的一脸茫然，呆呆地望着；有的满脸怒色，粗声大气地嚷着。贾宝执却显得十分平静，捏着旱烟杆，不紧不慢地吸着，眼睛瞅着烟锅里忽闪忽闪的星星之火，两股青烟在他脑畔缓缓地弥漫，最后同其他烟雾混合一起消散。侯县长见场面乱乱哄哄，谁也听不清谁的，便道："大家静一静，一个一个发表么。"于是，会场静了下来。

"俺说一说咱的意见。"一个白眉脸的主任瞟了侯县长一眼，站起来说道，"俺认为这的个办法不赖。完全是从全县十八万人民的利益着想，体现了县委对群众的关怀。俺们公社赞成这个办法。"

"好。大家接着谈。"侯县长两手指划着，十分欣赏地说道。

"侯县长，这个办法好是好，恐怕实行起来麻烦事不小哩。"一个年纪较大的主任说道。

"有甚麻烦事啊？嗯，说说看。"侯县长问道。

"拣个简单的事说吧，侯县长。一个生产队有青苗地、有白茬地、有山地、有平地、有旱地、有水地。小的几十户人家，大的百十户人家，你看咋的个分法？该分到何时？再说，大农具都要抢着使唤，你咋的个安排？这这这……"

众人笑了。有的说："要这的个搞，底下非嚷成糊糊不行。"

"张主任，革命么，就要有不怕麻烦的精神。"那白眉脸主任又瞟了侯县长一眼，煞有介事地说道，"没有麻烦事，要咱们这些人干甚吃，啊？才刚侯县长说的，就是县委的决定，咱们要无条件贯彻执行！"

等他说毕，会场一阵纷纷杂杂，又乱开了。有人低声骂道："哼，舌头再长点，看你舔得净不净！"

有个黑红脸膛主任，顶着一头汗珠，站起来说道："侯县长，咱说句掏心窝子的话。县委这个办法不咋的。这个办法俺怕没治了聋，反倒治了哑……"

　　"你停一下。"侯县长伸出右手一按，说道，"我可以告诉大家，这个问题，中央一位首长有过指示，县委这个办法是符合指示精神的。要相信领导，难道肖书记是个没有头脑的人吗？啊！"

　　"咱完全拥护侯县长的讲话。"白眉眼主任随即接道，"现在是革命的关键时刻，每个人都应该向县委明确表态，特别是那些一贯先进的模范。"

　　他将"特别是"三个字说得非常扎耳，临末用挑衅的目光扫了一眼闷着头抽烟的贾宝执。于是，众人好似被什么东西刺了一下，一刺溜齐转过脸去，各种各样的神色将贾宝执瞅着，等待这位全国劳模如何言语，会场气氛顿时变得严肃而令人难堪。

　　有道是：燕雀安知鸿鹄之志。那白眉眼主任笃定这一军可是把贾宝执将住了，不料他的话音刚落，贾宝执便不慌不忙地磕掉烟灰，吹吹烟管，从座位上站起身来。只见那两条浓眉一展，直挺挺的好似两柄利剑，一双明净的眼睛谦和地看了看众人，然后转向侯县长，说道："好吧，俺也来表表。侯县长，你说这个办法是为了这为了那，俺先要问一问，咱们现在到底还搞不搞社会主义？"贾宝执这声音并不响亮，甚至有点沙哑，可是众人听着却字字震耳。侯县长当下只觉头脑轰的一声，白嫩脸庞唰地变得猪肝似的。沉吟片刻，说道："哎，老贾，你把问题扯到哪里去了！社会主义还能不搞？"贾宝执反诘道："把集体经济都架空了，还能叫社会主义？"侯县长嘿嘿笑道："在目前这个困难时期，咱们这样做，正是为了更好地巩固社会主义集体经济，发展生产，救贫下中农的命咧！"

　　"错哩，侯县长。"侯县长没有料到，他的一番话竟把贾宝执激怒了，"请问：把集体都解散了，还巩固甚社会主义集体经济？离开社会主义集体经济，还能发展甚生产？贫下中农和广大社员群众离开了集体经济，到那达'保命'去？"贾宝执一排子枪，音犹未了，许多公社主任禁不住敲桌击掌叫起好来。这来势有如电闪雷鸣，侯县长那白脸青一阵红一阵，眯瞪半晌，这才说道："老贾，你不明白，咱们这样做，是肖书记根据中央一位首长指示精神，做了大量社会调查哩……"

　　"你们调查来调查去，结果就是取消集体经济？"贾宝执毫不退缩，继续说道，"侯县长，俺也给你一些材料吧：俺村老人们都记得，光绪十八年大旱的惨况，仅咱白家沟一个村子，就饿死五十多口子。俺家那时老小满共七口人，死得丢下俺爹一人。俺记得民国十一年大旱，咱白家沟讨吃要饭的、家破人亡的，就占全村一半以上。你说说，几千年的个体经济，究竟保住过哪个穷人的命？要不是毛主席给咱指出组织起来这条大道，这样的荒年，不晓得又有多少人卖儿卖女咧……"贾宝执说到这里，一下子哽住了。停了停，接道，"侯县长，真能救咱贫下中农命的，不是天不是地，是咱这个大集体哩。远的不提，就说今年春上吧。老天爷不给雨水，土地爷不给长草，咱白家沟全公社一百多头大牲畜，短缺饲料五十多万斤。当时正赶春耕大忙，有人主张拿钱外出购买，可大伙儿说，丢甚人哩，有咱公社这么多人，甚事办不到？说话就组织了百十来号人，见天往返六十多里山路，脚打起了泡，肩磨破了皮，也没啦人吭一声。共产党员贾仲儿不怕摔死，从早到晚在悬崖陡壁上攀爬。扛了半辈子长工的贾货郎，已是七十多岁的老人，听说队里牲口缺草料，也要参加打草突击队。队长说他年岁大，劝他好生在敬老院歇着，他说，队长哩，俺老汉也是个社员呀，给集体刨闹，俺老汉不能添砖也能加瓦吧。侯县长，你想想，要是拆散了大集体，不正好要了他们的命吗？还有一桩事，大伙儿都是知道的，侯县长该知道，为渡这粮食关，前年咱组织人马上山垦荒，当年就产粮 18 万斤，两年下来又是几十万斤，社员们有吃有喝，牲畜也没受制，这不都是依靠集体的力量么？你们现在要解散集体，去问问俺白家沟群众，他们答应不？"

　　贾宝执一席话，句句犹如重锤，敲在众人心上。侯县长听着，那前额与鼻尖的汗粒油光闪亮，满脸涨得通红，好似关公登台。借着贾宝执的话题，众人热烈议论的哇啦声，在他头脑里好比轰轰隆隆的闷雷。过了好一阵工夫，他这才有气无力地说道："好了好了，听我说两句。同志们，这是肖书记的指示，不一定成熟哦。我把大家的意见统一反映一下，消停再说，啊！"说罢，端起茶杯，板着脸往外走。那白眉脸主任则灰眉土面，匆匆跟了出去，在走廊上对侯县长说道："贾宝执太自大了，好家伙，简直目无组织。把他今天的表现，向肖书记汇报汇报。"侯县长支支吾吾地应着，低着头疾步而去。侯县长这一走，会议室的空气陡然活跃起来。有的说："咳，侯县长咋的不说个长短就撂下哩。"有的说："侯县长是站庙门的罗汉，做不了庙里的主。好戏还在后头哩。"马副县长见状，用指头敲敲桌面，说道："大家注意了，今日会议暂时就到这里，散会。"说罢，各自散了。

且说众人从会议室出来，已是黄昏时分。西边波浪般的圪梁脑畔，瑰丽的晚霞发怒似的喷射天际，给树梢、房顶与远处的烟囱，抹上一层扎眼的金晖。县中校那边，传来晚自习的钟声，在县城上空久久地回响着。贾宝执出了县人委大院，走在去招待所的街上。"县委决定"四个字，如同一块石头沉沉地压住他的胸口。作为一名共产党员，他懂得党的"下级服从上级"的纪律，可在这般重大原则问题上，难道也要无条件服从吗？他思考着，也苦恼着。忽然间他想到，既然是县委决定，温副书记应当知晓。转念又想，他既然知晓，前晌为甚没提起这事？……（此处残缺）吃罢晚饭他径自朝温副书记家走去。

此时，温副书记正坐在炕头看报，见贾宝执从门外进来，连忙放下手中报纸招呼。贾宝执则往炕沿一跨，将温副书记送过来的烟卷放回炕桌，便道："老温呀，下放'保命田'的决定，县委是几时做的？"温副书记一怔，问道："什么'保命田'？别听那一套。"贾宝执将后晌会议的情形与侯县长传达肖书记的指示，一五一十讲了个备细。温副书记听了，暗自吃了一惊，说道："这样搞怎行！这岂不是违背了党的组织原则吗？今后晌常委会才在研究这个问题咧。"县委常委会议详情，温副书记不便与贾宝执透露，姑且不表。

却说这天下午，与侯县长召开的公社领导干部会议同时，肖书记也在主持一场县委常委会。会上，常委们就"保命田"一事，展开了激烈的争论。以温副书记为一方，坚决反对下放"保命田"的主张。他们认为，战胜当前困难，只能发挥人民公社三级所有、队为基础的集体经济优越性，依靠广大社员群众，不能贸然分田到组到户。肖书记予以反驳，却未能自圆其说，临了便申言其主张有地委陆书记电话指示。温副书记则反驳说，没有指示原件，不足为凭。于是，会议暂停，挂了个加急电话，接通正在乡下调研的陆书记。那陆书记当即明确回答，他给县委电话的原意是：由于旱情严重，耕地面积过大，要求每个社员种好一至二亩好地，并无下放土地的意思。放下电话，那肖书记却以"不适合我县情况"为由，依然固执己见。会议开了一个后响，吵成一锅粥，最后未能做出任何决议。为了继续辨明是非曲直，多数常委主张一竿子插到底，多跑几个不同情况的基层，听听社员群众意见再议。因系常委会上争论，温副书记未向贾宝执详谈。末了，只道："老贾，不管咋的个讲，咱们按毛主席的指示办，不会有错。你们的会议，大概也开不成个样数。回村等信吧，你们该咋办咋办。"

当晚，公社主任会议继续核实夏收产量。最后，马副县长无言其他，便宣布散会。次日凌晨，贾宝执骑上铁青马，一口气回到村里。

话说白家沟公社书记邝戈仁，在家早就坐立不安了。见贾宝执归来，便急忙打听紧急会议精神。贾宝执一五一十做了汇报，邝戈仁听着，憔悴的瘦脸渐渐地露出了轻松的笑容，说道："老贾呀，俺看这个'保命田'真的个不错哩。你看老天这的个旱，众人的心都散了。要是把土地归他们自己种，不用咱干部发愁，定准渡过难关咧。"邝戈仁这话，贾宝执早已料到的。在回来的路上，他就寻思如何说服这位热衷于刨闹小家业的公社书记。因此上，等他说毕，贾宝执便问道："老邝，你思谋过没啦，要是集体都不能保命，个人还能保命？"邝戈仁叹口气道："唉，眼下是非常时期，个人总比集体好刨闹。"贾宝执吸了一口烟，情长意深地说："老邝啊，你现在是挣几十块钱的国家干部，一家老小有吃有穿，日子过得挺舒坦。你忘了旧前你赤脚片子担担卖炭，那不是个人刨闹？那样刨闹好呀不好？"常言道：龙怕揭鳞，虎怕抽筋。那邝戈仁听了，好像猛地被人灌了一海碗老白干，瘦脸唰地变成了一块猪肝，呛了半天，心下叫道："呀，老贾，你好厉害呀。"嘴上却道："好老贾咧，只要咱公社不出拐，俺都听你的。不过，你也得考虑考虑，肖书记有个直杠劲儿咧。你没听说，那还是中央一位大首长指示的哦？"贾宝执淡淡一笑，说道："不管他！咱们照毛主席指示干就对了。"邝戈仁皱了皱眉，低下头一面抽烟一面沉思，半晌又颤巍巍地说："老贾哩，要是人家做出决议，咋的个说呢？"果然，几天后的一个前晌，肖书记便召开电话会议。在白家沟公社会议室，贾宝执蹲在矮凳上，嗑着旱烟袋，心想：兴许县委有了新的想法。谁知那肖书记依然故我，强制推行其主张，顿时一股热血涌上心头，兀地跳下脚地，愤怒地说道："这是干甚呢，还是那一套，咱们不执行！"邝戈仁一旁慌忙阻止道："老贾咧，俗话说：不怕县官就怕现管，官大一品压死人哦。不管是不是县委决定，总是肖书记说了话的，咱们总得尊重点吧，要不将来要吃头子哩。"贾宝执道："老邝，咱们共产党人，对错误的东西，不管是谁的，都不能迁就哦。"那邝书记愁得鼻子眼窝都挤到一起去了，长叹一声，又道："好你个老贾哩，看看这鬼天，旱得安不下种，可是个大问题吧？"贾宝执呵呵笑道："老邝，提一提精神带领众人干吧。一次种不成，咱种两次，两次种不成，咱种三次。粮食种不成，咱种蔬菜。集体力量大，就是天塌下来，咱们也能扛住。老邝……社（此处残缺）集体经济才是社员的靠山哩。"公社其他干部见贾宝执对党如此赤胆忠心，一个个打心眼里钦佩。只是担心，这样会给他自己招来无端祸害。因此上，有人再三提醒道："贾主任，这是县委书记的指示哦！"贾宝执却冷静地答道："县委书记咋？错误的指示，谁的也不能稀里糊涂地执行。"有人半开玩笑地问道："耶耶，那要是地委书记的呢？"

"也不能执行。"

那人停了停，又问道："要是省委的呢？"

"省委的错误指示，同样不能执行！"

"要是中央的呢？"

贾宝执先是一怔，随即响亮地回答道："俺相信党中央，相信毛主席不会这的个。"

当日下午，县委常委刘士印到得白家沟，贾宝执一见便问："县委咋的回事咧？咋的做出这的个决定？"那刘士印听了，一阵惊诧，待问明情由，说道："县委常委会是讨论过这个问题的，可没有结果啊！"到白家沟之前，他在瓦塘公社也见干部们为此事吵得一塌糊涂。为避免事态恶化，他向温副书记报告，于是县委又召开一次电话会，重申县委原来的决定：坚持人民公社三级所有、队为基础的制度，发挥集体力量抗旱保苗，可以责任到组到人，保种保苗保收。因此，当晚，贾宝执主持召开公社党委会议，做出白家沟公社不实行"保命田"的决定。这件事传到县里，各种议论便纷至沓来。有说贾宝执闹独立王国的，有说贾宝执将被撤销职务的，还有说肖书记已把下放"保命田"的事报告中央，即将批转推广全国的……众人听罢，都替贾宝执捏一把汗。可贾宝执则每日照常带领社员们，担水的担水，锄苗的锄苗。天不从人，人从人。老党员贾恒勤说："现在困难再大，也不比十四年抗战困难大。那时咱一没抢二没炮，敌人给俺们造。现如今，没啦菜没啦粮，咱叫土地给咱长。"众人听得喜笑颜开，纷纷对天发誓，宁可蹶死牛，决不倒退车。于是齐心协力大干三十天，共计浇地七百余亩，饮树苗一千余株。说话之间，地里陆陆续续长出青苗来，日日青月月绿，眼看着满坡满沟，翠森森的了。金秋十月，山西省委传达中共中央八届十中全会精神，那肖书记前往参加会议，临了只将会议笔记让秘书捎回兴县传达，自己却回老家休假去了。……（此处残缺）不在话下。

这天，一群喜鹊在树丛中喳喳地叫个不停。说来也巧，晌午县里便打来电话，说县委召开紧急会议，让贾宝执立马前往。看官，这紧急会议一个接连一个，不知此次端的如何，欲知详情，且看下回分解。

第十五回

不速客性急求良种　马王爷气盛拒外人

第十五天

且说父女俩坐定，女儿看着养父神情自若，养父则见女儿悠然自得，便道："看来你的问题已成竹于胸，问吧。"凯丽笑笑，唇未开启眉头却先皱了起来，问道："爹爹，怎么又是集体啊单干啊土地啊这些问题，这些问题就那么重要吗？"钟先生轻轻一拍桌沿，说道："女儿这个问题问得好。不过，这是一个复杂命题，说来话长，爹爹今天只能简而论之。"钟先生稍停，呷一口茶水润润嗓子接道："爹爹在前面说过，建设社会主义是前无古人之伟业，'路漫漫其修远兮，吾上下而求索'。既然是求索，有不同意见实属正常。爹爹认为，中国20世纪50年代至60年代前期，就农业问题而论，党内意见不能高度统一，系复杂的社会历史、经济现状与主观意愿的矛盾所致，就思想方法而言，则因焦虑而操之过急，其作法常常表现为'一刀切'。"

"爹爹，什么叫'一刀切'啊？"

"简而言之，就是你按你的想法办，我也想试试我的主张。譬如，那肖书记实行'保命田'，白脸公社书记赞同，却在贾宝执的白家沟行不通，为何？橘枳有别，水土异也。爹爹认为，这是对社会主义及社会发展阶段等诸多新事物新情况的理解分歧，是艰难探索过程中之必然。这是一笔重要的政治遗产，实属可贵哦。身为共产党人，尽管他们有这样那样的歧见，但有一条是毋庸置疑的，那都是因为心中装着人民。女儿啊，关于这一点，今天将要朗诵的第一十五回，看看中共基层党员贾宝执就明白了。"

"好，女儿懂了。爹爹，我朗诵啦。"于是静寂的古老庭院又响起难得的琅琅书声——

词曰：孔融年幼让兄梨，三字颂其迹。一门争义，进贤好士，百代良师。　　草根达济他人马，善报话非虚。愚氓开窍，同怀天下，闻者思齐。

话说贾宝执又一次接到县委紧急开会通知，不知又为何事，怀着惴惴不安的心，马不停蹄赶到县委，原来是传达党中央刚刚闭幕的八届十中全会精神。此次会议再一次肯定了集体经济的重要性，并提醒全党，是否坚持集体化道路，是一场严肃的路线斗争。贾宝执将全会精神带回村里，干部社员们听了，一个个舒眉展眼，欢喜地奔走相告，不亦乐乎。诸事俱已表过，不再详记。

却说1965年开春，贾宝执到省城参加会议去了。一天前晌，白家沟大队部突然来了两个陌生人。会计小刘抬头看时，只见一个约莫三十来岁，另一个四十大几，都是一身农民装束：身着青布棉衣棉裤，腰系红布粗带，头扎羊肚白毛巾，脚蹬平口千层鞋。大概走路发了热，老羊皮袄都在腋下夹着。小刘一听说话是北路口音，是远道来客，连忙招呼坐了，一面提壶倒水。二位陌生人将老羊皮袄和挎包放于炕沿，其中年纪轻者从怀里掏出一张折叠纸头，递予小刘。小刘随即展开细看，纸上写着："白家沟大队委员会：兹有本队×××、×××二同志，前往你队购买枣红种马一匹。特此证明。顺致崇高革命敬礼。应县臧寨大队某年某月某日。"小刘一看，是从雁北地区农业战线的红旗单位来的客人，高兴地上前拉手，表示欢迎。不待客人坐定，便问长道短，比如甚时候到的县城，路上走了几天，今日从城里几时动身，等等。临末，再想不起词儿来，便起身说道："俺们支书到省城开会去了，这事儿就找俺畜牧主任吧。请二位先喝口热水歇一歇，俺去去就来。"说罢转身出了门。走到路上，小刘又展开介绍信，翻来覆去地瞅：不错，是臧寨大队的，有大红戳子盖着哩。可是再一想，不觉犯了嘀咕：队里只有一匹枣红种马，是全县独一无二的，压根儿不曾听说要卖，为甚臧寨大队指名道姓要买呢？是谁走漏了风声。又一想，兴许畜牧主任知晓，便加快了步子。

这日，畜牧主任贾恒勤正在饲养场修补牲口套缨，忽见会计小刘扯着大步进来，问道："甚事这的个急喘？"小刘一面扬扬手里信件，一面说道："雁北臧寨大队派人买咱们的枣红种马来了。"贾恒勤一面做活计，一面漫不经心地问道："你说甚？谁们买？"小刘将介绍信捧到跟前，说："雁北那个臧寨大队，你知道这事不？"贾恒勤依然不动声色地说道："人在哪？"小刘说："在大队部等着。"他却不慌不忙地说："等俺把这两针缝完就去。"说着，低头左一针右一针又修补开了。这畜牧主任是个仔细人，做事一步一脚印，多会儿都怕耽误了营生。小刘知其脾性，便在一旁蹲了耐心等候，一边说道："嗨，这事要是让'马王爷'知下，俺看还有一场纷扰哩！"

"俺知下了，会有甚纷扰。"小刘一听这说话声，连忙回头看去，正是外号叫"马王爷"的贾宝儿。贾宝儿这年四十七岁，差几个月，就整整与马打了十年交道。先前，白家沟一带无人养马，社里买回第一匹马时，谁也不会饲养。听说这马性烈难驯，闹不好还要吃家伙，因此上谁也不敢接手。年富力壮的贾宝儿却说："没人养俺养。"为驯服这匹马，他的脚板被踩伤过，他的头脑被碰破过，他的腿杆被踢断过。为叫马多长膘早传代，他把铺盖卷搬到饲养场，家里孩子病了也顾不得，可谓爱马胜子了。有一年，一匹母马早产一头小骡驹，瘦弱得站立不起，母马又无奶水，众人都说活不成了，扔掉吧。他哪里舍得，到处求师拜能，用羊奶喂了八天八宿，母马有了奶，骡驹也活了。有社员夸奖他说："啊呀呀，不简单呵，宝儿要马活马就活，要马长马就长，真成了马王爷哩。"从此，"马王爷"的绰号就这样叫开了。如今这匹枣红种马，是贾宝执从老远之地牧畜之乡挑选回的，经他几年饲养，越发长得膘肥体壮，毛架出众，常常难掩春风得意之色。适才听说有外路人来打这马的主意，便赶来找畜牧主任查实。村里谁都知晓，这贾恒勤是白家沟有名的"牲口通"，惜畜如命。远的不提，就说年时一次，放羊的徐虎勤，在山上掉了一只羊到深窟里，回村告知天已断黑，说等天明吊去，他却怕夜间被狼叼走，不顾五六十岁老骨头，硬是亲自摸黑上山，亲自爬下深窟，把羊儿救了回来。因此上贾宝儿深知，这位顶头上司爱集体牲口远胜自己，断定他是自己的同盟军。刚才听了小刘言语，眉脸一变，粗声大气地对着贾恒勤便道："主任，俺们好不容易弄到这一匹好种马，前次省城来的记者还让老主任拉着拍过照，你是知道的，可不能答应卖了。"贾恒勤埋头只顾穿针引线，没有搭理。小刘则扬起脸接道："人家和咱们一样，是全省农业战线上的一面红旗，说不定他们的支书跟咱老主任还相识哩。人家又是火车又是汽车地赶来，要不答应，可就……"贾宝儿不等小刘说罢，眉毛一竖，说道："他是红旗又咋的？跟俺老主任相识又咋的？他就是天王爷的亲老子，俺也不能答应！"那贾恒勤缝毕，也没理睬"马王爷"，不声不响地将套缨、家具拾掇起来放好，拍怕裤腿，对小刘说道："走，看看去。"贾宝儿赶忙上前一步，拽住他的胳膊，口气缓了缓说道："你就告诉他们，说老主任不在家，决定不下，一推六二五算啦。"贾恒勤也未吭气，各自去到大队部，同客人握过手，便坐下拉谈起来。三句话不离本行，开口便问臧村大队畜牧业发展情况。客人知他是大队畜牧主任，难免说亲道热，将他们发展畜牧业的困难详详细细讲述一番。年长的那位还一再说："贾主任哩，俺社里就没头好公畜，你说这畜牧业咋的整？前些日子，听说你们这垯有一匹好种马，俺们可高兴啦。"贾恒勤听罢，觉着臧村大队发展畜牧业的路子同白家沟差不离，因此上对他们之急需，暗自生了恻隐之心。不过，贾宝执不在家，这件事情他确实难以做主。临了，他对客人说道："俺们支书省城开会快回哩，二位远道赶来，住上两天，等等他吧。"客人以为他不愿应承，说的推辞话，因道："你们支书在省城答应下俺支书哩，是俺支书写信回来说的。"听客人如此这般一说，贾恒勤反倒有些糊涂了，可他还是爽快地说道："不怕，下了聘的女，迟早是婆家的人。"一句话说得客人再无话可答，只是呵呵地笑了一气。

原来，那时节省城正召开全省贫下中农代表大会，贾宝执和臧村大队支书臧仓都在会上。一天，大会组织代表们参观山西农林牧展览，一幅幅照片、一张张图表、一座座模型，五彩纷呈，洋溢着全省农业学大寨的蓬勃气象。贾宝执进馆前，就盘算着要仔仔细细看看大寨大队和其他兄弟单位的成绩与经验。于是这里瞅瞅，那里瞄瞄。展厅墙上万紫千红，墙下人头攒动。不一阵工夫，"大寨"两个金色大字跳入眼帘。他一阵兴奋，心里直说："好呀，好呀。"便翘起下巴，挤过人群向前靠近，从头至尾，看得全神贯注，津津有味。虎头山上的好风光，大寨人三战狼窝掌，大灾之年"三不要""三不少"的共产主义精神风貌……大寨的这一切，有如太行山上的清泉水，一点一滴，渗透着他的心田。他自言道："老陈呵，你真不简单，俺可得好好向你学习哩。"心里正激动着，只觉肩头猛地被人击打了一下，扭转身来，却见臧仓冲他笑着。没等他回转神来，那臧仓一把拉住他的手，大声说道："老贾啊，咱跟你要件东西，不知道你答应不答应呢？"贾宝执被这没头没脑的话语闹蒙了，眨巴眨巴眼，忽然想起似的，一面掏出烟袋，一面说道："没烟啦？来，这不是。"臧仓摁住他的手，嘿嘿地憨笑着说道："不是，老贾，我是说你们队里的物件。"贾宝执也笑道："嘻，你就说吧，只要有。"

"一定有，就怕您舍不得哩。"

"瞧你说的。老臧咧，人家老陈把那么好的车马都让给兄弟队了，俺有甚舍不得的，你直说吧！"

当即这臧村大队支书拽上贾宝执，曲里拐弯，穿过人流，走到展览厅的另一端，朝墙上一指，说道："看看，你们队的畜牧业有多兴旺！"贾宝执抬头一看，是他们白家沟大队畜牧业发展的文字与图表。图表上面用醒目的数字写着：办社初期只有两头驴，几口猪，几十只羊；现在有大牲畜四百多头，猪七百多口，羊三千几百只。每年向国家缴售生猪五百余口，羊三百五十多只；向外地输送优种大牲畜近百头。图片上肥猪满圈，羊群满坡，牛马满沟。听臧仓不住声地称赞，贾宝执不安起来，因道："老臧，同咱白家沟旧时相比，如今可是猴子爬杆，顶了天啦。要是同人家大寨那垯相比，俺还相差十万八千里哩。同你们比，也有不小差距呵。白家沟的畜牧业是发展了一些，可农业的变化不大，俺还得老老实实地学大寨哩。"

臧仓点头说道："老贾，你说得一点不差。咱们都得向大寨老陈学习哩。"

贾宝执拉着他的胳膊，走到一组照片底下，笑问道："你是相中了俺的种畜吧？要公畜要母畜，尽管言语。"

臧仓微笑着，指着一幅照片说道："别的都不要，就要你手里拉的这的个。"

这幅照片，是年时省报记者到白家沟采访时拍下的。贾宝执头扎羊肚子白毛巾，身着白布褂，目光炯炯，气宇轩昂，手牵一匹枣红种马，高头直腿，小耳短腰，毛色油亮，双蹄并立，虎彪彪地站着，真是人威武、马精神。见臧仓相中此马，贾宝执禁不住爽朗地笑了，说道："啊哈！老臧，你真好眼力。那是从朔县牧场选回的良种公马，口齿轻，有耐力，在俺白家沟，嗨，就是全兴县就数这一匹了！"

臧仓一听，原来是人家最好的种马，自觉冒失，便推辞不受，要另选一匹。贾宝执哪里肯依，说道："等俺回村再和干部、社员商议一下，给你个准话。"

"给了俺们，你们咋办？"

"嘿，牲畜牲畜，还会生嘛。给了你们，俺们还会有更好的哩"

······

却说那臧村大队为发展畜牧业，走访过多少地方，没有挑到一匹像样的种马。不承想，竟这样机缘巧合得到了，把个臧仓兴奋得不等会议结束，便写信回村，叫人赶紧前往白家沟探视。此种心情，担任多年畜牧主任的贾恒勤自然体量，因此上对客人一再表示："兄弟队的困难，就是俺们的困难。"并亲自为客人安排下食宿等事宜，那古道热肠，一言难以备述。

当天晚上，贾恒勤在畜牧队报告此事，话刚一出口，那贾宝儿便吱哇吱哇吼叫喊起来。这位贫苦出身的饲养模范，早已把集体事业当成自己的命根子。当年组织起来以前，他一家讨吃要饭，揽工打短，在饥饿线上挣扎。自从加入土地运输合作社，他娶了婆姨，成了家业，要吃有吃，想穿有穿。这匹枣红种马，经他百般饲养，出落得百里挑一，谁见谁夸，给白家沟集体增添了光彩，他也感到无上荣耀。前晌，听说臧村大队来人欲拉此马，就已憋屈，见畜牧主任非但没有推辞，反而将来者当贵客接待，气就不打一处来。这当口，贾恒勤还没说什么，他便嚷道："算了吧，这的个大事，等老主任回来再说吧。"贾宝执最是疼爱此马，他是知道的，故而料定贾宝执不会同意出让。贾恒勤原本只想听听众人意见，不想"马王爷"这般情绪，也便作罢。那臧村两位客人，每天一大清早起来，便到饲养场帮助担水铡草，把那饲草铡得又匀又细。"马王爷"见了，心里热乎，可嘴上还是冷落，好像别人借了他的米还了他糠似的。约莫过了三两天，贾宝执回到县城，听说臧村大队客人已到村里，今日天将微明，便起身往回赶来。走完四十里山路，进村才是早饭时辰。他汗流满面，嗓子干渴，却照例先到饲养场，看见有瓮清水，舀得一瓢，正咕嘟咕嘟喝得香甜，贾宝儿衔着烟袋，走了进来。

"老主任，你把咱的枣红马给了人啦？"

贾宝执转过身，见贾宝儿哭丧着个脸，咧开嘴笑着说道："咋的？不乐意？"

贾宝儿往旁边一蹲，语气坚决地说道："那可不行！咱只有这么一匹，给了别人，俺们咋的个办？"

"兄弟队搞好了，不和咱自己一样？"

"那可不一样，人家好了是人家，咱好了是咱的。大红枣和醋柳柳还能一样了？"

贾宝执本是随便"侦察"一下，却见贾宝儿抵触情绪如此之大，便刹住没再往下言语，只问了问牲畜情况，就会客人去了。当晚，开了党支部扩大会，将省城开会精神与见闻做了汇报。次日晚上，召开大队干部会，并叫来畜牧组社员列席，大讲大寨大队如何大干苦干，如何齐心协力发展集体经济的事迹。临末，给众人讲了这样一则故事：说有一年秋天，虎头山下一片丰收景象。玉米挂得像棒槌，谷穗长得如狼尾，高粱地一片火红。大寨人口不多，几百口子全半劳力一齐出动。玉米棒子在地里堆成小山，担担筐抬驴拉，还是载不完运不尽。社员们焦急，庄稼熟在地里，要是下场暴雨，且不是干瞪眼啦。再说，光靠人担人抬，耗费劳力不说，还得耽误农田基本建设。众人寻思：要是老陈弄回几挂车马，那该多好。说来也巧，正在这时，得知县供销社有一套马车、四头牲口打算出让。陈永贵赶去一看，车八成新，牲口口齿轻，价格合理，大寨的社员们都乐得合不拢嘴。可后来老陈一想，邻村金石坡大队连一挂车也没有，便与众人商议，是否将这套车马转让给兄弟大队，有人却不乐意了。贾宝执讲到这里，提高嗓门问道："你们说，老陈他咋的个讲呀？"这一问，全场鸦雀无声，一个个瞅着贾宝执等待答案，唯有"马王爷"贾宝儿一个人直愣怔，好不自在。停了片刻，贾宝执接着讲道："老陈他讲呀，俺们考虑问题不能光顾自己个儿，要想到全社、全县、全省、全国，金石坡的困难比咱们大，咱们支援他们，让他们快快富裕起来，不是可以为群众、为集体，再大一点说为国家多做贡献吗？光爱自己，不爱旁人，这不是真正的集体主义。大家听听，老陈说得咋的个呀？"

众人齐声答道："说得好着哩！"

贾宝执笑着把话题一转，朝着畜牧组的社员朗声问道："眼下呀，雁北臧村大队需要俺们支援他们一匹公畜，大伙儿说该不该呀？"众人你瞅瞅我，我瞅瞅你，少顷答道："该哩。"

"给好的还是孬的？"

"既要给，那当然选好的吧……"一个队干部说道。

"给枣红马，咋的个？"

瞬间，众人齐刷刷把脸转向贾宝儿，无人言语。那贾宝儿蹲在一个角落，脸红至耳根，皱着眉头，难活的样子。这件事，对于这位出身农民的共产党员来说，确是一道难迈的坎。数千年来，封建社会的政治与经济有如两架大山压迫着农民，加以精神世界被各式各样枷锁套住而不能自拔。

如今大山被推倒，社会主义集体所有制建立，他们终于有了安身立命之所。然而，沉重的精神枷锁，却常常让他们同这安身立命之所发生这样那样的碰撞。此刻众人散了，他一人却还在那里吧嗒着旱烟袋，双眉拧成个疙瘩，一声不吭，一动不动，如同青铜塑就一般。贾宝执见众人离去，这才走到他跟前，装上一锅烟，与他对着火，吸着旱烟叨唠起来。

"宝儿呀，你说，毛主席号召咱们学大寨，到底学甚？主要还是学他们的思想、精神，对不？俺对大寨就有个认识过程。前年，听说大寨亩产八百斤，俺就不信。心想，大寨也是个穷山沟，老陈跟俺一样，西瓜大的字不识半筐，他凭甚就能打那么些粮食。唉，去年到大寨亲眼一看，俺服了。俺问老陈，你们是咋的个闹的？他说，人变地变产量变呗。原来人家思想的不是一个大寨，心里装着的是全县、全省、全国哩。你想想，那个劲头能使完吗？人有了这一股子劲气，那土地爷敢不打粮食？"一席话，把个贾宝儿说得慢慢舒开了眉，展开了眼。贾宝执见入了辙，又装上一锅烟，不慌不忙地接着说道："慢说咱们还是共产党员，就是一般社员，也应当像大寨人那样，想得宽一点，站得高一点，对不？你还记得刚开始打日本鬼子那阵吗？地主老财剥削，阎匪抢夺，鬼子烧杀。你们家也是穷得没个活法，东走西窜，讨吃要饭。那年春天，你家一病倒了五口，又是三月连阴雨，不说吃饭，连野菜都吃不饱。八路军打河西过来，见你母子几人饿得像个干柴棍，随手从身上解下一袋袋小米，给了你们。你娘一头扑在米袋上，哭成个啥样。她一边哭，一边不停地念叨，这是哪垯来的活菩萨呀！……"贾宝儿听到这里，好似回到当年那个情景，羞惭地把头埋到腿杆上，抽泣起来。大半晌才抬起头脑，哽咽着说道："要不是毛主席、八路军，咱一家早就抛在野地里喂了狼哩。"说到这些，贾宝执自己也很激动。他猛吸了两口烟，继续说道："那些八路军的家都在江西、湖南、四川，他们为甚不怕流血牺牲，跑了两万里路来解救咱们？因为他们想的是解放全中国哩。要是没有这的个思想，咋能赶走日本鬼子，咋能打下咱们穷人的江山。现如今，咱们也不能光想自己和自己这个小集体。你想想，要是全国的集体都搞不好，咱们一个小小的白家沟搞得再好，能立住不？"贾宝儿听着，头脑畔冒起黄豆大的一层汗珠子。听着听着，他不由自主地一点头，说道："是哩。"贾宝执又道："全国的社队好比是一根藤上的瓜，根根蔓蔓都连着哩。别的社队搞好了，不是和咱们好一样吗？"贾宝儿沉默一刻，扬起古铜色的脸盘，眼里闪动着火一样的光亮，说道："老主任，俺机明着哩。答复臧村的同志吧，已经耽误下人家不少营生哩。"

且说这天夜里，贾宝儿回家躺在炕上，翻来覆去，怎么也睡不着。他女人睡醒一觉，见他裹住被子踞着抽烟，问他是不是身子骨难活，他也不理会。他女人此时委实难解：夜是这般宁静，被窝是如此温暖，白日吃饱喝足了，还有甚事值得烦恼，怕是撞见吴二爷哩。她哪里知晓，大寨社员让车马的事迹与贾宝执一席话在宝儿脑海里激起怎样的阵阵浪花，清埃涤尘，洗心而革面；又如何好似服了神草还丹，潮涌胸膛，使之脱胎而换魂。入党近十年，为集体的事业，他起早爬黑，从没叫过苦和累。集体一天比一天巩固壮大，大伙儿的日子一天比一天红火，他心满意足。这个时候，他常常觉得自己身为一名共产党员，干得还算不赖。今日，他忽然发现，自己这一百多斤虽说交给了党组织，而头脑却还在这山圪垴垴里转圈圈。如同一个人历经千辛万苦，登上一架大山，因体力不济，进退失据。然而当他想到，离他向往的家园还有很一截子路程，他便重新振作精神，扯开大步继续攀登了。贾宝儿这晚正是如此。听得女人和孩子们均匀的鼾声，他眨眨眼皮，翘首瞅瞅窗户，月亮已经偏西。该给牲畜添料了，枣红马一早就要远行哩，可不能让它饿着肚皮走路。他这样想着，索性穿上衣服，摸下炕来，叼着烟袋，出得街门，拖着长长的身影，朝饲养场去了。

却说饲养场静悄悄的，贾宝儿远远地就听见牲畜们缓缓的嚼草声与噗噗的喷鼻声。他款步走进场院，不由得朝枣红马看去。猛然，他见枣红马跟前仿佛有个人影，周身毛发顿时直立起来，他警惕地加快步子走过去，趁着月色张望。

"呀，是老主任！"

"宝儿吧？这早起来做甚？"贾宝执一边往槽里倒饲草，一边问道。

"贵贱睡不着，起来看一下。"

"舍不得吧？"

"唉，老主任哩，你不一样么。"

"嗨，咱俩的心思对在一垯啦。"

月影底下，二人嘿嘿地笑将起来。添罢草料，都蹲下来抽烟说话，直到鸡叫三遍，东山发白。早饭后，贾宝儿将马牵到当院，绕着马转过来，转过去，这里摸摸，那里搔搔。临行前，大队干部与畜牧组社员也都赶来送行。臧村大队的两位客人抓住贾宝执的手，使劲地摇了又摇，感激得不知如何是好。

"老贾啊，俺们一定好好向你们学习哩！"

贾宝执笑着说："咱们都向大寨学习吧。"

等客人与众人握过手，贾宝儿牵过枣红马，把缰绳递到客人手里。二位客人各拉着贾宝儿的一只手，齐声谢道："俺们一定把你的经验和精神带回村去。"

贾宝儿脸一红，两眼闪着泪光，笑呵呵地说道："唉，一家人还能说两家子话。"

会计小刘在一旁打趣地说道："哎呀，今日'马王爷'的三只眼都开啦。"

众人一听，都开心地乐了。人们说着笑着，前簇后拥，将客人送至村口。那枣红马像跟众人道别似的，突然扬起头咴咴地长嘶一声，只见那油亮的脊背一抖擞，黑棕般的粗尾巴忽扇两下，便踏着碎石路，响起有节奏的嘚嘚声，缓缓地朝南沟走去。走出很远很远，贾宝执和贾宝儿依然站在村口目送，那心境唯有他俩自己方可领受了。

光阴荏苒，寒来暑往。白家沟自1958年实现公社化到1966年，不觉八载。这八年间，贾宝执带领白家沟百姓披荆斩棘，乘风破浪，创造了有史以来从未有过的辉煌业绩，其事迹不可胜道。不过，看看下面一组数据，却可一目了然：除却三年困难时期，平常年景全管理区平均每年粮食总产量一百四十五万斤，丰年则高达两百万斤。留足种子、口粮、饲料，总共贡献国家余粮一百二十八万斤。大牲畜六百二十六头，羊八千二百五十五只，肉猪五千一百九十六头。至 1966 年年底，圈存大牲畜四百八十一头，猪圈存栏七百二十一头，羊圈存栏三千一百三十六只，畜牧业总收入高达一百二十七点八万元，年均收入十五点九六万元，人均六十一元。每个劳动日分红一点三元，社员存款九点六万元，集体固定资产价值达到三十六点九万元，集体粮食储备十四点五万斤。更为难得的是，发电机进了村，破天之荒，家家户户用上了电灯，推碾磨面实现电气化，再也不用驴拉人推了。在那个年月，在吕梁山深处，一个穷乡僻壤小山村，生产力提高之快，生活水准达到如此程度，不能不说是一个奇迹。这一年"文革"爆发，入秋，贾宝执被选为山西省贫协委员会常委，同年12 月，又被选为第三届全国人大代表。

然而，风云突变。1966 年入夏发轫之"文化大革命"，原本仅限于大中城市的大中院校。未曾料想，随着八月大串联在全国风起云涌，由大中学生组成的红卫兵串联队伍，不论有意无意，也不管正确与否，将运动信息带往所经城镇乡村。兴县虽离中心城市遥远，因曾是晋绥边区首府，属红色圣地，故而成为红卫兵必往拜谒之所在。于是，兴县城内的各色人物，道听耳食，加以自身的理解与利益，摇摇欲试，蠢蠢欲动了。

看官，这场运动突如其来，来势迅猛，热闹非凡，身处深山里的贾宝执将如何面对？欲知详情，且看下回分解。

第十六回

付古兴暗地拉帮派　郝黑皮胡言惹风波

第十六天

却说这日凯丽朗诵不大一会儿工夫，她的母亲便从欧洲家里来了电话，说有一个中国留学生被该国某校欺骗，欲求助于钟先生。原来钟先生还是个替中国留学生抱打不平的志愿者，他利用自己在当地的声望与人脉，为中国赴欧学子排难解纷做了大量工作。得知这位学子被骗之事，他立即与当地律师朋友取得联系，并安排自己的学生予以协助。一切处理停当，这才放下手机回回神儿，自语道："这些孩子不易啊，小小年纪远离父母去到异国他乡求学。以为那里是自由世界，是啊，自由倒是自由了，若是掉入陷阱还能自由吗？马克思主义哲学告诉我们，事物皆相对而存在，你若将它绝对了，它便成为你的陷阱。"

"爹爹，女儿不解，怎么做就绝对了呢？"

"正好。从今天开始，你朗诵的这几回，若能边读边想，料你可懂一二。"

于是，凯丽重新开头朗诵道——

诗曰：山雨欲来风满楼，斑斓霜树渐入秋。

　　　溪云初起谁人视，江上孔明一叶舟。

话说这天前晌，贾宝执因得通知，到兴县城里参加万人大会，一大早便赶了来，独自一人在县委招待所等待贾占荣一帮年轻人。许因入秋以来改土造田劳累缘故，在床上半躺着休息，便不知不觉迷糊过去了。不一阵工夫，只见各村各社的队伍举着红旗，抬着毛主席巨幅画像和语录牌，敲锣打鼓涌进县城。一路高唱《大海航行靠舵手》，词云：

　　　大海航行靠舵手，万物生长靠太阳，雨露滋润禾苗壮，干革
　　命靠的是毛泽东思想。鱼儿离不开水呀，瓜儿离不开秧，革命群
　　众离不开共产党，毛泽东思想是不落的太阳。
　　　……

　　只见男男女女、老老少少，三街六巷穿来拥往。许多戴着红袖标的红卫兵小将活蹦乱跳，到处刷标语，张贴大字报。高音喇叭播送着《大海航行靠舵手》《造反有理》等革命歌曲，震得山摇地动。这般阵势，叫他也止不住跟着呼喊起来……

　　"老主任，老主任！"

　　贾宝执听得背后有人大声唤他，一个圪愣猛然睁开眼，原来是自己躺在床上做了一场梦。却见贾维藩站在床前，忙起身问道："都来了？"这贾维藩是贾宝执多年的好参谋，秉性憨实厚道，谋多智广，遇事不惊不慌，是村里的斯文秀才。贾宝执坐在床沿，见贾维藩沉静的脸上露出几分不安神色，让他坐下，等他说话。贾维藩也在床沿坐了，慢条斯理地掏出两支烟卷，递给贾宝执一支，划着火柴，先予贾宝执点着，然后自己点了，深吸两口，压压急跳的心，两眼盯着贾宝执，这才开口说道："唉，千尺的水能看清，寸厚的人心看不透哩……"

　　贾宝执见他半天只说了这么一句没头没脑的话，便道："你说甚呢？"

　　"这两日，俺看付古兴一伙伙人鬼鬼溜溜的，不大对劲咧。"

　　听贾维藩说起付古兴，贾宝执只哦了一声。这位由他一手提拔起来的公社武装部部长，他自以为是了解的。当初高小毕业，回村务农不几日，村里办扫盲夜校，让他当了扫盲教员。看他是个年轻孩儿，工作积极肯干，又培养他当了大队民兵营营长。那时正值全国大办民兵师，大搞民兵

三落实，贾宝执亲自抓民兵工作，在全县冒了尖、出了名，省、地、县三级但凡召开个什么先进工作会议，哪一次也少不了白家沟民兵营。为培养付古兴，贾宝执总是让他代表白家沟民兵营前去参会。其实，白家沟群众对付古兴早有微词，说他不爱动弹，好游街串门。贾宝执也知他这等不良习气，可总觉得年轻人有些毛病，通过革命实践教育，是可以改正的。及至后来发现他跟一些不三不四的人混得火热，可没少提醒与批评。有几次，因生活作风不甚检点，贾宝执亲自教育不算，还让共青团组织批评帮助。付古兴动辄痛哭流涕，对天发誓，决心痛改前非。有一回，他的亲属盗窃大队羊皮，群众检举，他不仅不处理，反而利用职权包庇。贾宝执得知，硬叫他在群众面前做出检查。三年困难时期，他跟着公社书记走错误路线，又私下拉关系觊觎公社书记职位。党内居然有人提议让他接任公社书记职务，贾宝执硬给顶了回去，并几次找他谈话，点拨他莫走邪门歪道。他当面应承，回头却骂："唉，咱像亲老子一样伺候他，临了油水没捞到，反成了冤家对头！"那公社书记同贾宝执早就是头发搓绳绳不合股的，一见付古兴满腹恨水，便火上浇油道："瞧你这后生急的。人言道，三穷三富不到老，人家眼前是县委委员、全国劳模，你要咋的？心字头上一把刀，还是忍了吧。"从此，付古兴更能随机应变、吹牛拍马了。别看他那圆不圆、扁不扁的头脑，笨不粗粗的模样，说出话办起事来，比那驴粪蛋还滚圆溜光。对于这些，贾宝执当然心知肚明，可眼下正是革命精神偾张、正气轩昂之时，他会干出什么事故来呢？贾宝执因问道："你听到些甚来？"

贾维藩吸着香烟，两眼一直没有离开贾宝执。见问，那左手拇指与食指掐着烟卷，猛吸两口，"噗"地将烟屁股吹到地面墙角处，右手巴掌抹一把嘴，这才慢条斯理说道："有人反映，昨儿进城以后，他带着陶斌儿、谭五儿几格佬同县里一伙伙钻到一起，鬼鬼祟祟的，商议成立甚组织，说甚，在县里打倒温县长陈书记就是大方向，白家沟闹倒你也是大方向。你想，县里这伙人为甚要这般闹？前些年他们都是受过处分挨过板子的，个人目的没啦得到满足的。俺揣摩，如今提倡四大自由，他们还不借机兴风作浪？……"说到这里，却听得贾占荣、铁柱、贾真等人从门外粗声叫骂着走来，贾维藩便收住话头。须臾，只见一个个进了门，脸上怒气未消，冲着贾宝执叫道："老主任，咱们大老粗也干他几张，发表发表俺们的意见吧，不能由着他们胡扯白道了！"贾维藩见众人如此光景，料想街上一定发生了什么事故，便问贾占荣："咋的回事？"贾占荣说："刚才俺们去县委大院，见满墙满院清一色都是给陈书记和温县长的大字报，细细一看，可把大家气坏了。那陈书记刚从外地调来，大字报上说的是真是假，咱闹不的确。可那温县长，咱们谁不了解？从合作化起，跟咱庄户人家一条心。过粮食关，肖书记推行错误路线，他是坚决抵制的一个，可大字报上却把肖书记的屎盆子往温县长头脑上扣。日娘的，这不是大白天说瞎话吗？哼，不晓得哪个狗头军师黑了心肝哩！"贾占荣说罢气呼呼地坐了，贾维藩思忖片刻，抬头看着贾宝执，好像是说："看看，俺说得不差吧。"贾宝执抽着旱烟，一直静静地听着，眼里闪动着光亮。这刻只见他两道黑眉一展，移开旱烟袋，说道："大家刚才说咱们也发表发表，那咱们发表甚？"众人齐声答道："咱们也来质问一下，那些大字报为甚要颠倒黑白？到底谁是黑后台？"贾宝执见众人敲到一个点子上，说道："好，一人说话常有理，二人说话争高低。谁是谁非，咱们也来辩一辩。"说着转过身，对贾占荣道："占荣，找笔墨去，这回看你这个秀才的啦。"

正说着，忽见付古兴从门外进来，兴致勃勃直颠到贾宝执跟前，脚不停手不住，醋眉眼一溜，翻动那油水闪亮的厚嘴皮，说道："老主任，干吧！你名声大，咱们来起个稿，你画上头一名，干他一家伙，也在咱兴县出一张马列主义大字报！"

众人一见付古兴那灰眉醋眼的样子，都退回床沿坐了。贾宝执见付古兴来势非比寻常，便蛮有兴味地问道："说说你的意见，给谁们写，写些甚？"

"那还用说，万炮齐轰陈明光！"

"陈书记才刚调来不几天，咱还不甚了解，你说写些甚？"

"老主任，是红是黑管他呢，只要轰的是当权派，大方向没啦错！"

"哎，哪能这的个讲，当权派有走社会主义道儿的，有走资本主义道儿的。中央的'十六条'说得清楚，这场运动主要是……（此处残缺数字）。"

付古兴不屑地笑了笑，掏出一支恒大牌香烟往嘴角一叼，跷腿便蹲上铺板。贾宝执没有去看他，停了停，他继续说道："才刚大家圪吵了一阵，都说应该给肖书记写。"

付古兴一听，手指捏着划着的火柴站起身，忙道："唉呀，老主任，肖书记已经调走了，没有他的印疙瘩，轰他有甚油水！"

"哎，甚油水？神神走了庙还在。他人走了，那套错误东西没啦走哦。"

贾宝执说罢，将一疙瘩死烟蒂吹到脚地，瞅了付古兴一眼。那付古兴则哼一声，神气十足地说道："老主任，你也不看看眼下是甚形势？"

众人见付古兴那阴阳怪气的德行，都吊着眼珠子瞅他。铁柱早已憋住一肚子气，这时忍不住从铺板上跳起来，拍拍屁股，瞪着眼睛喊道："算啦！谁想写甚就写甚了吧，'文化大革命'，要革就革，不革拉倒，革命又不是请客吃饭。"众人都跟着站了起来，冲着贾宝执嚷开了。付古兴被晾到一边，自觉没趣，趁众人七嘴八舌之隙悄悄溜了。

付古兴走后，刚才一直在旁边没有吭气的贾维藩，这才不紧不慢对众人说道："俺看这大字报暂且不能写。"众人转过脸齐声问道："为甚？"贾维藩道："俺看付古兴这一遭有点来历咧！"众人听了，你看我，我瞧你，议论起来。贾宝执道："大家不要圪吵，等维藩把话说完。"贾维藩于是接道："这是菜碟舀水，一眼能看到底的事。大家试想，刚才付古兴那些话和你们在县委大院看到的大字报写的一样不一样？写那些大字报会不会有他？进城这两日，他压根不跟咱们照面，今天突然回来，究竟干甚来了？咱们还是看看再说。"众人一听，都张大眼睛看着贾宝执。贾宝执觉得贾维藩说得有理，也便作罢。

……（此处残缺1页许）

却说从县城开罢万人大会回到白家沟，贾宝执愈加忙碌了。每日不是接待步行串联来的红卫兵，就是同社员们一道上山修大寨田，还要走村串户，征求社员对自己的意见。一晃过了数日，这天忽然接到黑石沟大队党支部书记打来电话，说村里有个叫郝黑皮的社员撺掇人给贾宝执写了一张大字报，硬将他的名字签上了。他申明，那不是他的本意，要贾宝执莫怪。贾宝执不知这张大字报原是付古兴背后炮制的，当下只是宽慰了几句。约莫过了两个时辰，郝黑皮果然领着几个小青年，将大字报带到白家沟，糊在村里显眼的墙上。人们听说，纷纷跑来观看。不一阵儿工夫，贴大字报的墙下黑压压站满了人。铁柱晚到一步，挤过人群，走到跟前抬头细瞧，见大字报写着什么贾宝执是"假劳模"，什么在运动中转移斗争大方向，破坏无产阶级"文化大革命"……不待看罢，一股热血直冲脑门，不由得举手唰地将大字报揭了下来。那郝黑皮这时正站在人群外边，得意地叨着香烟，忽见铁柱撕了他的大字报，顿时两个眼珠子一瞪，啐掉烟卷，挽起袖管闯过来，一把拽住铁柱，尖声叫道："妈拉个板子，你凭甚撕掉老爷的大字报！……"铁柱没等他住嘴，右手一扬，将他闹了个仰面朝天，倒在人群里。铁柱随即把大字报稀里哗啦扯了个粉碎，朝黑皮脸上掷将过去，骂道："操你老祖宗，你这是甚鸡巴大字报，老爷撕了，你要咋的？"那黑皮从人丛中跳将起来，拉开阵势，冲着铁柱咬牙切齿地叫道："呀呀，你小子真是电杆上扎鸡毛——好大的胆子！写大字报是毛主席他老人家给俺的权利，你敢撕俺的大字报？你这是破坏运动，现行反革命……"铁柱两手往腰里一叉，像铁塔一般站着，回击道："毛主席让你写大字报，叫你胡言乱语来？现刻你当着众人回答，老主任带领俺们走集体道路几十年，把咱这穷山村闹成了红彤彤的新天地，为甚是'假劳模'？"人群中一个社员接道："打万人大会回来，老主任起早爬黑，从北村到南村，从东家到西家，主动检查自己，带头批判自己，这叫转移斗争大方向、破坏运动？"

"说，说！"众人吼喊起来。那郝黑皮是个挨砖不挨瓦的人，一见众人跟他说理，更来了劲儿，乘人不备呼地扑过去，死命抓住铁柱的衣领，一面往外拉，一面叫道："你们这些溜沟子舔屁眼的'保皇派'，没闲工夫跟你们磨牙，走，跟老爷见付部长去！”众人听了这话，哪里肯依，霎时叱责声响成一片。一伙青年后生挤上前去，一阵拳打脚踢，三推两拽便将他扭倒在地。众人纷纷嚷道，“叫说清楚，谁们是‘保皇派’？”“老实交代，谁是你的后台！”……正在不可开交的当儿，只听有人大声喝道：“闪开！”众人回头看时，不是别人，正是付古兴。那郝黑皮一见，如逢吉星，猛地挣脱众人从地上爬将起来，颠到付古兴跟前，指着铁柱告道：“付部长，就是他撕了咱们的大字报，还打人！”付古兴那圆不圆、扁不扁的头脑圪蛋一动也不动，阴郁的脸上一张厚嘴皮嘟噜着。那醋眼珠子一扫众人，干声喊道：“捆起来！”话音未落，两个民兵一步上前，不由分说将郝黑皮一绳子绑了。众人不禁一愣，半天才明白过来。于是响起一阵掌声和喝彩声。那郝黑皮挨了一闷棍，当下吓得脸如黄表，挣扎着朝付古兴虚心冷气求告道：“付部长，你……”

“你恶毒攻击领导，损害老主任的威信，这是反党行为，为党纪国法所不容！带走！”付古兴抢过话头一本正经地说完，抽身要走，那郝黑皮又委屈地叫道：“付部长，你……”

“你老实些些，走！”

“等一等！”寻着这声音，众人转过脸去，见贾宝执走来二话没说，将郝黑皮胳膊上的绳子解了，一面对付古兴说：“古兴，你是公社武装部长，咋的随便捆人？”临末，提高嗓门对众人说道：“大家注意啦，今后不管谁们的大字报，只要对党和群众有利，对领导改进工作有利，就要支持。对那些错误的大字报，哪怕是反动的大字报，也不要动刀动枪的。要文斗，不要武斗嘛。给俺本人糊大字报，不管谁们，俺都欢迎。咱当了二十几年支书，少说一年一个错误，就有二十多个咧，大家就来个口袋倒西瓜，连箅带底提了吧！”贾宝执这么说了几句，众人的气消了，这才陆续散去。铁柱一伙后生却不甚服气，一面往回走，一面还嘟嘟囔囔地骂着。那郝黑皮窝了一肚子火，有口难言，吊眉耷眼地回村去了不提。

且说这大字报，付古兴原本想假借郝黑皮等人的名义捅将出来，造成舆论，也便夺取贾宝执的权。若是闹砸了，与他无干；若是闹成了，那他可以举起反"走资派"的大旗，名正言顺上台。没料刚一露头，便闹成个残局。郝黑皮的痞子性他是清楚的，禁不住别人一诈唬，便会端出老底，故而唯恐铁柱等人拧到大队部去露了馅子，于是急中生出此计来。事情虽说敷衍过去了，付古兴当晚躺在炕上，思前顾后，深感若无外力，要在白家沟搞倒贾宝执，比搬山还难。自此以后，每日一面照常老主任长、老主任短的应付贾宝执，一面却同外界书来信往探听"最新消息"，有时则借故窜进城里，窥视时机。

看官，这场运动史无前例，当时的普通民众无人知晓由何而起，更不知何时是终，既迷惘又心安理得，故而运动伊始，一面心潮腾涌，一面又迟疑观望。然而，时隔不久的1967年1月，上海发生夺权的所谓"一月风暴"，这一重大新闻便迅速向工厂、农村蔓延。付古兴一伙人见时机已到，有恃无恐，便赤膊上阵了。有诗云：溪云初起日沉阁，山雨欲来风满楼。一个小小山村到底能掀起多大风浪，贾宝执命运如何？欲知详情，且看下回分解。

第十七回

扯大旗部长弄诡计　保主任乡民举义旗

第十七天

今日一大早，街道办张大妈便来到小院，给凯丽送来一听蓝梅罐头。见钟先生父女俩端坐书桌旁品着咖啡，以为他们无事闲聊，又听钟先生说请坐，也就拉过一把椅子坐了。于是凯丽起身说："张大妈，给您冲一杯咖啡？"张大妈笑道："谢谢谢谢，咱喝不惯那玩意儿。"凯丽又说："那给您泡一杯清茶？"张大妈摆了摆手，用怜爱的目光看了看凯丽，向钟先生微笑道："钟先生，你哪辈子修来的福哟，老天爷送给你这么一个乖乖女，又俊又懂礼数，就像天上王母娘娘家的七仙女儿一般般。"钟先生禁不住欣喜道："是啊是啊，我上辈子没做什么，今生也碌碌无为，是王母娘娘眷顾我吧。"张大妈本想打破砂锅问到底，见钟先生这么一讲，也不便再探究了，转过话题说了些与抗疫有关事宜，便告辞去了。

"爹爹，刚才张大妈说了些什么呀？"

"没说什么，她夸你长得漂亮又懂事，像我们中国传说中的女神呢。好了，咱们言归正传。"钟先生将剩下的咖啡喝了，一抹嘴说道："你早晨说，你有两个问题，问吧。"

"爹爹，昨天下午，我把最近这两回都看了，'文革'好有意思哦。爹爹，什么是'四大自由'啊？还有，那个付什么兴是红卫兵吗？"

"你们西方人总说中国没有自由，那是讹传哩。中华人民共和国的宪法白纸黑字写着，公民享有各种合法的自由，毛主席还嫌不够，又提倡'大鸣、大放、大字报、大辩论'这四大自由。可惜这个武器，在'文革'中被付古兴之流利用了。另外，爹爹与你说起的红卫兵，主要指在校学生。文中的付古兴一伙，是当时社会上的所谓'造反派'，他们拉大旗作虎皮，图谋不轨，就如你们西方神话故事里的魔鬼，什么巴尔、法夫尼尔之类。"

"哈哈哈，爹爹，我明白了，难怪他们尽干坏事。"听了钟先生这一番讲解，凯丽开心极了，接着朗读起来也格外铿锵顺畅——

诗曰：覆雨翻云为哪般，香饽权字欲馋涎。

孙猴哪晓如来掌，十万八千不到边。

话说转眼过了元旦，春节将至。各种各样"最新消息"，陆续从北京、上海、太原等地传来。什么"一月风暴……（此处残缺1行半）"，都成为这小山沟里最时新的名词。于是，付古兴一伙人如同破粪蝇虫，圪蹦圪蹦地又活跃起来了。正月初三清晨，雾气沉沉，十步以外看不清人面，南山坡上松树林子影影绰绰，只听得远山近村鸡鸣狗吠。贾宝执吃罢早饭，扛上铁锹，准备上大寨田工地，出了街门，只见贾维藩疾急走来报道："老主任，他们又要闹事了，你先避一避吧。"贾宝执这才瞧见，村里大人娃娃，三三两两，朝公社办公大院里奔跑。听到隐约传来的口哨声和呐喊声，他转身回家放下铁锹，说声"走"，便大步同众人一道向公社院子走去。其时，公社大院如同蜂屯蚁聚，到处是人，本村的外村的，叫得上名的叫不上名的，一堆一伙，横七竖八，有的坐着，有的站着，用新奇的目光四处张望，噪噪呱呱。从各村凑来的一队民兵，荷枪实弹地坐在前排，打着一面旗帜，上面写着"农民造反兵团"几个黑体粗字。在北窑台阶上，付古兴走来走去比画着，忽见贾宝执从大门外进来，给陶斌儿使个眼色。那陶斌儿随即跳下台阶，绕过人群，走到贾宝执跟前，喝道："贾宝执，正要找你，跟俺走！"说着将贾宝执带到北窑东边的一孔窑洞。公社书记邝戈仁正在窑里踱着方步，猛然从窗户口看见贾宝执走来，慌急地往炕脚下一蹲，将眉毛拧成疙瘩，仿佛得了肚痛病一般。贾宝执进屋见他那副模样，不知是装的，便关切地询问，他只闷头不吭。只听陶斌儿训道："你两个老老实实待着，过一阵接受革命群众批判！"说罢去了。

过了一锅烟时光，听见陶斌儿、谭五儿等人在院里吆三喝四嚷叫起来，接着响起杂乱散漫的脚步声。一会儿又听陶斌儿粗声大气地说道："现在请农民造反兵团付政委讲话，大家鼓掌！"会场响起稀稀拉拉的掌声。付古兴从屋里大摇大摆地走出来，装模作样地向众人挥手致意。走至主席台前，那圆不圆、扁不扁的肥头脑左右动了动，一挺短脖颈，拉长嗓门说道："战友们，同志们，乡亲们，现在我郑重宣告：白家沟农民造反兵团成立了！我代表兵团司令部向大家问好！"陶斌儿坐在主席台上，连忙高高竖起双手带头拍巴掌，会场噼里啪啦跟着响了一阵，便被嬉笑声吵闹声淹没。付古兴两眼凶光朝众人一扫，带着一种威逼与炫耀的口气大声接道："今日，我们这个大会，既是兵团成立大会，又是造反大会，造谁的反呢？我们遵照林副统帅的指示，造那些过去革过命的人的反！啊，大家好好把我这句话思忖思忖，这咥我先告诉大家一个好消息：一月十二日，省城的造反派已经夺权！最近县里的造反派也夺了权！如今，天是俺们的天，地是俺们的地，该咱们说话的时候了！白家沟到了翻身的时候啦！今日，我们兵团组织揭发批判公社书记邝戈仁、公社主任贾宝执，大家有冤的诉冤，有苦的倒苦。不要害怕，我们有枪杆子给大家撑腰咧！"

付古兴从天上说到地下，狂呼乱叫，眉飞色舞，唾沫四溅。陶斌儿、谭五儿、郝黑皮等人更加神气活现：挺着脖子，竖眉立眼，在会场四周转悠，动不动骂骂咧咧，扬拳踢腿。人们一见这般光景，丈二和尚摸不着头脑，万目睚眦，群情激愤。

"老主任犯了甚法？值得这样弄枪舞棒地开会批判？"

"批判邝戈仁倒差不离，为甚拉老主任陪绑？"

"你们的葫芦里到底装的甚药？"

"呀呀，付部长真行，看样子世道要变啦！"

……（此处残缺）

不管哪一类人物，这时他们的心里都如同揣了个小兔，都在怦怦乱跳，不安地等待着将要发生的事情。忽然只听陶斌儿一声嘶喊："带上来！"众人脊背好似挨了一拳，噌地翘起下巴，瞪大两眼朝前看去，两个持枪民兵从窑洞里推出一个人来。这人不是贾宝执，却是邝戈仁。众人当下高兴得差点喊出声来，那邝戈仁大约五十来岁年纪，干瘦短小身量，穿着又厚又大的棉衣，稻草人一般，垂头曲腰来到台下。刚刚站定，付古兴一拍桌案，怒气冲冲地喝道："邝戈仁！"

"在。"

"今日我们革命群众造你的反，限你十分钟回答众人的问题，不得延迟，不然，就没有你的好下场！听见没啦？"

"是哩，是哩！"

跟着，那陶斌儿、谭五儿、郝黑皮等人一个接一个质问开了。因事前串通妥的，那邝戈仁像小学生背诵课文一样，对答如流。不到十分钟，付古兴便起身说道："邝书记态度诚恳，认识深刻，我代表广大革命群众表示欢迎！我们要向邝书记这样的老干部同志学习致敬！现在，请邝书记退席。"随着话音，邝戈仁挺起腰来，一抖身子，正移步要走，却听得喊声四起：

"不抵！俺们不满意！"

"过粮食关他跟错误路线的事为甚不批判！"

"他带头损害集体的事，就不提啦！"

"这叫甚批判会，尽日哄人哩！"

……

一片混乱嘈杂声中，只见付古兴那圆不圆、扁不扁的肥头脑一扬，喊道："现在揭发批判'走资派'贾宝执！"

全场霎时众楚群咻，人声鼎沸，齐声喊道："俺们不答应！"

那付古兴见状，声嘶力竭叫道："今日是我们农民造反兵团组织的会，没啦你们的发言权！"

此话一出，只听铁柱大喊一声："没啦俺的发言权，走呀，上地去！"

会场呼地骚动起来。人们转过身，齐朝大门拥挤。付古兴一看这般光景，心想：人都走光了，咋的个批判，又咋的树立造反兵团的威风，因此上又气又急，瞪着血红眼珠子，威风煞气地叫道："把破坏会场的现行反革命抓起来！"陶斌儿、谭五儿随即指挥几个民兵一面堵住大门，一面抓人。那郝黑皮想起前日贴大字报的事，火从心起，像吞了豹子胆，哪管青红皂白，闯进人群便向铁柱扑去。当下老人娃娃妇女汝子连踩带搡的，倒下一路，及至闯到铁柱跟前，双方扭打起来，旁边被打被撞的，又倒下十数人。霎时间，哭叫声、咒骂声、厮打声混成一片。站在远处的婆姨们眼看这般劲仗，不晓得要伤多少人，一个个吓得直是跺脚，连声哭喊道："好爷爷，这可咋呀！"那邝戈仁见了，趁机一忽闪溜了。

　　且说贾宝执在那孔窑里，先是听见争吵声，随后又听见厮打声，急忙走出门来，厉声喊道："大家都停下，这是做甚哩！"众人听是贾宝执的声音，都回过头来，不再往外拥挤。那郝黑皮也忙住了手，溜到一边去了。立时，众人回到原地，翘起下巴，朝台上张望。只见贾宝执用严峻的目光扫了一眼场子，说道："乡亲们，都是本乡本土的，厮打甚哩？今日开的是批判会，大家就批判俺吧！"众人听了这话，一个个好不难受，当下不知如何是好。那付古兴却拉开嗓门叫道："好呀，批判会就继续进行吧！啊，咱们今日实行大民主，谁要讲就讲，愿意咋的个讲就咋的个讲。这是考验我们是'革命派'还是'保皇派'的重要时刻，啊，就这吧！"话犹未了，陶斌儿向右边旮旯里一挥手，一个四十开外的人颠到台上，扬起煞白的长脸干叫不迭："俺要揭发，俺要控诉！……"接着"哇"地号啕起来。"咿儿哇儿"地嚎了一气，又拿着哭腔说道："好你个贾宝执，你也有今天！前些年你一手遮住了太阳，欺侮俺好恓惶！你诬俺贪污公款，开除了俺的饭碗，坐监四年多，呜呜啊啊……"众人定睛看时，原来是刑满释放的贪污犯狗屁儿。众人见他扯旗放炮的，妄图翻案，顿时全场嘘声四起。那陶斌儿却凶神恶煞，朝贾宝执质问道："贾宝执，你要老实向众人交代，你是咋的个迫害狗屁儿的？要了些甚手段？如不老实交代，绝没有你的好果子吃！交代吧！"贾宝执随即严正答道："在共产党毛主席领导下，贪污公款，甚时都不抵！铁证如山的案子，甚时也推翻不了！……"没等贾宝执说毕，那谭五儿一蹦三尺高，青筋暴绽，喊道："打倒顽固不化的走资派！""敌人不投降，就叫他灭亡！"那一伙人跟着吼喊一气，也不知喊的什么，只听见哇啦声。末了，会场如同捣蚀了的古钟，陡然变得哑然秋气。不知几时下起的雪，簌簌飘落，墙头屋顶白花花地铺了薄薄一层。付古兴见批判发言淡了场，急忙起身大声喊道："贾宝执，你要放明白些，今日不是年时。才刚狗屁儿的揭发批判好得很，就是好得很！你想顽抗到底，只有死路一条！啊，大家听着，揭发批判好的，我们有奖赏。如能揭发过硬的政治问题，将来给他当个脱产干部，水平高的，可以破格提拔，给他一个官儿干干。揭发经济问题的，马上兑现，不是糊弄大家，请看这是甚东西！"随着话音，付古兴从衣兜里"唰"地抖出一叠新崭崭的人民币，举在手中，左右招摇。果然，满场子惊声尖叫，好似赌场一般。那陶斌儿咧开嘴得意地笑道："来呀，看谁们拿个头彩呵！"

会场静了一刻，只见一个干瘦老汉拄着棍子一颠一颠走上台阶。众人一看，原是有名的老财迷常有理，都暗暗发笑。那老汉却慢腾腾地清了清嗓门，说道："俺有几宗事情要揭发，还是前二年的旧事。有一回，俺到集上卖了几斤粮食，他贾宝执就派人罚了俺十元钱的款。"说着扭头瞅了瞅付古兴，又等谭五儿记到本本上，这才接道："还有一回，俺那自留羊儿不当心啃了集体的几株青苗，队里罚俺一元钱。找他贾宝执说理，一回没一回不给解决，误了俺二三个工哪！这也算一宗吧……"听到这里，众人只觉哭笑不得。"还有一宗，大约是民国三十三年吧，那时人人出粮支前。一回，俺老汉名下是一石五斗谷儿，他贾宝执硬说瘪谷儿多，硬让俺多出了一升。这算不算一宗？"众人听了又是一阵冷笑。老汉见众人笑他，恼了，提高嗓门道："笑甚！俺还要揭发一宗政治问题呢。"于是又道："前些日子，贾宝执在咱村下乡，腊八那日，他家给他送去一块枣糕，自己不吃，全给了咱村那个光棍汉。俺看这是收买人心，大家说是呀不是？"话音未落，全场哄然大笑，一片斥责。付古兴一直全神贯注地听着，见众人发出的不是讥讽声便是嘲笑声，呼地从座位上站起，醋眼珠子一瞪，斥道："这是严肃的政治问题，有甚可笑的？啊，现在，咱们就地兑现，常老汉揭发经济问题共三条，为资补损失，我宣告，退还赃款二十二元整，常有理！"

"来哩。"

那老汉连忙颠到付古兴跟前，双手接过钞票，颤巍巍地揣进怀里，然后鞠了一躬，转身没走两步，突然回头朝付古兴问道："付政委，俺还揭发了一宗政治问题咧？"

"政治问题也有奖，靠后再说！"

贾维藩、贾占荣、铁柱、贾真、石虎等人一见付古兴玩耍这一套鬼把戏，早已气得肚里咕咕价响。见台上说话的不是刑满释放分子，就是二流子，不是地富子女，就是像常有理一类贪财好利者，还有平素受过处分的、挨过批评的，一起都跳了出来，一个个心如芒刺，无以言表。铁柱和石虎几次意欲跳上台去揍人，都被贾占荣等人拦挡了。此刻，铁柱着实憋不住了，忽然惊天动地地大声喝道："不许坏蛋翻天！"于是全场应声呐喊起来，如同一炮炸塌双双山，沸反盈天，声遏行云，一阵比一阵震耳欲聋。此时天低云暗，西北风顺着西沟呼呼刮来，卷着雪花、败叶、黄沙、垃圾，伴着众人的呼喊声满院子翻腾，会场一时间乱成暴涨的洪水一般。在这风雪中，贾宝执宛如一尊铜像，在台上巍巍站着。寒风掀动着他那老羊皮袄，啪啪价响。飞雪扑打着那紫铜色的脸膛，像海浪拍击礁石。雪花在他头上、肩上、眉梢上，厚厚地积了一层冰凌，就像冰铠雪甲的双双山，越发显得庄严而崔巍了。

付古兴见会场如此混乱，天也不作美，当下心烦意乱，手足无措。他唯恐这般下去，连那苦心准备好的总结发言也将泡汤——这是他们妄图打倒贾宝执的所谓"重型炮弹"，不发射出来怎会甘休。因此上，他拒绝了陶斌儿想抓人镇威的主张，不等会场安静下来，便拿起讲稿念道："同志们，战友们，乡亲们，今日这个会开得很好！广大'造反派'揭发批判了'走资派'贾宝执许多'三反'问题，现在让我来综合一下：首先，自去年'文化大革命'开始，贾宝执不揭不批，支持'保皇派'……"念到此处，只听铁柱在人丛中高声问道："唉，付部长，你上不批……（此处残缺18字）你算述个甚派？"众人嘻嘻哈哈，七嘴八舌地跟着笑问道："喂，回答呀！"付古兴装作没有听见，继续念道："根据广大革命群众的揭发，贾宝执原来是假劳模。他是旧县委、旧省委树的黑旗，因此上他不敢批判旧县委……"

"嗯哪，你听俺说。"贾维藩本是被拉来陪斗的，正站在贾宝执一旁。这时实在憋不住了，只见他直起腰来，扭头质问道："贾宝执从打鬼子到如今，当劳模几十年，都是谁们树的呀？你是出国留洋来，还是把头脑夹到裤裆里咧？"

会场哗地爆发出阵阵欢呼狂笑，雄起雌伏，质问声不绝于耳。

付古兴见势不妙，捧着讲稿，头也不抬，在吵闹声中气慌嘴结地自管往出念道……（此处残缺10行半字）最后终于将贾宝执的所谓"十大罪状"念毕，便匆忙宣布散会。众人听了，哪里肯散，一个个好比激怒了的雄狮，冲到台上将付古兴团团围住，指鼻子戳眼窝地要他说个七长八短。"十大罪状"原本纯属捏造，付古兴自知理缺志亏，哪能回答上来。陶斌儿、谭五儿一伙一看这般阵势，慌忙吹哨集合民兵，谁承想那几个人早已连影儿都飞没了。你说啥情况？原来，他们都是付古兴从外村哄骗来的，说是造'走资派'的反，却见批判起贾主任来，谁还替他保驾？因此上趁着会场骚乱，阴一个阳一个都溜之大吉。那陶斌儿、谭五儿见集合不上人马，便在台上幺魔小丑般叫喊道："谁在捣乱，谁就是现行反革命！"不想愈是这般诈唬，群情愈加激愤，会场乱成一锅粥。贾宝执见状，担心厮打起来，便将众人喝住道："乡亲们，同志们，让俺也发表两句吧！俺贾宝执在白家沟土生土长，当了几十年干部。没啦把工作做好，俺欢迎大家向俺开火。可谁要借口批判这批判那，诬蔑'老八户'，陷害好干部，诋毁社会主义，俺们是坚决不能答应的！今日不早了，改天再辩论吧！"

"对的哩，嗯啊！"

"谁们反对社会主义，俺们就打倒谁！"

　　"中国共产党万岁！毛主席万岁！万万岁！"

　　……

　　俗话说：鬼怕正人蛇怕棒。那付古兴先被众人一阵劈头盖脸地责问，那一半威风早已去了爪哇国，现在又见这般阵势，六神便没有了主。只见他三步两跷走近贾宝执，堆起那灰不粗粗的满脸横肉似笑非笑地说道："老主任，唉，你可不要误会，俺说甚也不能向你使坏咧。俺这是想早早结合你，闹了个明打暗保的策略哩！……"

　　贾宝执一听这鬼话，冷冷说道："说实吧，对俺个人，可以由你折腾；可要在白家沟胡作乱为，众人和你没有分晓！"

　　付古兴故作惊诧，说道："呀呀，老主任，哪能这的个？请干爹放心，俺敢对天发誓……"

　　贾宝执截住他的话头，回道："付部长，劝你还是老实些些好呵。"

　　说罢，贾宝执一抖老羊皮袄，转身跳下院地，被众人簇拥着，呼呼啦啦出了大门，走进漫天风雪里。这早晚，吕梁山茫茫苍苍，群峰连绵，犹如无边的大海，雪浪汹涌澎湃而去。付古兴站在台前，眼看着贾宝执这般离开，尽管裹了一身解放军旧棉大衣，还是禁不住冷不丁打了几个寒战，咬牙切齿瑟瑟发抖。清人小说《红楼梦》，书中"金陵十二钗正册"里，有判词曰"子系中山狼，得志便猖狂"云云。那付古兴便是当今"中山狼"，岂肯就此善罢甘休？看官，下一步他将如何心狠手辣，贾宝执命运又将如何？欲知详情，且看下回分解。

第十八回

狂徒恶斗致疾卧炕　少长怜惜深夜探宅

第十八天

却说钟先生今日早早起来，心情异常舒畅。先是到院子里玩了一回太极，然后洗漱备餐。待凯丽穿着睡衣伸着懒肢走进餐厅，一桌西式早点业已摆在她的眼前。钟先生告诉她，昨日深夜她母亲来过电话了，说那位中国留学生与校方的官司，法院已经受理，下周即可开庭。凯丽娇媚道："还不是因为爹爹脸大。"钟先生纠正道："不是爹爹面子大。法律总有疏漏，那校方正是利用此点欺负中国留学生，爹爹只不过是以其人之道还治其人之身罢了。"

"那爹爹快给女儿讲讲，为什么法律会有疏漏。"

"哎，你看，面包片都快烤煳了。赶快去洗漱，用罢早餐爹爹再讲。"

等用过早点，父女俩回到书桌旁，钟先生便款款讲道："人类需要正义，而正义是法律的理想。这就表明，法律的完善是正义与邪恶较量的过程，故而未有终极法律。邪恶总会借法律之缺失，与正义斗争。春秋战国，法治、德治并存而对立，导致战乱频仍。秦行法治而弃百家，故亡忽焉。此后两千余年，历代统治者凡'独尊儒术'者亦难逃厄运。可见法治与德治缺一不可：法治缺处，德治补之；德治不足，法治裁之。然而，当德治与法治都成为少数统治者私利之工具，百姓必然揭竿而起。以上弊端，直到中华人民共和国成立才得以革除，一套崭新的为人民大众的法治与德治制度随之开始孕育。而这十月怀胎，也正是正义与邪恶较量之时。因此，时而风平浪静，时而轩然大波，便不足为怪了。每当混乱之际，人们更能目睹英雄本色并看清世人的真面目。女儿啊，你再看看这第一十八回，便对一种崭新制度的建立是何等的艰难与悲壮有所了解。"凯丽听得一头雾水，钟先生一声"女儿啊"，她这才回过神来。钟先生见状，笑道："凯丽，不要着急哦。今天对你所讲，只是爹爹这些年来思考的心得而已，你一时未必能懂。以后慢慢去读爹爹的两本专著就是了，现在还是朗诵行者叔叔写的英雄故事吧。"凯丽说声"好"，便开心朗读起来——

　　词曰：炼丹炉里走一遭，真火任凭烧。沉浮三昧，修成铁骨，何惧尔曹。　　炉中八卦偏逢巽，四十九煎熬。煅得火眼，金睛再造，鬼怪休逃。

　　话说跨入 1967 年，全国局势继续混乱。"怀疑一切，打倒一切"言论好似瘟疫传播，故而有人借此，将"批判党内走资派……（此处残缺 10 余字）"，引向批斗所有党的领导干部甚至专家学者、劳动模范，在全国搅起一股黑旋风。这股黑旋风刮到吕梁山，付古兴等造反派头目趁机混进兴县革委会领导班子，愈发有恃无恐。到得农历正月初三，正是传统春节欢庆之时，他们便迫不及待下手了。时值隆冬，天寒地冻，贾宝执被扣以"假劳模""走资派"黑帽，白天下地劳动，夜间"拼刺刀"，每日只许三两时辰睡眠。贾宝执两腿浮肿，行走艰难，上地也需人来搀扶。这般光景，社员们看在眼里，疼在心上，敢怒不敢言。有人悄悄劝他说："老主任哩，明儿不要来受罪了，在家里歇着吧，量他龟孙子们不敢咋的。"贾宝执却道："唉，俺是给队里干活，不是替他们受罪。俺动弹了一辈子，还怕受么？"不久病倒，付古兴却派陶斌儿、谭五儿一伙硬将他从炕上拉来继续批斗。如此这般，整整四十个昼夜，直至贾宝执不能起床下地方罢。紧接着于 3 月 7 日，公然无视党中央关于"农村社队不进行夺权"的通知，强行罢免贾宝执公社主任等职。与此同时，他们打着肃清贾宝执"流毒"的幌子，对原生产队干部与群众进行疯狂报复。有的被扣上"走资派"甚至"特务"帽子，有的则说成是"漏划地主、富农"，实行残酷斗争无情打击。他们利用手中权力，大搞逼供信，动辄捆绑吊打。仅在白家沟村，被批斗群众多达一百五十余人，遭遇捆绑吊打的就有七十六人之众。有的离乡背井，过着流浪生活。在此境况之下，社员群众哪里还有生产积极性。至1971年终，白家沟大队粮食总产下降了数十万斤，生猪、大牲畜、羊群锐减。人缺口粮畜无草料，集体经济遭受空前浩劫。这些都是后话，姑且不提。

却说这天傍黑，晚霞收尽余晖，夜幕像魔影般将白家沟笼罩。原来有的发电机被毁，人们又回到煤油灯时代。这时，庄户人家的煤油灯点着了，透过黄白色的窗纸，远远望去，有如灰蒙蒙天上的星星，闪烁着微光。贾宝执在炕上半躺着，脊背垫着叠好的被子和枕头，身上搭着一条破棉毯。枕旁放着《毛泽东选集》第一卷和党的八届十一中全会文件。淡黄的灯光照着他苍白的脸，颧骨突起，眼睛眍瞜。前儿让儿子给他反复念《中国社会各阶级的分析》和"十六条"，又是一黑夜没有合眼。今日觉着周身的筋骨散了架似的不由自主，脑袋昏沉沉的，心里好生憋闷。老伴这时做了一碗汤面，还卧了两个荷包蛋，他连嘴皮也没沾一下。

"多少吃些些吧，这可咋呀！"

老伴在脚地锅台边拾掇碗筷，见老汉一天不曾进一口食，焦急得不知如何好。贾宝执却瞅着老伴有气没力地取笑道："不用发愁，等俺躺两日，你煮上一锅大肉白面，看俺能不能吃下咧。"

老伴叹一口气，说道："你能躺甚两日哩，明儿还晓不得咋呢。你没见他们那张牙舞爪的样子，不把你往死里整，能甘心哦。唉，那伙鬼们，黑了心哩。"说着，禁不住心酸地落下泪珠来。

此刻，贾宝执老伴听得街门响动，赶紧扯起衣袖揩拭泪痕，将洗涮过的碗碟摆好，放回碗柜，走至门边，拉开一道门缝，向漆黑的院里定神看时，只见一溜老太太和婆姨们相跟着来到门前。她开开门让众人进屋，一个个轻手软脚地跨过门槛，进得门来。贾宝执撑起身子要起，宝儿娘连忙颠着小脚到炕边，伸手将他按来躺下，悄声嗔怪道："都是一村一姓的人，讲甚礼咧！"众人各自找了个地方，有的站着，有的坐了。贾宝执老伴闭罢门子回来，一个个才从怀里掏出鸡蛋、挂面什么的，宝儿娘则将提来的一瓦罐鸡汤，齐朝她面前递送。贾宝执老伴忙不迭地推辞道：“这是做甚哩？唉，用不着，家里有咧。”众人哪里依她，只管朝她手里强纳硬放，有的则朝板柜上的簸箕里装。贾宝执有气无力地阻止道：“他娘娘婶婶，这些个东西你们齐拿回去，俺不要紧的，一两天就好了的。”原本一条汉子，被折磨成如今这般模样，婆姨们见了好生难过。想起村里那些忍受不了折磨而轻生的乡亲，好不叫人忧心。她们岂知，老主任是上天所赐，圣人所造，如“石可破，不可夺坚”，似“丹可磨，不可夺赤”的共产党人，早已锤炼成钢，何惧这点妖风恶浪。于是，那宝儿娘挪近贾宝执身边，歪坐炕沿，百般慈爱地安抚说：“宝执哩，要把心放宽些些哦，可别跟龟孙子们怄气。他们恨你，乡亲们可疼你咧。”说罢，忍不住掏出手帕抹泪，众人也都跟着拭眼揉眵，悲悲凄凄、咽咽啼啼、抽抽搭搭起来。片时，一阵凄凄惨惨之声，萦绕窑顶屋间。那些日子，贾宝执心中原本就堵得慌，一见大家如此这般，怫然不悦了，撮火道：“俺还没啦死哩，你们这是为谁发丧咧！”贾宝执这般恼怒，众人何时见过，当下吓得屏声静气，怯生生地止住了哭泣。贾宝执一看，又觉言重了，急忙强笑着解释道：“俺的个好娘娘婶婶们哩，你们就放宽心吧，俺没啦做亏心事。不怕，俺死不了，也不想寻死。只要还有一口气，俺就要跟他们斗争到底。只要毛主席共产党还在，总有个水落石出的时候。”宝儿娘听了这话，感动得满脸皱纹都抽搐起来，忙用手帕捂住嘴哽咽道：“好，好，这就好。”众人不敢抬眼，但听宝儿娘揩干眼泪水接道：“唉，付古兴那昧了良心的，昨天还老主任长老主任短叫得声脆，今儿又说是甚‘反革命’‘走私派’，放他娘的屁！俺看他是谋夺你这个位位哩。”众人这才面起愠色，开口你一言他一语悄声叱骂起来：

“他龟孙子当面是人，背后是鬼，耍奸卖滑的，不是个正经东西。”

“前些日子，他龟孙子还说，批老主任是假，保老主任是真。你看看这阵子，唉，那舌片子像装了辘轳似的，不是个好货色哩。”

“晓不得上级领导知不知道他们这的个胡乱折腾呢？”

"唉，知道了一时也够不上哦，还是自己个儿多提防些些，那伙鬼们，甚事也干得出哩。"

……（此处残缺数行）

众人离开往回走时，贾宝执老伴告说，现在他是"黑人"，怕连累大家，再三叮嘱往后少来走动。宝儿娘听罢，回身一跺脚骂道："他龟孙子们才是黑人咧！'黑人'，他龟孙子说的'黑人'，就是俺们的红人，有共产党毛主席领导，怕他龟孙子个甚！"宝儿娘正骂着，听得街门外有杂乱的脚步声，众人霎时神色不安起来，连忙嘘住宝儿娘。静耳听时，脚步声进了街门，一会儿进院子到了房门，只见门开一道缝，伸进一个圆头脑，随即贾占荣、铁柱、石虎等一伙后生涌进门来，婆姨们这才舒了口气，搀着宝儿娘走了。

且说这伙后生原是白家沟的基干民兵，一个个长得敦敦实实，虎虎生威。两个月前，见付古兴们如此这般欺侮老主任，在白家沟胡作非为，便要与之刀对刀、枪对枪地见个高低，怎奈贾宝执百般阻拦。近来从外地不断传来武斗消息，又听说中央某首长有"文攻武卫"的指示，后生们终于得到了说服老主任的正当理由，因此上在铁柱家商议了一番，便脸大气粗地来找贾宝执了。铁柱是个耿直后生，说话从不知道转弯抹角，众人还未坐稳，他便拉开大嗓门冲着贾宝执说开了："老主任，那些鬼们来势不善，恐怕向你下毒手哩。俺们才刚商议好了，咱们也成立一个组织，跟他们干，保护您！"贾宝执看着这群生龙活虎的年轻人，内心感到莫大的宽慰。可一听说出这般天真言语，顿时变了脸色，说道："保俺做甚，没了俺，阳婆还不是从东山出来。这是甚时候了，你们还要成立甚组织？尽想瞎闹哩。"众人见惹恼了贾宝执，都悄悄地不再言喘了。过了半晌，贾占荣这才慢慢说道："老主任，听说外地闹得很厉害哩，这股风是不是会吹到咱兴县来？付古兴那伙人鬼七魈八的，会不会跟着闹腾？现在很难说，不管咋的，咱们提防些些好，再说这又不违法。最近中央首长指示，可以'文攻武卫'。俺们不去惹事，自卫就对了。"贾宝执听到这里，闭上双眼，嘴里喃喃地重复说着"文攻武卫"四个字，仿佛在咀嚼其中的味道，半天才睁眼说道：“'文攻武卫'？都说自家是'武卫'，都成立个甚武卫组织，两军相交，那还能不打起来？党中央毛主席的'十六条'上说得的的笃笃，要文斗不要武斗，要抓革命促生产。咱工人农民，不做工不种地，见天你攻来俺打过去，'十六条'精神咋的个贯彻落实？这样闹下去，谁们高兴？谁们心疼？”贾宝执说着，眉脸铁青。沉了一刻，语气缓和道：“毛主席说，要文斗哩，甚叫文斗？旧前叫打笔墨官司，现在咱们叫大批判。批判修正主义，批判资本主义，批判坏人坏事。谁个捣鬼，就揭露谁。谁个搞资本主义，就批判谁。咱们要保就保集体经济，就保社会主义江山咧。”众人一面听着，一面拿眼睛看贾占荣和铁柱。铁柱急得手毛脚燥，不住地捅贾占荣的脊梁背。贾占荣斜跨炕沿，专心地听贾宝执说话，内心犹如十八个吊桶打水七上八下的，正忐忑不安。面对这位性格刚强的长者，他的嘴仿佛被一把铁锁锁住了，再也冒不出一个词儿来。最后，他只好领着众人辞了出来。走至街门外，铁柱便嚷道：“瞧你这人！准备下那些，咋的冒了两句就卡壳儿了？”贾占荣答道：“哎，听老主任一说，咱们的那些道道都用不上咧。俺看这事儿找俺爹说说看。”众人听了，都说这主意好，便一齐转身朝贾孩家走。

贾占荣的父亲贾孩是个敢说敢做的人。自办合作社起始，就同贾宝执搭伙。几十年来，两人风雨同舟，闯过多少激流险滩。这些日子，他替老伙计担忧，更为这混乱的局面发愁。这早晚，因动弹一天，身子骨难受，独自一人背靠锅台抽烟。忽听院里响起急促的脚步声，不觉一惊。见进来的是贾占荣、铁柱一干人，才松了一口气。听说要组织基干民兵来保贾宝执，同付古兴一伙斗争，他心里一震，仿佛身上荡起了年轻时的血气。但在顷刻间，那劲气便消失了。他依然默默地抽烟，屋子里只听得吧嗒吧嗒的吸烟声响。铁柱哪里耐得住这般场面，忽地上前一把捉住贾孩长满老茧的大手，求告道：“叔，你撒手不管啦？就眼睁睁瞅着那伙鬼们往死里整他？”

众人也齐声道：“你老人家不能撒手呵！”

贾孩放下烟杆，呆呆地望着众人，老泪在眼眶里不停地打转闪动。半晌，他摇摇头，沙哑着说道：“孩儿们，不成啊！”

铁柱抢先道:"叔,中央首长有'文攻武卫'的指示,大地方都这样干开了,咱们咋的个就不成了?"

贾孩忧愤地说道:"当工人的不做工,国家干部不上班,当农民的不种地,这样闹下去,咋的个得了呀!"说罢,扬起满是皱纹的脸,长长地叹了一声,自言自语道:"宝执他是个宁折不圪扭的人,鬼们是整不倒他的。土改时,咱这里掀起一股妖风,那伙鬼们乘机要谋算他。合作化时,也有一股妖风,那伙鬼们乘机想打他的主意。'四清'运动时,那伙鬼们又使坏想闹他。唉,他一辈子没有安稳过一天哩。"这些往事,后生们平日里大都听老人们多少念叨过。铁柱听罢,忽然记起来似的,气粗地问道:"叔,闹土改时那场风波,你们不是自己组织起来保过老主任么?"贾孩一面拿旱烟袋装烟,一面深沉地说道:"嗯哪,那是甚的个年代啊!"贾孩说到此处,停下抽烟,陷入深深的沉思之中。窑洞灯光微弱,一缕烟雾缓缓腾起,在昏昏乎乎的窑顶浮动。他本不想提起那些旧事,今晚却委实撑不住了,于是接着说道:"当时俺们也怕哩,怕灰鬼们对宝执下毒手哩。咋整?古书里说,三十六策,走是上策。宝执的脾气,那时比现在还犟,他能躲了?咋整?俺们就想了一个法子。一天黑夜,俺悄悄摸进他家院里,把他叫出门来,附着他的耳朵哄他说,'干部们有事等你商议哩,走吧。'他二话没答就跟俺走了。走到西沟崖头,他见宝儿、恒勤、三孟一干人在雪地里牵一头毛驴,就问俺,'你们这是要甚?'俺说,'不是耍,你骑上快走吧。'他问去哪,俺说,'村里那几个鬼们怕有行动哩,你还是去岢岚避一避吧。'他一听急了说,'俺不当逃兵,龟孙子们是想搅散合作社,俺咋的个能走了?'大伙儿劝他说,'宝执哩,龟孙子们是复仇队,甚样歹事都干得出来的。'宝执他说,'怕甚!灰鬼们是蝎子掉进磨眼,蹦跶不了几日了。'恒勤还说,'龟孙子们对区上县上的干部都敢胡来,捣死你算啥?'唉,说啥他都不听。大伙儿急了,硬把他撷上驴背,几个人一路赶着毛驴疯跑,把他送出十来里地,天都快明了,才放下心来……"说罢,磕掉烟灰,望着后生们说:"孩儿们,土改时闹起的那场风波好不怕人,可他都不让人保他,何况今天这的个形势哩。他要知道你们这的个闹，还不把你们骂死？歇了心吧，孩儿们，俺量定这伙人是纸糊的老虎哩，没甚可怕。"

贾孩这一席话令几个后生不知如何是好了。铁柱与石虎却急了，不住地给贾占荣使眼色。那贾占荣是村里晚辈里的"秀才"，1961年中专毕业回村务农，一如父辈踏实厚道，平日里又爱读书看报，故能独立思考问题。刚才他一直未曾言语，原想："文攻武卫"是报上登的，为何说服不了两位老人，他没有想通。但从两位老人共同流露出来的为国担忧的心情，以及他们几十年的革命阅历，他相信父亲说得不差。这刻见铁柱与石虎给他使眼色，心里动了动，便开口道："爹，咱们总不能这样看着鬼们瞎闹下去吧？"贾孩点着一锅烟，猛吸一口点头道："孩儿们，自从毛主席领导咱闹革命，咱大半辈子过完了，还没有见过一个长命鬼。这阵阵，到处传这消息那电文，你们少信些些。付古兴那灰鬼不地道，可他不过是个泥鳅哩。"贾孩这话，在后生听来，时而清澈，时而混糊，一个个眉脸似展非展，迷惘踌躇了。

……（此处残缺）

自打那以后，白家沟经历了不平常的两个严冬。这日，社员们从秋翻地回村，天幕如一口倒垂的大黑锅，徐徐扣落下来。寒风吹动掉尽黄叶的树枝，只听得嗖嗖价响。北来的大雁嘎嘎地呼唤着飞过沉静的夜空，向南而去。在近两年的时光里，贾宝执虽然被付古兴一伙所谓"造反派"剥夺了领导权，一则因贾宝执阻止，白家沟没有成立与"造反派"相对立的群众组织，相安无事；二则付古兴一伙忙于争夺县革委的权力，因此上贾宝执在村里倒还逍遥自在。每日同社员们上地劳动，身体渐渐有了些起色。这日，收工回家坐下不一刻工夫，贾老棒走来说道："老主任，今天夜里付古兴他们要开革命生产年终评比会，你也去听一听吧。"这贾老棒三十大几岁，从小在村里劳动，文化不高，为人憨直，却有几分精明。那付古兴原以为他可任其驱使，便委以白家沟村党支部书记，未料后来常与之顶撞，故而降为村主任，再后来又降为副主任，做了白家沟包队干部。本是安下的"眼线""钉子"，不承想反成了他们的"肉中刺"。付古兴嫉恨于心，时时谋算拔除，却一直无从得手。贾老棒则日渐看清他们的真实面目，越发与贾宝执走得近了。但凡有个事故，便来叙谈或求助。贾宝执今日见他戴一顶"愁帽"进屋，一问，原来是付古兴们今晚有所行动，便道："不怕，等吃罢夜饭俺去。"贾老棒放心走了，贾宝执老伴一面盛饭，一面唠叨起来："这老棒也是，不看看现时是甚皇历，一有事就来找，要叫那伙鬼们晓下了，不是你的一条罪状？人家是开干部会，你如今是个平头百姓，你去做甚？这二年，还没啦把你批结实了？人家在台上，你在台下，你能斗得过人家？俺看，要等到哪天那伙鬼们把你抓去枪崩了，才肯歇心哩……"说着，想起老汉这两年所受的折磨与眼下的况味，不免又抹一回泪。

却说贾宝执的心思却与老伴不同。自从付古兴一伙倒行逆施，贾宝执处于一生中最为郁闷无助的境地，但因与乡亲们天天劳动在一起，并无孤独之感。唯独见二十余年积攒的集体经济被侵蚀，社员群众无故遭受迫害，令他忧心如焚，常常独自伤心落泪。白家沟畜牧业好不容易发展到今，他们却以牲畜过剩为由，一面四处拍卖，一面提出"节制生育"，致使畜牧业每况愈下。贾宝执得知，气愤道："畜力是咱集体的半份家当，没有畜力，攒不下肥料，拿甚打粮食。"自从毛泽东主席提出"农业学大寨"的号召，贾宝执便带领干部群众开辟了治山治水的战场，到"文革"开始时已经初具规模。付古兴却一面扯起"学大寨"的旗号，一面将农田基本建设的人力物力撤去大兴土木，美其名曰"修大寨窑"。社员们无奈，或闭门咒骂，或偷工软磨，予以消极对抗。贾恒勤、贾三孟等人原是同贾宝执一起走集体化道路的老一辈闯将，多少年来一心为集体，不知洒过多少血和汗。可是为了打倒贾宝执，付古兴硬将这批老人扣上"国民党残渣余孽""贪污盗窃分子""漏划富农"等污名，借着"清理阶级队伍"，刑讯逼供，捆绑吊打。尽管如此，他们要在白家沟拾掇一个提绳子的人也难办到。因此上，付古兴那烂肚里几尺小肠直绞，牙齿咬得咯咯价响。一次，他假眉三道，堂而皇之组织一些人到大寨"参观学习"，拿贾宝执当幌子。不料一到大寨，却见陈永贵将贾宝执待以贵宾。付古兴做贼心虚，惊恐不已，背地里骂道："他巴子，我说咋的个在白家沟一疙瘩屁事也闹不成，原来是流毒还没啦肃清！"于是，他们又把"死不悔改走资派"的帽子扣到贾宝执头上。从平定县城，一直批回兴县白家沟。两年前，他们剥夺了贾宝执的领导权，两年来一直妄图砍倒贾宝执的旗帜，却始终枉费心机。今日夜里，一伙鬼们又要耍何种花招，他不去瞄瞄，又怎能歇心呢。

贾宝执吃罢饭，便下得炕来，披上那件陈旧的老羊皮袄，正转身往外走，老伴却拦住他道："人家躲也躲不及，你咋的个牛头獐脑往里钻咧。那伙灰鬼是秋后到地里专找茬的，你去不正好中了他们的意么？"贾宝执答道："孩他娘，咱们做事光明正大，不藏不掖，该当面说的，前面就是万丈深渊也要跳哩，怕甚！"贾宝执说着抬腿要走，又被老伴拦住道："人家是干部会，你去算个甚？"贾宝执笑道："俺是个社员，大队干部通知咱去，咱能不去？嘿嘿……"说罢，大步出了门。老伴追到门边，压低嗓门再三嘱咐道："不该你说的，少说些吧……"见贾宝执头也不回，出街门转个弯走了，站着发了一阵愣，才闭了门子回来。她在家里如何提心吊胆不提。

且说贾宝执径自来到公社会议室门外，从窗口往屋里一望，只见十五个生产队的干部和一些社员，约莫三四十号人。有的坐着，有的蹲着，有的躺着，有的站着，几乎每个人手里都捏把旱烟袋吧嗒着抽烟，满屋子云蒸雾罩，有人被呛得咳嗽不止。再往里瞧，付古兴、陶斌儿、谭五儿一伙坐在一溜长条桌旁边，桌上放着三盏带玻璃罩的煤油灯。那付古兴洋洋自得地坐在正中，斜靠椅背，黄眼珠子贼溜溜地一扫众人，拿板弄腔地说道："我把我刚才报告的主要内容再讲一讲，大家注意听啊。咳咳，咱们这个评比法，是林副统帅倡导的'四好连队'的经验，啊，咳咳，咱们认真不认真，严肃不严肃，这是对待林副统帅的态度问题。啊，咳，咱们批判了'唯生产力论'，现在，啊，咱们要像林副统帅教导的那样'突出政治'。啊，咱们吃的是政治饭，有了政治，就有政权，有了政权甚也有，连三岁娃娃也能挣票票。咳，啊，大家说道说道，根据林副统帅的指示，看看今年谁家第一，啊，咋的个？咳咳咳……"付古兴说着，一阵刺耳干咳，咳得脸红筋涨，泪溅涕飞，只顾用手帕横抹竖揩。众人则依旧埋头抽烟，谁都不吭一气。贾宝执走近门边，见贾老棒恰在门里灯影下蹲着，便跨过门槛，一猫腰在他身边蹲下了。陶斌儿见无人吱声，叱骂道："咋啦？都把嘴藏在裤裆啦？付书记根据马列主义毛主席思想，把这次评比的伟大现实意义和深远历史意义都讲清楚啦，还等屎甚呢！"众人像没听见似的，仍然抽烟的抽烟，打盹的打盹，只听得咳嗽声此起彼落。这样约莫两袋烟工夫，付古兴那贼眼珠子朝全场搜索一遍，忽地扭转头，跟谭五儿咬咬耳朵。那谭五儿如同打了气的橡皮人一般，神气活现起来，细眯眼向众人一瞪道："没人说，爷爷俺说呀？好吧，俺给大家提一个。要说四好单位，俺看在全公社，谁家也比不上白家塔生产队。好甚？符合林副统帅的指示，突出了政治。虽说生产比不上白家沟，可革命搞得最好最好最好！"众人一听，抽烟的停了，打盹的睁开了眼，还有扭头脑的，转身子的，低声耳语的，会场窸窸窣窣，噜噜呱呱，有了一点生气。贾老棒今晚本不踏实，开头听付古兴做腔拿调一番话，心里就惴惴不安了，再听谭五儿这一讲，那颗心简直像葫芦漂上水面，干脆晃荡起来。你道为啥？今年要说成绩，不论革命还是生产，他所负责的白家沟大队十拿九稳。可白家塔是付古兴树的典型，恐怕他们不会轻易放弃。眼下担心被证实，反倒不着北了。在灯影下，他不停地拿眼睛看贾宝执。贾宝执却低着头缓缓地吧嗒着旱烟袋，不动一点声色。这时，一个连腮胡子的队干部问道："俺说五儿，你可不可以说具体些，白家塔的革命咋的个好法儿？"谭五儿一挺脖颈道："咋的个好？这不是秃子头上的虱子，明摆着！好就好在紧跟形势，好就好在揪斗'走资派'坚决，好就好在批判彻底……"有人插道："那生产呢？"谭五儿叫道："生产咋的？革命好了，甚也是好的！"有人接道："嗯哪，白家塔比年时减产也是个好，是呀不是？你没啦听群众咋讲：队长种了瓜菜，包队干部搞了修盖，种地成了捎带，地里长了棉蓬灰菜……"付古兴一听如芒刺背，猛可打断，斥道："你这是反动言论，是反对'文化大革命'，是反对林副统帅！"付古兴话犹未了，只见一个人从对面站立起来，不由得一愣，当是看花了眼，定睛看时，原来是贾宝执，立时冒出一身冷汗来。静默片刻，没等他开口，贾宝执说道："共产党不靠吓唬人吃饭。"众人不知贾宝执竟然在场，立时都怔住了。顷刻间，打盹的睁开了眼，躺着的坐了起来，蹲着的站直了身子，一个个回转身，瞪大眼窝将贾宝执望着。陶斌儿、谭五儿一伙人如临大敌，稀里哗啦从座位上立起，诚惶诚恐不知所以。贾宝执猫下腰，在鞋底磕了磕烟锅，直起身接道："才刚谭五儿说白家塔的革命搞得最好，好甚？你们在白家塔一不搞'斗私批修'，还假借'一打三反'，私设公堂，随意捆绑吊打干部群众。到眼下，你们在全公社逼死好几条人命。有的是贫下中农，有的是革命干部，有的是荣退军人，你们这是革谁家的命，这叫甚的个政治？再说，毛主席早就提出以粮为纲，你们却大兴土木，不把种地当回事，粮食咋的不减产？付古兴，你当着众人讲一讲吧。"

那付古兴没料到被批判了两年多的贾宝执如此大胆，当下不知所措，肥脑畔直冒黄油。他强作镇定，板着面孔道："贾宝执，我们公社在这召开大小队干部会，你来做甚？"

贾宝执道："俺来参加会咧。"

陶斌儿插道："你如今算个甚？去！"

贾宝执道："俺是个公社社员哩。"

贾老棒随即站起来说道："他是俺请来的社员代表。"

陶斌儿一扯胸襟，唾沫四溅，叫道："不行！贾宝执，你放明白了，你如今是'死不悔改的走资派'，你没资格当社员代表，这垯没你说话的权利！"贾宝执淡淡一笑道："俺是个共产党员，见了不公的事，就有俺说话权利。这条款，党的九大新章程上写得清清楚楚哦。"付古兴霎时呆若木鸡，煤油灯光从下投射上去，那满脸横肉更显凶神恶煞。陶斌儿回眼见付古兴这般脸色，将笔记本啪地甩到桌上骂道："他巴子，什么章程不章程，来人，给咱轰出去！"一面骂，一面踢开椅子，揎拳捋袖，绕过桌案，三两个打手也从后面跟随。众人一看这般架势，纷纷站起嚷道："这是做甚哩？有理讲理咧！"有个队干部连忙上前向陶斌儿劝道："陶队长，你何必这的个。"陶斌儿将胳膊一扬，骂道："去你妈的！"差点没把人搡个跟头。正在这当口，只听哗啦一声响，从门外拥进一群人来。众人回头看时，却是贾占荣、铁柱、石虎等一伙后生。陶斌儿见状，暗自吃惊，慌忙刹脚，装模作样地喊道："这垯开干部会，你们他妈的来搅甚？"

后生们一听骂声，哪里肯依，冲着陶斌儿质问道："为甚骂人？俺们是公社社员，社里的事儿，就有权管！你敢剥夺俺们的公民权利？"

"羊尾巴盖住屁股可以，盖到羊腿上就不行，是呀不是？"

……

那付古兴到底是狐狸精投的胎，一看势头不妙，连忙将陶斌儿喝住，赔着笑脸朝后生们言道："都请坐下，都请坐下，大家有甚意见尽管提，公社一定接受。"贾占荣当即说道："贾宝执是队干部请来的社员代表，为甚没啦资格？他是个共产党员，为甚要抹掉他的发言权？陶斌儿为甚要行凶打人？你们是哪家王法？"付古兴忙道："好好，提得好。我们接受，刚才陶斌儿见会场秩序混乱，不够冷静，没有打人的意思。好，好，俺宣布一条，只要是包队干部请来的社员，都有发言权。"贾占荣于是道："付书记要是这的个，那咱就走。"说罢，转身领着众后生透透迤迤离开了会场。见后生们出了院子，付古兴这才松了一口气，一面掏出手帕擦拭一头虚汗，一面说道："请老贾继续发言。"陶斌儿板着面孔退回座位，一个劲儿只管抽他的烟卷，老半天好不自在。

这早晚，众人已各自就位，都等着贾宝执发言。不知谁让出一条凳子，让贾宝执高高地坐到明亮处，恰与付古兴等人遥遥相对。灯光映着贾宝执苍瘦的脸、花白的两鬓，虽有些神劳形瘁，却目光如电。他抽着旱烟袋，不紧不慢地说道："俺和这屋里的多数人一样，是个大老粗，理论不开。俺的疑难或许也是大家的疑难。比方说，决定一切的问题，毛主席教导的是路线，没啦听说是甚权力。要是这的个，解放前蒋介石、阎锡山就该决定一切了吧，那为甚连个小日本也莫奈何？临了还是被咱们没啦权的共产党打败了？可见权这个东西不是个铁饭碗。还有甚'突出政治'，咱也闹不的确。过去有人说生产好就是政治好，用生产代替政治，那是装葱卖蒜。如今来了个鹞儿翻身，光讲政治，不讲生产，把政治挂到嘴边，这又算甚咧？咱们不能满嘴政治，遇到实际，少一顿白面烙饼，就指天骂地的。"众人听到这里，不禁哄的一声笑了，一面鼓起掌来，满屋子有如冻冰炸裂，如坐春风。眼见这般场面，谭五儿抓耳挠腮，不知西东；陶斌儿则横眉怒目，恨不得舞拳弄掌；付古兴那脸有如蔫了皮的山药蛋，灰不粗粗，要多难看就有多难看，却强打笑脸说道："咳咳，啊，这是中央的指示，不管张三李四王麻子，理解的要执行，不理解的也要执行。啊，咳，是呀不是？"陶斌儿一伙大声应道："是哩！"众人未知付古兴说啥，却听得陶斌儿一声喊叫，不知怎么回事，这才安静下来。只见一个年长的队干部起身说道："咱也发表两句。刚才听了公社付书记的，又听了老贾的，两人的话在俺心里直圪转，觉着分量都不轻。平心而论，老贾的话实际些。因此上，要说先进，还得数人家白家沟大队……"陶斌儿不等说完，瓮声瓮气问道："为什么？说具体的！""这个，俺来回答。"贾宝执两道浓眉一展，说道："今年白家沟的革命生产是贾老棒他们带领群众闹的，十五个村比较起来，确实数白家沟好。好甚？一是粮食比别村打得多，二是他们坚持学习'毛著'，'一打三反'照中央指示办，不打不逼，落实党的政策，社员心里没有疙瘩，就这！"话音刚落，有人接道："讲得好着哩！"于是众人一齐呐喊起来："就这哇，白家沟大队第一！"陶斌儿一看这阵势，回头对着付古兴，慌眉慌眼请示道："咋的个办？"付古兴无可奈何花落去，恼悻悻道："就这吧。"陶斌儿压低嗓门，愤愤道："全是那老家伙搅的！"付古兴贼眼一溜，安抚道："嗨，瞧你这人，大权在咱手里，急甚？让他们这一夜高兴高兴。"说罢抬起那圆不圆、扁不扁的肥头脑，皮笑肉不笑地向众人道："今黑夜会就开到这里。到底谁家第一，我们照大家的意见考虑，大家要相信党，啊。另外，提醒大家一下，近来一小撮死不悔改的'走资派'和阶级敌人蠢蠢欲动，大家要注意阶级斗争新动向。啊，就这吧，散会。"众人听话里有话，好似一阵冷弹子打过，都屏声息气愣了一阵。忽听呼啦一声，只见贾宝执站起身，一抖老羊皮袄，二话没说，扯开大步奔门外走了。夜空深广似海，漆黑如墨。宁静的山村，听得北来的大雁嘎嘎地呼唤着，消失在遥远的夜空。

　　却说众人散了，付古兴一伙并未闲着。他们另到一处，开酒瓶喝冷酒，嘀嘀咕咕熬了个大半宿。看官，这伙人下一步将如何动作？欲知详情，且看下回分解。

第十九回

遭尘劫反救迷途者　怀绝技专施仁义心

第十九天

　　且说凯丽捧起《英雄生死录》，不待钟先生坐稳便说道："爹爹，昨儿我又把'文革'这两回看了一遍，对照爹爹的讲解，女儿想了又想，还是想不明白。您曾经与女儿讲过，毛主席生前自己说，他一生只做了两件事，第一件事是建立新中国，第二件事就是发动'文化大革命'。对于这后一件却有不同看法，甚至对立。Why? Why? Why?"钟先生含笑道："女儿莫要激动，一激动'土话'便冒出来了。是的，即便在中国年轻人中谈起此事，他们也会像你一样连问三个为什么。为何？因为新中国实实在在摆着的，而'文化大革命'只是一种手段，未见成效，却已伤害了一些人，没有分歧才是怪事呢。"

　　"那毛主席的初衷是什么呢？爹爹。"

　　"此话说来有些长呢。不过，爹爹讲一则故事，可以帮助你领会，愿意听吗？"

　　"愿意愿意。"凯丽轻轻拍着纤手，美目巧笑道。

　　钟先生猛然想起一件事，看了看手表说道："对不起，女儿，爹爹忘了，张大妈一早来电话，说今天上午有要事与我商量，时间快到了，爹爹只好明日接着再讲了。"

　　"那朗诵呢？"

　　"无妨。我想，等张大妈走了，咱们还有足够时间朗读的。"

　　张大妈原以为此事需用半天磋商，未料不到半个钟头搞定，便高兴地去了。那凯丽趁二人说话之际，偷着上街溜达一圈回来，张大妈已经离开，只见钟先生坐于桌旁，一边饮茶，一边沉思，便不声不响朝茶杯冲水。钟先生一圪愣，回过神来，笑道："回来啦？好，咱们继续朗诵。"凯丽见爹爹兴致颇佳，随即捧起《英雄生死录》清清嗓门，便婉转动听地朗读道——

词曰：风雨送春归，飞雪迎春到。已是悬崖百丈冰，犹有花枝俏。　　俏也不争春，只把春来报。待到山花烂漫时，她在丛中笑。

毛泽东主席这首《卜算子·咏梅》词，创作于1961年12月，一经发表便风靡华夏。到了"文革"期间，坊间传抄大有都中纸贵之热。著者撰至此回，原拟若干开场诗词云云，皆不及此词意境契合贾宝执心中况味，故而借重录存，不一。好，闲话少叙，言归正传。

话说这日，贾宝执吃罢早饭正准备上地，民兵营营长徐明理急匆匆走进院来，回头看了看，便叫道："老主任，您且住。"贾宝执问："甚事？"徐明理走近两步，说道："他们叫您到苏家里劳动去呢，让俺来通知您。"贾宝执问："甚时去？"徐明理答说："他们要您立马动身。俺对他们说了，您身体有病，等过两天缓些了再去不迟。陶斌儿说俺立场不稳，要批判俺哩。"贾宝执老伴见徐明理进门，早有不祥之感，一听此言便长叹一声说道："鬼们不把你往死里整，甘心哦？"徐明理转过脸，劝道："婶婶，您放宽心。要不这的个，俺送老主任上山。"

这徐明理中等身材，白面皮，瘦筋骨，身穿旧制服，头戴遮沿帽，文化不高倒还通达。他祖上有撬牛阉猪手艺，却三代都是受苦人。1956年参军入伍，1960年复原，贾宝执看他经历部队锻炼，忠诚老实，聪明肯干，便选拔他当了民兵教导员。运动一开始，那付古兴便挑三拨四，对他讲："你姓徐，在这白家沟是少数派，你看他们写社史咋的个丑化你父亲来？贾宝执是'土皇帝、走资派'，咱们一起造他的反，咋的？"见徐明理摇摆不定，立马许愿道："夺了权，你就把民兵营长干起来，把白家沟这个旧班子摧毁，那就是咱们的天下了。谁掌刀子谁吃肉，干甚不方便？"一碗迷魂汤，便令徐明理神魂颠倒，一时不知东西南北了。他思忖：这造反是伟大领袖毛主席号召的，兴许不会有差。于是，不管三七二十一，就跟着带上民兵捆人。付古兴说捆谁，他就捆谁。一次，付古兴亲自带领捆打几位老人，其间有位医生叫贾佩质，付古兴对徐明理说："要是当初他好好治你兄弟的病，你兄弟能死了？"他听了心想：可不就是这的回事。于是气头上来，便愈发理直气壮了。一次，贾宝执趁在水库劳动的机会，对他说："明理哩，你是受过党教育的人，应该懂得党的政策哦。你不能听了他付古兴的就蛮干哩。"他却想：他有错，捆他一绳子又咋的。又一次将养猪能手贾三孟捆得跌倒在地，过后贾宝执对他讲："三孟跟俺一搭办社几十年，辛辛苦苦，难免有缺点什么的，可全村人都晓下他不是坏人，你们这的个搞不对哩。"他有时也暗自寻思：付古兴是响当当的造反派，老主任现在是"走资派"，他们两个到底谁的话对呢？大潮之下，他像个无头苍蝇，丢了三魂六魄一般，经付古兴巧言令色再三鼓动，胆子反倒愈来愈大了。贾宝执看在眼里急在心上，常常如楚囚对泣，孤独无助。这日，贾宝执将他叫到一个僻静处，语重心长地对他说道："明理哩，咱民兵是人民的兵，是保护人民的哦。毛主席说过，共产党与国民党的区别是甚？一个是保护百姓的，一个是镇压人民的。这的个大是大非问题，你该机明吧？毛主席这次发动运动，说的是'要文斗不要武斗'，没啦叫你们这的个干哦？回去好好想一想，运动再乱，可不要犯糊涂。"他暗自思量：难怪呢，他们成立"揪斗坏人指挥部"时，要贾宝执充当副总指挥，他却死活都没有干。这样一想，更觉贾宝执所说实诚警人，便开始有所收敛。那付古兴察觉，心里犯了嘀咕。趁一次进县城参加民兵会，一路之上不停地给他洗脑，说："瞧你这后生，斗争性咋的不强了？"不等徐明理说话，又道："你看人家高志德，就是个有脑筋的人，他一边斗争，一边就把自家孩儿打发出去工作了。你现时年轻，不想出去也罢，总得给你孩儿们打基础吧？"徐明理说："有共产党哩，不怕他们将来没啦干的。"那付古兴一听话里有话，质问道："你是不是认为贾宝执没啦问题？你要明白，没啦问题，咱能搞他？告诉你吧，咱们搞得不错。"当年秋天，便把徐明理的婆姨安排到缝纫社扎衣裳，并得意地说："瞧瞧，俺给你说了说，这不就解决了？俺给你说来，谁掌刀子谁吃肉，这算个甚！"地区召开民兵大会，徐明理代表白家沟参加会议。整理发言稿时，付古兴让他写上：贾宝执是"走资派"，站出来躺倒不干。徐明理说："人家老汉不管在本队还是别的队，见天参加劳动，队里工作有了难处找他，从来没啦推辞过。再说了，你把他解放了，没啦给人家实权，他能干个甚？俺的意见是，不能这的个写。"贾恒勤原是村里的畜牧主任，几十年兢兢业业，勤勤恳恳，白家沟畜牧业发展他功不可没。那付古兴为了打倒贾宝执，望风捕影，子虚乌有，硬要将他打成国民党党员。因此，发言稿要写上贾宝执重用国民党残渣余孽。徐明理毕竟良心未泯，坚持道："说贾恒勤是国民党党员，到现在还没啦证据，这的个大会不能随便讲吧？"付古兴则道："看你这后生，贾恒勤就是个国民党党员，咋的不能说？"徐明理直梗梗回道："付主任，这是地区大会哦，俺们发言是要负责任的，万一哪天查下来，谁来担责任？"这一讲总算把那付古兴将住了，只见他黑着一张脸，油亮的厚嘴唇噜了噜，无可奈何地说了一句："那你们看着办吧。"便悻然而去。打那以后，付古兴已然心存芥蒂。有一回，由徐明理包队的羊倌偷了地里的谷子，他们又要捆人，徐明理提醒道："运动总有个头，你们这的个搞，是长久不了的哦。"那付古兴本已积怨成仇，这话传到他耳里，于是借着"一打三反"，要将他打成现行反革命。徐明理有理无处诉，找到贾宝执说："他们这的个胡来，俺不给他们干了。"贾宝执激励道："你家几辈子都是穷人，两个叔叔都为革命牺牲了，你又当过子弟兵，说你反对共产党毛主席，鬼都不信。不是你的事，任凭他们咋的说，你都不要承认哦。你也不要不干，该干的还要干。不是给他们干，你是共产党员，要为人民干。他们越是整咱，咱越是要干。躺倒不干，才不是革命的哩。"

……（此处残缺）

却说这日已是初冬时节，地面无风，天上无云，沟里榆树洋槐黄叶零落，崖头灌丛焦枝残翠，窈窈冥冥，杳无生气。几只山麻雀跳来飞去，叽叽喳喳四处寻食，见远处来人，一扑腾齐往沟里去了。贾宝执扛着一卷行李，闷着头只顾赶路，那徐明理紧跟慢跟直至一道坡前，贾宝执停住，这才赶上说道："老主任，莫急。"贾宝执喘口气说："你陪我来，要转去晚了，惹事哩。"徐明理笑道："不怕，你现在是站出来的干部，俺又是监督你下村劳动，没事。"贾宝执歇了口气，走得慢了，徐明理并行其旁，说道："老主任，听说外面那些大地方，近来武斗已经停了，毛主席派解放军'支左'，要学生复课闹革命，社会也不咋的乱了，县里那伙鬼们也老实些了。"贾宝执走了几步，转过脸来说道："要是这的个就好了。今年又遇旱情，农业生产已经受到影响，再闹下去打不下粮食，城里人吃甚？"说话间来到苏家里，正是晌午时分。蓝天白云，明晃晃的，只见村口站着一个黑脸膛老汉，贾宝执老远便笑道："老奥哩，俺是个'黑人'哦，你们要也不要？"那老汉姓奥名子斌，年纪与贾宝执相仿，是生产队队长，见说连忙嘿嘿笑道："要要，老主任来了，还能不要？"众人说着笑着进得村去。吃罢午饭，徐明理自回白家沟走了，那奥子斌便领着贾宝执来到一个住处放下行李，一同去了地头。贾宝执这一住下，与苏家里社员群众如何兴修大寨田，拦河筑坝，旱地变水田，种蔬菜渡灾荒诸事详情姑且不提。

且说这日，几个保德县的人抬着一副担架来到苏家里，一进村便急着说要找贾宝执。村里人一看，担架上是个痛苦呻吟的中年妇女。因摔断了腿，送县医院治不了，听说兴县白家沟有个贾宝执可治，便辗转找到这里来了。看官，也许你会问，贾宝执一介农民，可有接骨医术？莫急，著者不瞒你说，不啻有，还是祖传绝活。到他父亲贾茂英，便以其医术闻名遐迩。俗话说得好，花有奇葩，人有鬼才。乡党皆传，这贾茂英便是一个怪人。他行医一生，未取分文，唯独一次竟大开空囊收取了白花花银子。说来有趣。那是早年间，西沟村两家财主斗殴，打折了腿，医无去处，便找上门来。他先是学着财主们平日里作威作福模样，把架子拿足了，然后吧嗒着破烟管，正经八百地说道："咳咳，你们两家哩，都是有钱的财主,腿是为钱打折的,你们办的是有钱人的事。俺把话撂在这垯,今儿不舍得三十两银子,俺是不去的。"那财主一听,心肝痛如刀刮,可怎抵得了生生断骨火烧眉毛般要命,只得应承了。对此,本村财主贾宝善惺惺惜惺惺,对贾茂英又嫉又恨,背地讥讽道:"要叫人说好,受穷挨到老。"此话贾茂英听得,只一笑付之。当年,他三十大几尚无子嗣,恐其医术失传,便破例收了个徒弟。一日,他上门接骨归来,那徒弟问道:"师傅,今日进账多少?"他一听,原来是个贪财之徒,立马将其打发了。直到贾宝执出生,早已断了收徒之想。对于亲生儿子,也是到了临终前两年,即1949年,见他办社数载,怀揣百姓,无私无畏,这才将绝活传授。贾宝执原本心灵手敏,对父亲的良苦用心,一者心领神会,二来融会贯通,不两年也便享誉乡里了。

闲话少叙。这边只见苏家里小队会计老查,上气不接下气跑来叫道:"老奥,有人找贾主任哩。"

贾宝执听了,问道:"谁们找来?有甚事?"

"是个病人,说是腿跌断了。"

贾宝执一听急了,对奥子斌说:"耽搁一下营生,俺去看看。"说着紧跟老查拔腿便走。

回到村里,来到生产队队部,几双焦灼而欣喜的目光将贾宝执迎着。贾宝执二话没说,便到担架前俯身察看伤势。片时,立起身来却是一脸愁容。

"咋的个,老主任?"那奥子斌随后也赶了来,一进门便问道:"好治不?"

贾宝执摇摇头,左顾右盼寻思道:"老奥,村里有烧酒没啦?"

"俺家兴许还剩大半瓶。"

"快去拿过来……"奥子斌看出贾宝执焦急之情,没等说完,便转身去了。

古语云:"工欲善其事,必先利其器"。众人哪里晓得,这接骨医术,事先必备三样东西:烧酒、白布、木板,缺一不可。在这小山村,能否齐备，贾宝执心中无数，故而难掩焦虑之色。好不容易等待奥子斌携酒转来，又对奥子斌催道："再寻一块白布，四片二指宽木板。"奥子斌应声而去。这里贾宝执回头撩开伤者裤腿，举起酒瓶猛吸一口含在嘴里朝患处喷洒，如此反复数次，而后静静等待，细细观察。须知，所言绝活便从这里开启，接骨能否成功，亦在此一举。这刻，众人都把目光聚焦那烧酒喷洒之处。时光冉冉，酒力沉沉；血脉沸沸，妖魔惶惶。只见那患处由紫变青，自浅而浓，斑斑驳驳，神出鬼没。识者一清二楚，迷者不知所云。正所谓：会看的，看门头脚道；不会看的，看红火热闹。因之，众人举目茫然，都把贾宝执来瞅着。只听贾宝执轻轻叹道："造孽哩，都成骨碴碴了。"

"这旮旯里，学问大着哩。"那奥子斌早已归来，蹲在一旁，边说边问，"老主任，能治不能治？"贾宝执挺起身板，叹口气说："俺只能尽力哩。"说着示意众人挪开，便挽起袖管动起手来。只见那双手动作，轻而徐缓，慢而见力，一抻一收……（此处残破数字）如此良久。

临末，贾宝执叫道："布子。"

"甚布子？"奥子斌回道："俺只找来几块木板咧。"

"唉——"贾宝执又急了，抬头看了看众人，一举手扯下自己头上的羊肚子毛巾，敏捷而熟练地将那患处包扎起来。接着，把那四块木板掰成适当宽窄，放置患处上下左右，用绳索捆住，方才松了口气，起身坐于一旁，便气喘吁吁了。众人见他一脸铁青，这冷天气，那前额却汗珠涔涔。伤者家属赶忙递上卷烟，划着火柴。贾宝执微笑着接过，将火柴吹灭，说道："这一关总算过了。你们要住下哦，等三天后打开看看情况再说。如果没啦问题，还要重新包扎固定……"

"这的个说来，俺们可以抬病人回家了？"伤者家属问道。

"那可不抵，"贾宝执说，"重新包扎固定以后，每天都要打开看一看哩，一直看到断骨愈合差不离了，才可以回家。就是回了家，也不能动弹哩。俗话说，伤筋动骨一百天。就说伤口愈合，轻的也要二十来天，重的两月三月都难说哦。你们家这婶子，俺看两月下不来哩。安安心心住下吧。"

"贾主任哩，"躺着的伤者说话了，只听她沙哑颤抖的声音说道，"耽误不起咧。俺们是光人，要甚没甚，这人生地不熟的……"说着，那泪珠儿从眼角处直往下滴淌。

"唉——"贾宝执宽慰道，"他婶子，你们来了就是一家人哦。这的个，你们留下一个人，其余的都回去。这里有俺在，还有奥队长，莫发愁。"说罢掉转头对奥子斌说，"他们住的，就麻烦你了。吃喝一事，由俺负责就是。"那奥子斌年轻时当过八路军，跟随王震三五九旅在南泥湾垦过荒，拥政爱民思想早已融入骨髓，因道："老主任您就放心，住处好说，俺再安排一名妇女照顾他们。"

姑且不言伤者诸事，却说当日一切安顿好了，贾宝执依然每天下地劳动。从 1968 年 12 月……（此处残缺）他先后带领苏家里社员群众，兴修梯田五十多亩，改造河坝地二十余亩，平整水地四亩，新碹窑洞五眼。自此，苏家里第一次有了标准大寨田，第一次吃上自己种出的蔬菜，无房者第一次住进了新窑洞。此事县革委有关领导大加赞许，那付古兴闻之则诚惶诚恐，不等贾宝执完成预定规划，便匆忙将其调换到另一个村去了。这是个小村落，人少地多，沟深坡陡，粮食落在地里也莫奈何。贾宝执进村，亲自带领群众，起早贪黑，不几天便颗粒归仓。正谋着改造河坝地，付古兴却又将其调离，未几再使至另村。一路数月，东挪西迁，宵衣旰食，走到哪里，便将那接骨病人抬到哪里，直到痊愈。有人见贾宝执偌大年纪，每天地里劳动，转村途中还要争抬担架，便说："老主任，她是一个外县人，您管她干甚呢？"贾宝执听了，嗔怪道："唉——，不能这的个说。天下穷人是一家，管他是哪里的哩。"言之谆谆，听者无不为之动容。

且说那伤者一家，这大仁厚泽，岂敢忘怀。事后一日，不远百里，带上水酒、鸡蛋、香烟、白面等等，寻到白家沟贾宝执家里，正赶贾宝执外出，老伴推辞不过，便让礼物留下了。不时，贾宝执归来，好一顿训斥，却自责道："唉，这是造孽哩。俗话说，拐腿牛怕滑，穷苦人怕灾。人家连吃饭都困难，女人又跌折了腿，这的个已经是难上加难了。再说，单就他们两口子今年误时误工，秋后分不下粮食，又要挨饿咧。这礼是万万收不得的哦。"于是，叫家人将礼物原封不动悉数退了回去。

据有心人统计，贾宝执被下放"劳动改造"一年时间，前后为三十多人接骨，轻者半月，重者数月，劳心劳力不说，解囊相助之事更是家常便饭了。

岁月不居。转眼 7 月既望，兴县一年一度物资交流会开场。白家沟大队派出六人，赶着一群牲口前往交易，贾宝执被指定跟随。这日，县里某局一位干部，领着跌断胳膊的十岁男孩找到旅店，说他求过医生，那医生要价四十元钱，实在无力支付，听说贾宝执治病救人不收分文，便慕名而来。

贾宝儿见来人说得可怜，便使人到骡马市场唤回贾宝执。回到旅店，那人一见，刚才还是一脸愁容，却喜形于色了。不等贾宝执喝口水喘喘气，便拦住说道："贾主任，俺是县粮食局的干部，叫胡立功，你就叫俺立功吧。俺早就知道你的，你不认识俺，俺可听过你的报告。俺这娃儿淘气得很，三天不打上房揭瓦。这下可好，把胳臂摔折了。听说你们赶会进城来了，俺今儿带娃娃过来，让你给看看。"

"好好，可以。"贾宝执一边听着一边打水洗手抹脸，临末回道："俺没别的本事，接骨还可以。小兄弟，来，让大伯给你瞧瞧。"

贾宝执把父子俩让进屋里，炕边坐了，那孩子却吓得哭了起来。贾宝执一边哄着，一边轻轻撸起孩子衣袖，悉心看了看，说："这的个好接。"说着回头叫贾宝儿拿酒，那胡立功忙说："先前老贾告诉俺了，俺都准备下了。"于是，贾宝执便放心动手操作起来，那胡立功从兜里摸出一支香烟，朝贾宝执递去，贾宝执哪里顾得，只说："放下吧，接好再抽。"他却把那支香烟又放回兜里。说话间，只听孩子"呀"的一声哭喊起来，贾宝执笑道："好了。"随即，又见他眼疾手快，缠白布捆木板，三下五除二，一气呵成。那孩子还在泪流不止，却已安静下来。那胡立功满面添花，喜不自禁，一面为孩子整理衣服，一面说道："贾主任，俺还要上班，没事俺就回了。"

"好。回去熬点骨头汤，给娃补充点营养。"贾宝执再三嘱咐道，"别忘了，每天上午九点来放风。"

"咹，甚叫放风？"胡立功惊问道。

不等贾宝执回话，一直守在一旁的贾宝儿说道："放风就是放气……"

众人听了便都笑将起来。贾宝执则严肃道："唉——，可不要瞎说。俺说的放风，就是打开夹板布子，看看愈合情况。"胡立功见众人一阵讪笑，一脸尴尬，连声"呵、呵、呵"，招呼也顾不得打，只管牵着孩子去了。

且说这位有头有脸的机关干部，想必也断文识字，怎奈不谙人情世故，被在场的庄户人看扁了，却还毫不察觉。次日，领着孩子早早来到旅店，见人便问："你们老主任到哪垯去了？"

"回去了。"饲养员爱答不理道。

"唉，咋的他就回去了？说下给俺娃放风嘛。"

"人家穷得身上一毛钱也没啦，饿着肚皮跑回去了。"

见话不投机，转身又问贾宝儿："老贾，老主任真的回去了？"贾宝儿则道："回倒是没啦回去。他身边没啦钱买吃的，到他妹子家吃饭去了。"

"他妹子家在哪垯？"

贾宝儿原本知晓，却说："晓不下。"胡立功不知所措，只道："唉，这、这怎么办？"站了一会儿无人理睬，只好回了。随后，贾宝儿去到骡马市场，对贾宝执说："那人又来了，叫你给放风哩。这人忒小气，俺把他打发走了。"又把他们如何戏弄学了一番，贾宝执听了，说道："唉，你们还能那样了？这的个对人家，岂不是显得咱更小气？宝儿哩，咱不是为挣一顿饭吃，咱是为那娃哩。"贾宝儿辩解道："他是一个挣钱的人，像个铁公鸡，哪知你的辛苦？他要真穷的，咱就是倒搭也情愿。"贾宝执无奈地哀叹道："不能那样，不能那样哩。咱为的是那娃！"说着，拔腿便向几里外的县粮食局去了。这时挨近晌午，艳阳高照，大地炙热，贾宝执走出市场不远，头上已冒出汗珠来。赶至县粮食局，人说胡立功今日请假，让到家里去。一个小年轻自告奋勇，领着他行至胡立功家大门外，喊道："老胡在家吗？"屋里胡妻回话，说寻贾宝执给娃接骨去了。那小年轻说："贾主任来了。"胡妻听得，倒屣相迎，急急走出门来，连声迭地请贾宝执进屋。贾宝执站着正欲解释，胡立功父子却回了来。贾宝执二话没说，便为孩子"放风"。见一切正常，重新包扎妥当，简略交代两句，便离开胡家，赶回旅店，众人正等他吃饭。贾宝儿看他一身湿透，疼惜得直"哼哼唉唉"，一面端来一盆凉水帮他更衣擦汗，其情其景亦令人感动。

　　却说物资交流会结束，贾宝儿一行回到村里。村革委会副主任贾老棒问起交流会情况，众人谈罢交易趣闻诸事，贾宝儿又提起贾宝执接骨一端，仍耿耿于怀。因道："那薄情寡义之人，咱想都不想搭理。可老主任每天不厌其烦给那娃儿接骨放风，头天还亲自登门……"贾老棒呵呵一笑，把旱烟嘴移开，说："这的个事，在老主任身上还算事？俺给你们讲一讲黄二狗的故事。"他所说这黄二狗，是邻村的一个青年，看似精明却是个豆渣脑袋。1967年跟上付古兴"造反"，一天，在白家沟公社开过批判大会，一伙人便举着旗子到大街小巷示威游行。你道那大街有多大，丈余宽千米长而已，且凹凸不平。队伍行至贾宝执院门，那"造反派"小头目陶斌儿激情偾张，喊道："造反派战友们，使出牛劲来，喊'打倒走资派贾宝执'！"那黄二狗平日里就拙嘴笨腮，经陶斌儿一鼓噪，又蹦又跳，跟着高腔大嗓振臂高呼未半，脚下却踩滑一块磐石，趔趄摔倒，正好那举旗的"铁臂"结结实实跌在地上裂了。霎时满脸青紫，痛得龇牙咧嘴，直冒虚汗。两位"战友"将其扶回公社院里，一人问："咋办？"另一人说："现而今只能求贾宝执咧。"那黄二狗忍住剧痛，长嘘一声，说："咱是造人家的反，喊打到人家跌折的，不知人家给不给咱接哩。"正说着，黄二狗老爹赶了来，一听缘由，呵斥道："你干甚不好？偏去造贾主任的反，这、这不是自作孽么。唉——"说罢想了想：贾宝执素来是个仁义之人，想必不会与俺计较。于是，带上儿子找到贾宝执家去。那黄二狗一见贾宝执，心怯神晃，不敢抬眼。贾宝执听其说罢来由，微笑道："没甚没甚。"二话不说，备好材料，就将黄二狗胳臂断骨接上了。此事很快便被村上人知晓，有人对贾宝执说："他是造你的反摔断了的，木匠带枷，自作自受，也是老天给的报应哦，你为甚还给他接？"贾宝执淡淡一笑说："他们造我的反，不过喊几声口号，这算个甚？毕竟是年轻娃娃，不及时接上，落下残疾，那可要耽误他一辈子哩。"……（此处残缺数字）贾宝儿人等听了这段故事，一时间都沉默无语，只听得贾老棒问道："你们说说，这事是可笑还是可气？唉，这就是咱老主任哩。"于是，一个个面带羞愧，开颜而笑。接着众人又如何如沐春风，高谈阔论不提。

且说这日，贾宝执从地里回村歇晌，路过公社大门，听见屋里有人狂笑不止，站着听罢，心中好不生疑。看官，你道贾宝执听到何事，竟然如此这般？欲知详情，请听下回分解。

第二十回

谋权者借机布陷阱　贾克儒知错揭阴谋

第二十天

这日父女俩一落座，凯丽便问道："爹爹，昨儿张大妈说社区请您做报告，您准备讲什么呀？到时我可不可以同去？"

"当然可以。咱们回中国已有一个来月了，届时爹爹让你也讲一讲感受，如何？"

"哈哈哈，我可不敢。"

"这个问题嘛，咱们下午可以商讨商讨。现在，爹爹回答你昨日提问。"钟先生抿了抿茶水，讲道，"话说当年，有一位叫黄炎培的国统区参议员访问延安，亲眼看见延安与重庆截然不同的清新景象，便与毛主席做了一次推心置腹的畅谈。他说，一部中国历史就是'其兴也勃焉，其亡也忽焉'的政权更替史，你们共产党人如何跳出这个历史周期律啊？毛主席说，我们已经找到了新路，这就是让百姓来监督党和政府的民主体制。故事就是这样。对此我理解，'文革'就是这种民主体制的一次大胆尝试。既然是尝试，成也是败也是，后人得经验教训足矣。"凯丽随即问："那为什么不叫'民主运动'，而叫'文化革命'呢？"这一问，钟先生拍案笑道："好，好，此问切中关键。女儿啊，容爹爹想想。好，有了。脱离人民群众的官僚主义、脱离实际的主观主义、唯官至上的官本主义、损公肥私贪图安逸的享乐主义，如此等等，是不是中国封建社会产生的文化糟粕？毛主席发动人民群众起来批判诸如此类文化毒瘤，岂能不叫'文化革命'？号召亿万人民群众起来行使非常民主，岂能不叫'大革命'？"钟先生停了停，接着说道："人民群众有了民主权利，党和政府便可反听而聪，内视而明，正所谓'自胜之谓强'，何来'历史周期律'？女儿可懂？"凯丽郑重地点了点头说："懂了。谢谢爹爹。"钟先生又道："女儿啊，爹爹开篇讲述英雄时说过，圣雄是为天地树心，为生民立命，为万世开太平，还记得吗？毛主席便是当今圣雄哩。"

"在'文革'当中，贾宝执一个基层党支部书记，他受到伤害，为什么无怨无悔呢？"

"女儿又问到要害了。不过，现在要读《英雄生死录》，不便多讲了。爹爹用一句话来回答，只能说：这是他的一种信念，即坚信党中央与毛泽东主席有错必改，有邪必纠。"

凯丽听罢，连连点头，一脸欣喜与钦佩之色，一边低眉翻到第二十回，随即响起清脆而铿锵的朗诵声音——

诗曰：小人之腹度君心，丢尽祖宗一世名。
　　　尔作我行天在看，贤愚善恶自分明。

话说那个非常年月，形势跌宕起伏，令人眼花缭乱，心摇神荡。1967年11月，白家沟百姓得知，原来年初党中央就有"农村社队不进行夺权"的通知，便向付古兴等人造起反来。那付古兴眼看瞒哄不过，做贼心虚，不得不顺水推舟，冠冕堂皇地"解放"了贾宝执，却并未恢复原职，瞒天过海而已。尽管如此，他们依然两面三刀，继续造谣生事，往贾宝执身上泼脏水。进入1968年，党中央要求两派大联合，"造反派"们也只能偃旗息鼓，迁延观望了。

却说1968年入冬的一天，白家沟村民听说贾宝执三儿子油东成亲，少不了言三语四。对于这宗事，反应最为热烈的，自然是社员群众。多少年来，但凡贾宝执家里有个事，谁不情愿帮个忙搭个手呢，可每次都被贾宝执谢绝。这回众人说，老主任如今遭难，好不容易碰上这么个喜庆日子，说成啥也不能依着他了。这是多数人的心愿。不过，还有一些人则另有玄机。众人都晓得，自从付古兴扯起"造反有理"大旗，篡夺白家沟人民公社领导权，就无中生有，颠倒黑白，明枪暗箭，大打出手，欲置贾宝执于死地而后快。不曾料到，不仅未能如愿，反而不得不让贾宝执站了出来。虽则白家沟仍在他的掌控之中，但凭政治嗅觉，付古兴隐隐感到，这"气候"对他是愈来愈不妙了。倘若贾宝执就这样平安无事，便注定没有他们的好下场。故而，在贾宝执儿子成亲这件事情上，付古兴打起了歪主意。心下正盘算着，那五大三粗的陶斌儿，突然从外面闯进门来。这陶斌儿在"文革"前，本是白家沟公社的一名补贴干部，好逸恶劳，与付古兴气味相投。付古兴造反上台便将其转为脱产干部，成了心腹。这些日子，见付古兴愁眉不展，他自己也便六神无主，东游西窜，拖着鼠尾四处探听消息，一连数日几无收获。这日，听说贾宝执家有喜事要办，心里好似吞下醋溜溜，很不是个滋味。因此上，一进屋便长叫一声，拉开四肢横躺炕上。付古兴虽则心境不佳，但见陶斌儿这般情绪，恐其泄了锐气，便道："斌子哩，他贾宝执站出来没甚了不起，这权还在咱手里攥住，不会轻易让给他。"说罢，从衣袋里掏出一支大前门香烟，扔给陶斌儿。那陶斌儿从炕席上拾起烟卷，坐起来又"唉"了一声，一面摸打火机，一面说道："唉，话是这么说，可到底还是人家根子硬巴。全国著名劳模，中央都挂了号的。现如今怕是人家时来运转，咱是王二小过年哩。"付古兴连忙接道："瞧你，碰到一点坷针就缩手。这几年，你没瞅见，形势高一阵低一阵的。只要咱稳住阵脚，多给县革委里的人送上点，等待等待，咱们的鸿运还会有的。"

"话是这么说，可人家眼下又往出站，又是娶媳妇办喜事……"

"不就是他老三娶个媳妇吗？"

付古兴说罢，沉吟半晌，贼眼珠子一溜转，说道："斌子，这或许还是咱哥儿们的喜呢。"

陶斌儿两眼一愣，不解地问道："你这不是说疯话吧，咋的个是咱们的喜？"

付古兴呵呵一笑，探过身子去，凑近陶斌儿耳根如此这般一嘀咕，那陶斌儿当下乐得大嘴扯到耳根子，发出一阵刺耳的狂笑声。付古兴站起身来，一只脚踏住炕沿，摇晃着脑袋，得意地说道："爷爷这个办法，在策略上叫作顺水推舟。甚叫顺水推舟？嘿嘿，你听爷爷讲，眼下村里人听说贾宝执给油东娶媳妇，肯定想借这个机会庆贺一番，扬个眉吐个气。他贾宝执呢，倒不敢咋的个，可众人一煽呼，恐怕也由不得他了。再说，他想闹新式，简简单单，他那七大姑八大姨们能答应他？咱们呢，借着这股势头，再给他加把火，临了以公社全体干部名义，大张旗鼓给他送上。常言道，官不打送礼的。再说法不治众，到时候他不答应也不行。嘿嘿，只要闹闹哄哄把婚事一办，咱就把柄在手了。他贾宝执纵有十张嘴，能推脱复辟'四旧'的罪责？咱公社党委立马来个'斗私批修'，看他还往哪里站？"

"哈哈哈，帅才，帅才。那老家伙是你当初认下的干爹，你和务东又是拜食兄弟，咱们这的个好比老妖婆骑瘦驴——严实无缝。哈哈……"陶斌儿从炕上跳将起来，手舞足蹈，接道："这叫油糕打刺猬——软不塌塌扔去，没他招架的！"

"你这个油嘴儿，还能美美吃他一顿油糕哩！"

陶斌儿禁不住流着涎水，咧开大嘴嘿嘿地笑个不停。当天晚上，付古兴跟陶斌儿等人做了具体部署，未几又叫来几个不明底细的外村社员安顿一番。于是，一场为贾宝执儿子娶媳妇办喜事的准备工作，明里暗里张罗起来了。这是后话，暂且不表。

却说贾宝执从地里回村歇晌，路过公社大门，听得屋里陶斌儿的狂笑声，顺便走了进去。付古兴、陶斌儿二人见了，又是倒水，又是掏烟，忙个不迭。陶斌儿捧上水杯，嘻嘻笑道："老主任，恭喜您咧！"贾宝执将铁锹靠着窗台往地上一杵，转过身，一边摸烟袋，一边说道："俺有甚喜啊乐的？"陶斌儿故作惊讶道："啊呀，老主任，你还瞒住俺们呢？满街满巷都嚷开了，说老主任要使唤儿媳妇呢。"贾宝执往烟锅里捏着烟沫，说道："油东娶个媳妇有甚大惊小怪的？"陶斌儿嬉皮笑脸恭维道："唉，这说明老主任脸大面宽，威信高，群众基础牢哩。像俺这些人，莫说儿子办喜事，就是自个办喜事，谁搭理呢。嘻嘻，是也不是？"陶斌儿见贾宝执捏满一锅烟，连忙将打火机凑过去，贾宝执却自己划了根火柴，把烟点着了，咝咝地吸了两口，郑重其事地说道："俺说古兴啊，眼下农田基本建设这的个忙，你们也不到地里转转，咋的个领导大家学大寨呀？'斗私批修'文件都传达了，公社党委还这的个冷清清的。咱领导干部要带头哦。要不，俺看危险哩。"付古兴听着，只觉身上不寒而栗，连忙辩解道："老主任，俺们已经研究过了，正准备请您指导指导哩。"贾宝执说："俺有啥指导的，咱们都按毛主席、党中央的指示办就对了，是不是？就这，你们忙吧，俺还有营生呢。"说着，挽了烟袋，提起铁锨迈腿出了大门。付古兴、陶斌儿二人被晾在屋里，你看看我，我看看你，呆了半晌。付古兴哼了一声，端起那杯凉开水，咕嘟一口喝了，啪地放回桌上，气咻咻地骂道："俺看你贾宝执咋的个破四旧！"

冬日的前晌没有风，阳光和暖。沟底冻冰光蛋蛋的，浮动着一层油似的，闪着泛绿的日光，晃得人睁不开眼。老远望去，冰面平静而肃穆，可你走到跟前，山泉却在下面汩汩躁动。这日，社员们都在水库劳动，不知谁又提起油东娶媳妇事，众人便七嘴八舌地嚷开了。突然，只听得戴翻皮帽的贾克儒高腔大嗓地说道："老主任为咱们操劳了几十年，如今好不容易有了一件喜事，咱们大伙儿一起帮着红火热闹一场，咋的个？"一个憨厚的中年人受了感动，说道："是哩，咱们就是少吃少喝，也要把老主任这件喜事办得有个样子。让那些鬼们睁开狗眼瞧瞧。"贾克儒一听，越发眉飞色舞，接道："是啦，大叔说得在理。咱们不帮衬老主任把这事办得红火些，就对不住老主任咧。"一个胖小伙更是欢呼雀跃，说道："对着哩。到时候，担水、磨面、碾米、做豆腐，这些粗力活儿，咱们后生包了。"话音未落，沟里爆发出一阵热烈的掌声。等众人笑罢，老贫农贾老山不紧不慢地说道："老主任的脾性，大伙儿不是不清楚，他能答应啰？这的个红白喜事，前些年他就不主张吹吹打打、大吃二喝，眼下是甚光景？趁早收起这份心思，不要瞎吵嚷，耽误营生。"贾克儒随即冲着贾老山喊道："老山伯，你懂个啥？咱们这回给老主任大办一场，带有特殊的意义喔。你忘了？听说初办社那阵，老主任为了彰显合作社的优越性，给贾来生一伙光棍汉娶媳妇，不就是坐轿放炮、吹吹打打，闹得风风光光吗？如今咱们一为油东娶媳妇，二为庆祝老主任站出来，大伙儿说是呀不是？"

"对的哩！"众人的吼喊声惊起一群山雀，扑棱棱往山坳飞了。

这天，饲养员贾石虎也在水库动弹。他平日里对喜欢吹吹拍拍的贾克儒就看不顺眼，特别是近二年又常和付古兴、陶斌儿那伙人厮混，更觉反感。刚才听他吆三喝四，心里总觉一股怪味，可就是茶壶里煮饺子——有嘴倒（道）不出来，一直闷着头铲土。这会儿实在憋不住了，脱口说道："照俺说呀，这是给老主任帮倒忙哩。"

"哦嗬，你说得比唱得还好听。甚是帮倒忙？啊，俺看你是薄情寡义。"贾克儒晃荡着那翻皮帽耳，冲着贾石虎理直气壮地叫道。

"克儒，你别嚷。你忘了老主任常讲的'不用枪不用炮，说说笑笑变了色，吃吃喝喝倒了灶'？俺问你，大吃二喝，符不符合艰苦奋斗精神？领导干部为儿子娶媳妇搞'四旧'，这是不是以身作则。至于说情义，咱要看是甚阶级情义咧。"贾石虎说完便只顾埋头使劲铲土。

"啊，阶级，咱们大伙儿是甚阶级？"贾克儒扭着脖子，瞪着一双眼，颇不服气，边说边往贾石虎这边走来。"咋的，要打架不是？"贾石虎见贾克儒走至跟前，呼地挺直腰，将铁锨唰地朝土里一插，拿着反击的架势。众人都停下活计，将他二人瞅住。只见那贾克儒两手叉腰，伸长脖颈，把脸对着贾石虎的鼻尖，挑逗地死盯，眼看就要厮打起来。众人一看急了，正要抢过去拉架，却见贾克儒做了个鬼脸，哈哈一笑，狼狈地往回颠儿了。你道咋的？原来贾宝执从贾石虎背后的坡底上来了，众人哄然大笑起来。贾宝执见大家笑得莫名其妙，问是咋的，众人便将刚才的争论诉说一番。贾宝执听罢，笑了笑说道："克儒子，你是要用武力推行错误路线，是呀不是？"众人又是哄的一阵大笑。那贾克儒则涨红着脸坐在地上玩起土坷垃来。等大家笑罢，这才抬起头，带着几分委屈的样子，对着贾宝执说道："俺们才刚只是商议咋的个办油东喜事哩。"

　　"油东娶媳妇，你操甚心？"贾宝执呵呵笑道，"俺看这份闲心还是少操的好。好了，干活儿吧。不要抓了烂棉毯，丢了咱这刮金板咧。"说罢，一抖臂膀，扔掉披着的老羊皮袄，操起铁锨便干起活来。立时，众人一个个有说有笑跟上，抢锄的抢锄，铲土的铲土，推车的推车，工地上荡起阵阵欢乐热浪。贾宝执说一不二的性情，在白家沟无人不知、无人不晓。打这以后，众人再不敢提及油东娶媳妇之事。唯独付古兴、陶斌儿人等，表面不动声色，私下里却游来窜去，紧锣密鼓愈加忙活了。

　　且说这天晌午，贾宝执收工回家，一进门便见老姐姐拉长个脸在炕上坐着，虽则吃了一惊，却也料到几分。贾宝执这老姐五十六七年纪，尖下颌，薄嘴唇，脸上满布皱纹；打小就是个偏脾气，快嘴头，三句话不饶人的主，家里谁都惧她三分。昨日在集上听说侄儿将娶媳妇，今日一大早搭乘一辆驴车，便赶了来。因未受到邀请，夜里气得一宵没有合眼，一路上窝着一肚气："哼，这么大桩事竟悄悄咪咪地瞒住俺，你说气人不气人咧！"她闭目一想，这招除去兄弟，没人想得出来。这当儿，听见贾宝执的脚步声，便唰地把脸拉了下来。贾宝执进门一看这副架势，故意笑道："哦嗬，姐姐还有工夫走动？"老姐姐嘴皮一瘪，没好气地答道："哼，还不走走，赶后儿见了面怕成了反贴的门神哩！"贾宝执生怕老姐姐真的动气，便笑着解释道："多会儿侄儿也不能忘了姑姑舅舅。这回油东娶亲，不摆席，不吃酒，不请客，不耽误地里的营生，这是革'四旧'的命哩。"老姐姐抢白道："老话说得好，姑舅亲，打折骨子连着筋。这命革来革去，连姑啊舅的全革啦？街坊也不要啦？革命就不兴娶媳妇红火红火、吃点喝点啦？那以后你老两口老了，也革个命，谁也不管不问，看你咋的个办。"说着一家子一阵嬉笑，她自己也忍不住扑哧一声笑了。贾宝执便道："那可好，要能那样，革命可就彻底了！"把大家逗得又是一阵好乐。等众人笑罢，老姐姐板着脸，厉声说道："说正经吧，是办呀还是不办？"说完偷偷地跟务东娘对了一下眼色。务东娘只忙着做饭，没有言语，但看得出，她与老姐姐是站在一个战壕里的。此时此刻，贾宝执是完全孤立了。但他依旧微笑着，不急不喘、不愠不火，点燃一锅烟，吧嗒吧嗒几口，这才反问道："姐姐，你说说，为甚非办不行？"老姐姐两眼一瞋，嘴皮一翻，连珠炮似的答道："为甚？为你，为油东儿，为咱贾氏门宗！老辈子常说，人活脸面树活皮，墙崖崖活的圪渣泥呢。人活一生一世，不为吃不为穿，还不能要个体面？旧时俺家穷苦，吃没吃、喝没喝。你娶东儿娘，连一床囫囵被褥也没啦，娘为这事伤心得哭了几场。俺出嫁时，人小不晓事，嫌咱娘不给买根红头绳，心里难活得抹了几天泪。大了些才晓下，不是娘不疼俺，是咱家穷得买不起哩。"老姐姐说到这里，鼻子一阵发酸，泪水扑簌簌掉落下来。务东娘一旁见了，也忍不住撩起衣襟拭泪。贾宝执靠着墙根坐着，默默地抽着烟，只听得咝咝的声响。静默了好一刻，老姐姐擦干泪水，又道："现如今，你们虽说不算富裕，也不是撑不起这个体面。俺们小时恓惶是给财主逼的，如今可不能再让油东儿受了委屈。唉，俺们这些已是半截身子埋在土里的人，咋的个不行？可总得替东儿他们想想。前日，贾克儒给俺叨唠，说村里尽是说闲话的。俺一听，心里好不难活。心想，俺那兄弟为众人办了大半辈子事，家没置下，可是有个好名声。如今，连这个好名声也要给他自个儿踢塌哩！"

贾宝执听着，忽然发现什么机密似的，放下旱烟袋，抬起两道惊觉的目光，望着老姐姐问道："克儒几时见你来？"

"前日集市上哩。"

"他给你说了些甚？"

"别的没啦说甚，就告诉俺油东快要娶媳妇哩，问俺去呀不。俺说一点也没啦听说呀，你哄俺吧。他说不哄你，这是真个的。老主任要'破四旧、立四新'，恐怕不会告你哩。他还说，为这事村里可嚷塌咧。俺问嚷些甚？他说众人说的，老主任破'四旧'是为个好名声，实际呢是怕花钱，怕众人吃了喝了他的。历经'文化革命'，老主任学精明哩，开始攒家备后事啦。为了这，连儿子娶媳妇儿也舍不得拔一根汗毛。务东娘，这些话不知你们听来没啦，听了叫人好寒心咧。"

这番话，贾宝执和他老伴自然是听不到的。但他相信，这些闲言碎语，绝非出自村里乡亲之口。那么，贾克儒是从甚地方听得？贾克儒，那个戴翻皮帽的后生，突然过电影一般在脑海里闪跳起来：在集上和老姐姐说东道西，在水库和贾石虎争吵闹架，在公社常和陶斌儿一伙人玩扑克、吹牛皮……联想那日付古兴和陶斌儿对自己的反常态度，此事恐非碰巧。于是起身说道："姐姐且消停消停，俺出去一遭。饭熟了，你们先吃，俺一阵儿工夫就回来。"说罢，匆匆出了街门。大半晌，贾宝执从外面回来时，众人都已吃散。老伴屋里屋外忙着，老姐姐依旧盘坐炕上。贾宝执一面吃饭，一面回味贾克儒刚才所谈情况，心里着实不安起来。那老姐姐见兄弟只顾吃，一声不吭，以为是饿的，没有打扰。一直等到兄弟吃罢，拿起旱烟袋，她又逼问道："你倒是说句干脆话，油东儿这事到底办呀不办？"贾宝执沉思半晌，这才说道："姐姐哩，在旧时，但凡有个婚丧嫁娶，就要请客送礼，大摆宴席，说这样才体面。这是谁家章程？这是地主老财们的章程。他们不劳而获，成天起来干甚？花天酒地，吃喝玩耍。穷人没啦吃没啦喝，要体面吗？送礼吧，借债吧，直到把你闹得家败人亡。现如今咱当家做主了，一些人又吹呼那一套，你以为是抬举咱？他们是黄鼠狼给鸡拜年咧。你还记得不记得'黑乌蛇'，红军过河以前，他对咱有多狠毒，俺们饿得吃观音土，他连糠皮也舍不得给咱一口。可'晋西事变'以后，嘿，他一下变得老实和善了。有一天给咱送来老酒大肉，还一口一个哥呀弟的。你以为他是回心转意了？他是想拉俺这个自卫队队长下水，好包庇他在事变中的罪行哩。眼下，也有人想借油东娶媳妇这事计算咱呢。"老姐姐一瞪眼，骂道："啊呀，谁个挨刀的瞎了狗眼！"贾宝执划根火柴，点着烟，吧嗒两口道："那还有谁？"老姐姐道："是付古兴那伙死不了的？他们还不肯罢休哦？"

贾宝执道："唉，人家想得可周全哩。什么你站出来是一喜，油东结婚又是一喜，双喜临门还不大办啊？还说不用俺操心，由公社出面帮办。"

老姐姐"呸"地啐了一口，说道："谁稀罕他！咱就是穷得拉枣木棍，也不求他施舍。俺自己个儿办个样子给他看看！"

贾宝执一听，忍不住咧嘴乐了，说道："好个姐姐呢，人家正逼住咱自己办哩。"

老姐姐一拍膝盖头，说道："俺办就办，怕他龟孙子做甚？"

务东娘一边忙着拾掇，一边把老伴的话悄悄往心里头听着。这刻她也觉着老姐姐的主意使不得了，因劝道："姐姐哩，现如今俺们还是当心一点好哦。"老姐姐张着嘴，望着务东娘愣了半晌，这才长长地"哦"了一声，说道："他龟孙子是想逼人下井，再搬石头往里捣，是呀不是？要是这的个，还是不办好。机明了，那俺后晌就回呀。"务东娘连忙阻止道："唉，翻山跨沟的来了，还不多住几日。"贾宝执也劝说："姐姐就别走啦，等着看罢大戏再走吧。"老姐姐听贾宝执说了这话才答应留下来，又如何与弟媳浆洗缝补诸事不提。

且说这日清晨，朝霞满天，白霜铺地，晴空万里。群山披着金色盛装，雄鸡挺着血红冠子啼鸣，伴随着袅袅炊烟，在山谷里回荡。社员们天不明都到了水库工地，快到收工吃早饭时分，忽然只听沟口有人高声喊道："嗨——，油东娶媳妇哩，老主任叫大家回村红火咧！"众人听了都不由得一阵惊诧，抬头望时，只见戴翻皮帽的贾克儒呼喊着朝工地奔跑而来。

"唉，咋的个不声不响就办了？"

"老主任不是不叫红火吗？咋的个还来喊呢？"

"准是这贾克儒又日哄人哩！"

众人正嚷着，贾克儒已到跟前。那贾石虎提起铁锨大步走过去，不管青红皂白，一把拽住贾克儒的领口，厉声问道："这是真的还是你故意往老主任脸上蹭屎抹黑？"贾克儒慌忙答道："这可是真的，要有半点作假，俺就是龟孙子！"众人见他说得诚恳，便道："看样子不像假的。走，晚了捞不到烟抽哩。"说着，争先恐后往村里赶。众人一进村，工具也顾不得放，便直奔贾宝执家去。一看，院里院外打扫一净，大门两旁张贴着鲜红对联。上联是：狠抓革命猛促生产；下联是：破除"四旧"立创"四新"；横联是：继续革命。一大群汝子孩儿挤在洞房窗外争瞅新娘子。其余一切皆同平日无异。不大一阵工夫，人们满满当当挤了一窑一院。新郎一边招呼众人入座，一边拿烟送糖。贾宝执见人来得不差甚，便对众人说道："今儿趁吃早饭时光，咱开个短会，请大家……"话犹未了，只听得从公社院子方向隐约传来锣鼓叮咚唢呐声声。孩儿们一听，呼呼啦啦朝院外撒腿便跑。说话间，已听得唢呐吱吱哇哇来到院前。众人当下惊喜地挤出院门，只见那陶斌儿领着十几号人马，端着扛着各色礼品，与一班八音队，吹吹打打走了过来。行至院门，陶斌儿招呼随从众人停下，独自走进院门对贾宝执说道："老主任，俺代表全公社革命群众向你道喜来了。"贾宝执见来者有公社一般人员，也有生产队干部，一支八音队也是邻村社员，便与大家招呼过了。随即走到陶斌儿跟前，问道："陶斌儿，俺大小也是公社的一个成员，俺问你，公社几时研究让你代表大家这样闹来？"陶斌儿大嘴一咧，谄笑道："老主任历来谦虚谨慎，又是自家的喜事，付书记怕你不好说话，所以研究时没啦通知你。"贾宝执责道："运动都几年了，为甚还搞这一套？一个公社负责人，不去带头破旧立新，这是做甚？"陶斌儿一听，心里暗暗打颤，脸上却故作镇定，答道："老主任，你把话说到哪垯去哩。大伙儿是为你站出来工作，庆贺毛主席革命路线的伟大胜利咧！"贾宝执两眉微微一抖，说道："陶斌儿，你说话不怕风扇舌头。甚叫毛主席革命路线的伟大胜利？俺们该用甚来庆贺这个伟大胜利？你当着大伙儿把这两个问题讲一讲。"陶斌儿偷偷左右一瞥，只见几十双犀利目光看着自己，霎时冒出一头冷汗。有人已经看出来者别有玄机，便催道："你讲呀。"他这才强打精神，朝贾宝执嘻嘻一笑，说道："老主任，虽说咱用的是老祖宗那一套，可想法是革命的呀。听说当初您办互助组那阵儿，您为那些光棍汉娶媳妇，也是照用老祖宗这玩意儿呢。"贾宝执随即答道："是哦，有这疙瘩事。在场老一茬的都晓得，在旧时咱贫下中农穷得娶不起媳妇，共产党八路军来了，穷人翻了身，可那些地主老财却说咱穷光蛋扬不起黄尘。哪想到，互助组才闹两年，咱穷光蛋就发了，光棍汉也能娶媳妇了。那时有钱人家娶媳妇有轿子坐，为了显示咱集体的好，俺们给几个光棍汉也坐了轿子。这就是刚才陶斌儿说的用了老祖宗的玩意儿。今天俺倒要请问陶斌儿，你们这样扯旗放炮的，也是为了显示集体经济的好？"陶斌儿一挺脖梗，理直气壮地答道："俺们是为庆贺毛主席革命路线的胜利呀！"话音未落，忽听有人大喊一声："陶斌儿！"人群中跳出一个人来，众人一看，都傻了眼。原来不是别人，正是戴翻皮帽的贾克儒。只见他三步并作两步冲到陶斌儿面前，指着鼻子骂道："你们太灰啦！俺今儿要当着众人的面，揭穿你们的鬼把戏！"于是，他将付古兴与陶斌儿等人如何密谋，使用猪八戒爬墙之计，如何指使他造谣生事，其后贾宝执又如何帮助他醒悟，从头至尾说了个备细。众人听了，满院子嚷叫起来。那贾石虎从人背后挤将过去，冷不防一把拽住陶斌儿，狠命一推一搡，叫道："好你个陶斌儿，你们这是腊月的烂葱——叶落根枯，害人的心不死！是呀不是？不老实交代，看爷爷掐死你。"那陶斌儿早已吓得三尺神散，满额冒汗，慌忙咧开大嘴告饶道："唉，唉，石虎哥，官、官不打送礼的嘛。"众人见他又是一派胡言，一齐呐喊着拥上来。贾宝执怕众人真的动起手来，赶忙上前拉开贾石虎，对陶斌儿严厉叱责道："斌儿，看见没啦？搞阴谋诡计的人有甚好果子吃？还不老老实实把这些个东西拾掇回去，告诉付古兴，要抓革命促生产，再不要搞邪门歪道了。"陶斌儿知己露馅，早想溜掉，不等贾宝执说完，急急转身便逃，只恨娘少给他长了一条腿，众人则哄然一阵大笑。笑罢，贾石虎叫道："老主任，您不是说要开个会吗？不早啦，开咱们的会吧。"只见贾宝执两颊红润，满面笑纹，回头看了看贾克儒，便说："乡亲们，俺要开的会，到此结束！"众人先是一怔，接着恍然大悟，禁不住爆发出一阵阵清脆的掌声和欢笑声。跟随陶斌儿的那些干部村民，原本都是被哄骗来的，方才得知真情，一个个赧然难以启齿。停了片刻，只见八音队一人说道："乡亲们，从今往后俺们可要用心读毛主席的书，识别好赖。现刻咱们要求吹一段革命歌曲，表表心意，众人觉着咋的个？"众人齐声叫道："同意！"于是，几把唢呐唰地一齐举将起来，朝着碧空，顷刻间奏起一首动人乐章《大海航行靠舵手》，词曰：

　　大海航行靠舵手，万物生长靠太阳。

　　雨露滋润禾苗壮，干革命靠的是毛泽东思想。

　　鱼儿离不开水呀，瓜儿离不开秧。

　　革命群众离不开共产党，毛泽东思想是不落的太阳。

　　……

　　一时间喜气洋洋者也。有道是：你有张良计，我有过墙梯。那陶斌儿回到公社，付古兴一见那灰不溜秋样子，便知计谋失算。接下来如何冲着陶斌儿大发脾气，高声训斥姑且按下不表。

　　且说当时，全国形势日渐好转。大学毕业生开始陆续分配工作，大批中学生上山下乡，机关干部经过"斗私批修"消除派性，有的进入"五七干校"，有的下放插队接受贫下中农再教育，一切有序而平稳。历时两年动荡结束，由此万马齐喑。然而到了1971年，"九一三"事件有如惊天闷雷，震惊华夏，一时如同春天，万物又躁动起来。白家沟公社青年白埃前变卖家产以为盘缠，避开付古兴之流，去到外地住店书写状纸，向中共中央办公厅、国务院、中央军委等权威机关投诉告状，强烈要求上级机关派人查处付古兴一伙的罪恶与贾宝执的冤情。1972年5月，省、地、县三级党委成立联合调查组，终于查清付古兴篡权谋私、违法乱纪等罪刑，将其开除党籍与公职，移交司法机关依法庭审宣判后锒铛入狱，其余跳梁小丑分别受到应有惩处。同年10月，中共兴县县委为贾宝执以及白家沟所有蒙冤干部群众平反昭雪，恢复名誉，贾宝执则重新回到工作岗位。跟着，新组建的中共吕梁地委、地革委会下达任命状：贾宝执为中共兴县委员会常委、县革委会副主任，兼任白家沟党支部书记及白家沟公社主任。至此，经过磨难而忠贞不屈的贾宝执，其威望已不可同日而语了。这天，他从县革委开罢会回到家里，发觉一件事而大为光火，吓坏了老伴与家人。看官，你道何事竟至如此？欲知详情，且看下回分解。

第二十一回

老伴情深特备美味　丈夫意远奈何罢食

第二十一天

一大清早，凯丽刚刚收拾好餐具，张大妈便领着两位青年男女登门造访，说是"抖音"派来采访钟先生的记者。钟先生受宠若惊，笑道："钟某碌碌无为，焉能受此殊荣？"张大妈一旁解释说："他们是为你们父女俩捐款事来的，耽误不了多少时间。"又转向女记者问，"是这个意思吧？"那女记者嫣然一笑，说道："钟先生刚从国外归来就慷慨解囊，支援祖国抗疫，实属可嘉。"钟先生略一思忖，说："你们既已来了，说说无妨。不过，今天不谈捐款之事，讲讲我为何回国，可好？"女记者一听大喜过望，说："那敢情好，钟先生请便。"于是钟先生端坐沙发，面对摄像机镜头，待女记者几句开场白之后，说道："钟某三十年前离开祖国，浪迹欧美。坦率地说，当时我是追求'民主''自由'去的。最初，他们的一些团体将我奉若上宾，要我发表反华言论，我持保留态度……"接着就将如何被抛弃、偶遇恩人，如何奋发治学、研究当今两大社会制度，一一娓娓道来。临末说道："苦心十余载，方知当初年轻气盛，听信某些所谓专家学者一面之词，险些步入歧途。我曾攻读马克思主义哲学，懂得事物有本质与表象、整体与局部之差别。经过多年实地考察与对比研究，西方的现实彻底刷新了我的世界观。原来国内那些自命不凡之人，他们肆意放大社会主义与资本主义非本质与局部现象，而对两种社会制度本质差别及其优劣避而不谈。钟某终于醒悟了。此次钟某就是带着两部专著归来赎罪的。"话犹未了，那女记者首先鼓起掌来，连声喊道："好，好！"钟先生接道："对不起，钟某还有两句话必须道来。回国停留本市，不期而遇全民抗疫，也因此得以意外捡到同窗好友大作《英雄生死录》。更为巧合的是，两件事都实证了敝人著述中的重要论点。一方有难八方支援，只有在社会主义制度之中才能出现；像贾宝执这样冰魂雪魄的人民英雄，只有在毛泽东思想哺育之下才可产生。因此，窃以为，毛泽东就是为天地立心、为生民立命、为万世开太平的当代圣雄。也正如诺贝尔奖得主杨振宁先生所言，毛泽东是人类历史上的巨人。好，钟某今天就说到此，谢谢诸位！"话音一落，众人掌声骤然响起，连那摄像记者也激动地鼓掌叫好。女记者上前握住钟先生的手，连连道谢，说："这段视频我们会很快播出。"说罢匆匆告辞。

众人离去，凯丽见养父兴奋不已，满脸放光，急忙捧来茶水，陪着养父边饮边说些刚才场面诸事，待钟先生休息足够，说道："爹爹，今日这一回也是您刚才论断的生动注解哦。"说罢开始朗读道——

词曰：大权在握步沉沉，好似履薄冰。不移贫贱，难淫富贵，独善其身。　　见微知著何所惧，蝼蚁毁长城。诚人律己，觉聋警聩，万世忠贞。

话说这天前晌，贾宝执在县革委开罢会，顾不得吃午饭，便饿着肚皮往回赶路。这年他已是五十开外的人，可走起山路来却比前二年还显精神。翻过一道圪梁，跨过一条沟，不歇不喘，敞着襟怀，抹下羊肚子毛巾捏在手里，迈着大步边走边擦拭额上汗水。吕梁山的深秋，已经开始转凉，但晌午日头当顶，还是热烘烘地烤人哩。下个陡坡，就是县城通往白家沟的大车路，沿着这路往西北方向走出十余里，越过一道岭，顺沟蹓一段斜坡，就到了白家沟的南沟。站在这里，抬头就能瞭见村里的炊烟和村北梁脑畔上的苹果园了。这早晚，贾宝执才觉着肚里呱呱地叫唤起来，嗓门干渴得冒烟。在县里吃过早饭，开了大半晌会，领导劝他午饭后再走，他却硬要往回赶。多少年来，城里若无公干，他连一分钟也待不住的。拿他的话说，在城里吃顿饭，整个后晌都白扔在路上了；若赶回村里，还有个囫囵时间。吃一顿饭不打紧，落下的工夫可划算不来。因此上，哪怕城里摆下八碗八碟酒席挽留，也从不答应。况且眼下正是"三秋"大忙季节，谁能留住他呢。

说话间来到白家沟大队地界。这是一垄沟坝地，长有高粱、谷子和玉米。放眼望望，红的黄的，高高低低，参差不齐。微风一吹，满沟荡漾起来，好似一湖波浪，直冲白家沟而去。一群男女社员正在玉米林里掰棒子，有说有唱，叽里呱啦，好不热闹。贾宝执不声不响地进到地里，社员们只管说笑忙碌，谁也没有发现他。过了半晌，一个社员往外倒棒子，不禁叫了一声："老主任回来啦！"大队革委会主任贾老棒，听见声音，快步走来道："老主任，您且回去歇一歇吧。家里听说会议今天结束，早做好饭等您啦。"贾宝执一边掰着棒子，一边答道："等收工再说吧。"

看官，你道贾老棒说的这"饭"指的何物？你不晓我不知，贾宝执更是蒙在鼓里——原来是他平日里最爱吃的软米油糕。吕梁山盛产五谷杂粮，制作软米糕的黍子便是其中之一。这黍子经石碾去皮，叫作软米，有了这软米便可做糕。前日，贾老棒刚把二斤软米送去，贾宝执老伴就张罗开了。贾老棒知道，她这是为赶着丈夫回家享用哩。但见她将软米在细箩里筛了又筛，用清水淘了又淘，晾得半干，再到石碾盘上碾成粉面。今日晌午，听说丈夫已经到了南沟，便忙取出这粉面，用温开水和好饧起。看时辰差不离了，便上笼蒸煮，待熟后顾不得烫手，将其揉成面团，在案板上摊开，把枣泥涂了一层又一层，随后卷作圆筒状，用线绳绳撸成一个个薄片。此时日头早已下山，听见羊倌们吆喝羊群归圈，估摸地头开始收工，她便捅火坐锅放油，动手炸制起来。

且说贾宝执忙到收工回家，天已擦黑。一进家门，老伴见他浑身是土，拿笤帚说道："瞅你这身土，到门外俺给你拾掇拾掇。"贾宝执早已闻见油糕扑鼻香气，忙道："算了吧，有甚吃的，先拿来对付肚皮吧。"说着脱掉鞋，一步跨上炕。老伴见他着实饿了，便扔下笤帚，揭开锅盖，随着一团蒸汽腾起，一股清香溢得满屋都是。

"唔，软米糕，得劲。"贾宝执盘腿坐定，凭着这般气味，他已迫不及待了。

"趁热吃吧，看把你饿成甚哩。"老伴满脸堆笑，端过一碗焦黄灿灿、热气腾腾的软米糕，说道，"前晌听说你要回来，就做下了。唉，左等右等总不见人影儿，又听说你到了南沟地里。唉，忙得吃饭的工夫也没哩。"说着递过一双筷子，贾宝执接过，顺手夹起一块送进嘴里。吃完一个，又将筷子伸到碗里，边夹边问道："唉，记得年时分下的黍子早没啦，新的还没啦下来，这是哪来的？"

"前儿老棒送来的，说是公社老甄给弄的，给大家尝个鲜。"

贾宝执心里一咯噔，问道："他从哪垯弄的？"

"不的确。"

"社员们都分了？"

"哪有那么些，听说就干部们分了些。"

贾宝执白了老伴一眼，拨拉拨拉筷子，把刚夹的一块软米糕甩回碗里，停住问道："你知道他们是从哪垯弄来的？"

"你问俺，俺咋的个晓得？"

"你晓不得，就稀里糊涂收下来！"

"人家大白天提来的，会是偷的抢的哦？又不是白给你，秋后照数扣高粱哩。"

贾宝执心里一沉，有点光火了，说道："为甚吃了软米扣高粱？"

"瞧你这人，这疙瘩事，硬要打破砂锅问到底。快吃吧，吃饱了随你问去。"

"给俺做点别的，俺一会儿就回来。"说着溜下炕，趿着鞋要往门外走，老伴一愣，扯住他道："瞧你急的，好歹把这吃了，有甚话没你问的哦？"

"这糕俺吃不下。"

说罢，瞪了老伴一眼，挣脱手，转身扯着步子走了。

老伴木呆呆地站在屋里，看着丈夫迈出大门，消失在夜幕中，这才回转身。看着自己辛辛苦苦做下的软米糕，心里倏地一圪蠕，眼圈湿了，泪水差点没掉下来。自从十七岁到这个家，三四十年的光阴，酸甜苦辣她都尝过，从来没有因为苦和累同丈夫拌过嘴。尤其是近三十年，丈夫进了党，没明没黑地为集体、为革命奔劳，群众夸奖、上级表扬，她一个人在家伺候了老的照料小的，再苦再累，她都觉着心里舒坦，替丈夫感到光彩。唯有一宗，就是丈夫常常刻薄自己，让她心疼，没少因此拌嘴。丈夫从公公手里接下一门接骨手艺，山区跌腿断胳膊的又多，一年三百六十天，除去工作、劳动，少不了东家接腿西村医足，却从不收取一文一礼，而补贴病人倒是常事。这些，她想得开，因为公公就是这秉性，给穷哥儿们接骨一辈子，自己也穷了一辈子。初办农业社那阵儿，她养下二小子没奶，恰巧村里社员生了个双胞胎，也无奶水。那时合作社刚刚起步，济了这家顾不了那家。临了，当社主任的丈夫决定由社里请奶母喂养那对男孩，却把自己的亲生骨肉送了人。为这事儿，她不知哭了多少个夜晚。后来也渐渐懂得，丈夫所作所为，是听了毛主席的话，共产党员办事就该先替百姓着想。还有好些事情，比如，唯一一次出国访问，政府给的一身崭新呢子制服，回来变卖了换成粗布，分给村里需要的社员；到省城开会，安排住宾馆，他硬住旅店；个别领导干部吃了集体果园风吹落地的苹果，他也要批评。凡此种种，她都依着自己的理解服了。可是，有的事情却愈来愈叫她犯嘀咕。远的不提，就拿前不久大儿子买毛毯那件事来说，她就很觉不平。公买公卖就犯了哪条王法啦？硬要让退回去，真是"树大心空，人老颠东"哩。诸事繁多，不堪尽述，姑且就言此事吧。

说的是一天，大儿子务东兴冲冲从外面回来，一进屋便嚷道："大家看看这块毛毯咋的个？"听得说，一家人都围上扯着看。母亲啧啧赞道："哪哪，这织得多密实。"妹子也不住咂嘴说："呀呀，这颜色好艳。"只有贾宝执一人坐在炕头，自个儿只顾吃饭，没理这茬儿。务东见母亲妹子都夸买得好，颇为得意，便又拿过去，凑到父亲跟前说道："爸，您瞧咋的个？"贾宝执却没有抬眼，一边吃饭，一边问道："你从哪垯弄来的？"

"俺才刚在供销社买的。"务东理直气壮回答。

贾宝执不高兴地说道:"旧的能使唤,就不要买新的。有钱花不了,可以放到储蓄所,支援国家建设。钱该惜的要惜,排场少讲的好哦。"妹子生怕父亲叫退回去,连忙说道:"唉呀,既买回来就算了。以后再要买个啥,先思忖思忖,不该买的就坚决不买。"说罢,调皮地给哥哥使了个眼色。贾宝执不再说什么,看来是同意女儿的意见了。务东觉着父亲不了解实情就批评一通,很是不服。于是向前挪了两步,辩解道:"爸,您可不晓得,这是便宜货哩。俺事前也晓不得,才刚路过供销社,老张把俺喊进去,说刚到一批便宜货,满共只有十来件,不敢摆上柜台,准备内部处理。他说,公社甄副主任说的,你父亲成天为大伙奔忙,从不操心家里事,这类事不优待你们优待谁。他说,这是军用品,质量好价格低,错过机会,就是到北京、上海大地方也买不到的。俺拿过一条看,唉,就是不赖,这才买下了,真是来得早不如赶得巧。"务东讲得眉飞色舞,父亲低头吃饭,脸上的表情他根本没有瞧见。说到这刻,只见父亲将饭碗往炕桌上一搁,抬起头,伸出左手说道:"来,什么好货色,拿过来俺看看。"务东满以为说动了父亲,连忙将毯子递了过去。贾宝执掂着,翻过来瞧瞧,复过去瞅瞅,半晌没有言语。过了好一阵子,才瓮声瓮气地说道:"唔,这货色确实不赖,又便宜,又实惠。"说罢一抬眼问道:"你咋的个不多闹两条回来?"务东只顾高兴,没能品出父亲话里的滋味,便道:"那还不好办,回头俺到供销社去,干脆再买它三条。瞧你们这毯子,烂了这么多窟子,也该使换一条新的了。妹子和兄弟都该买……"

"三条够谁使唤?"贾宝执浓眉一竖,打断儿子的话说道,"你有本事何不买上百八十条,给咱队里每户一条!你再有大本事,就请你给全公社、全县、全省,还有全国的人民群众每人买一条哩!真替你害臊。"说罢,将毯子扔到儿子怀里,摸出旱烟袋又道:"俺问你,谁们给了俺优待权?是党,还是群众?你凭甚该比社员特殊?大家成年累月在地里动弹,一颗汗珠摔成八瓣,打下粮食先贡献给国家,为甚不优待他们?俺当了个支部书记,便宜的事就该咱捞?那不成了国民党的官老爷?真是瞎胡闹,尽往自己脸上抹黑蹭屎。"儿子一声不响地站着，脸皮一阵白一阵红，狼狈不堪。母亲见儿子被训得像个罪人似的，盛上饭端到炕上，说道："罢罢罢，吃饭吧，错了以后改就是了……"贾宝执往炕沿上一敲烟锅子，冲着老伴喊道："你倒说得好听，以后改。这事得立马改，现刻就给俺送去退了！"老伴压住嗓门说："你没听说，这是老甄特地嘱咐给咱留下的。不说别的，也得顾全人家的情面哩。"贾宝执没好气地说："哪来那么多顾全，资产阶级那套情面，就得把它撕了！"老伴轻声说道："你们一个主任，一个副主任，为这疙瘩事伤了和气，往后还咋的工作哩。"贾宝执说道："咱们是在干社会主义革命，不是唱将相和。这事，俺相信他老甄会想通达的。"老伴不解，又道："又不是白吃白拿，花钱买来的。再说货物有限，还能匀匀地每人摊上一条哦，谁买不是一样？"务东是个共产党员，又是国家干部，听父亲这番尖锐批评，感到自己确实错了。他暗自思忖：父亲为革命奋斗三十余年，如今又是县委常委，丝毫不以功臣自居，而自己怎么还有脸皮躺在父亲功劳簿上搞特殊呢？记得小时候，一瞅见地主羔子张牙舞爪，仗势欺人，就恨得牙根直痒痒，自己眼下也产生了特权思想，不是很危险吗？一想到此，好似一股电流穿透脊梁，顿时冒出一身冷汗。这个时刻，听着母亲言语也觉腻歪了，因道："娘，别护俺了，是俺错啦。"说罢，瞄了父亲一眼，抱着毯子转身一溜风朝门外跑了。母亲叫他吃过饭再去，他连头也没回。……（此处残缺）

　　贾宝执老伴直愣愣地想到这里，不禁长长地叹了一口气。自语道："唉，这饭定准是吃不成哩。"又叹口气，这才走到炕边，将软米糕拾掇起来，放进碗柜，而后转到灶旁，捅开火坐上水，准备给丈夫另做别餐了。

　　话说贾宝执出了街门，径直朝贾老棒家走去。这日正是十五，月儿又圆又大，明镜一般皎洁。山梁、沟谷、树丛、房屋，好似披着一匹柔和的白纱，阵阵微风从南沟吹来，飘散着五谷芬芳。山村的夜色是迷人的，但此刻贾宝执全然是另一番心境。一碗软米糕如同一块石头扔进他的心田，沉沉地扎得心痛。甄有仁与他搭班多年，他是最了解不过的。"文革"以前，高高在上做官当老爷。"文革"期间，受到革命群众批判，曾痛哭流涕，表示愿意悔改。唉，这才几年，老毛病又冒芽哩。正想着，刚要迈腿下坎，一个熟悉的声音从坡底下传来："那不是老贾吗？"一听这声音，贾宝执收住脚步道："老甄，你来得正好。"这甄有仁中等个头，疏眉细眼，薄嘴皮上留着八字胡。年纪只比贾宝执略长，可看那文弱面皮，却带老相。他气喘吁吁走上来，半晌才说道："俺也找你哩。"贾宝执唔了一声，走到就近一台石磨盘旁边，让甄有仁先歇歇。那甄有仁见贾宝执没有言语，在背后搭讪道："这回县里开会，又有甚新精神？"贾宝执一面拿出旱烟袋装烟沫，一面说道："会议精神，等会儿再谈。这垯俺有一件事想问问你。"说着猫腰往地上一蹲，甄有仁则坐到对面的一块石墩上。听贾宝执的语气，似乎有点灼热，心下不由得一动，一双眼睛不安地盯住贾宝执的脸。

"唉，老甄，"贾宝执声调低沉，但很爽朗，说，"前几天你们从哪垯搞来那些软米子？"

"你问这个呀？"甄有仁嘿嘿一笑，移了移腿，一面掏烟，一面说道，"恐怕是你开会去的第二天，林场老王来和咱联系，说他们的饲料不够用了，想用软米子兑换些高粱。咱想你们队里有的是高粱，既然人家有需求，咱就当支援，是不？就这，俺找到老棒商议。老棒当下说，不用换，需要多少，他们先拿去，等以后有了高粱再还不迟。老王当时就取走了高粱。没想，第二天他真的把软米子捎了来。"甄有仁吐出一口浓烟，接着说道："林场的同志走后，老棒就和俺商议说，这点软米，干脆让公社干部分着吃了吧。俺说，这事你们看着办吧。过后，他给俺提来一疙瘩，说是在家的队干部商议决定的。"

听罢事情原委，贾宝执倒松了一口气。停了一刻，问道："老甄，你觉这的个做妥当不？"

"有甚不妥当，干部们辛辛苦苦领着大伙儿闹腾一年，吃几颗软米子还不应该啊？又不是白吃白拿！"

"不白吃白拿就合理啦？"

"要是这也不合理，那不合理的事情多着呢！"

"那你说几件给俺听听？"

"这还费劲？打比方说，为甚首长上来下去都有专车坐，咱就不能……俗话说，花有红的不红的，人有能的不能的。过去几辈子来还不都是这的个？俺看再过一百年，也消灭不了。"

贾宝执仔细听着，忘了抽烟，猛然睁大了眼睛，盯着甄有仁问道："照你说的，过去几辈子有的东西，现在就该有？那把地主老财打倒做甚？"

甄有仁辩解道："俺不是说地主老财，俺是说这些规矩、差别。"

贾宝执说道："老甄咧，咱是共产党员不是？咱们共产党闹革命，根本是为人民大众，一切不合百姓利益的东西，比方你说的一些旧规矩，都是咱们要革除的。刚才你提到首长专车，那是工作需要，可不是特权哩。家有千宗事，拣最急的办。比方说，打日本鬼子那阵，为啥不提打倒地主老财？因为那阵火烧眉毛的是日本侵略。就是那样，对地主老财不也要实行减租减息？那还不是为了咱贫下中农？如今虽说革命成功了，革命思想千万不能丢哦。有些问题现时能解决的就要解决，比方说软米子这事，不能说是工作需要吧，是呀不？为甚不先想想社员群众需要不？"

"老贾，那么些些，能分得过来吗？俺那老天爷！"

"分不过来，可以分给军烈属、五保户哩。"

"老贾哩，现而今这个条件下，还得承认差别吧。"

"老甄啊，承认差别是对的，总不能扩大差别吧。照你的意思，咱们这些当干部的，就可以高人一等，处处受特殊优待？老甄哩，错咧。这些东西前二年群众都批判过了，你也检讨了，可不能忘哩。这软米糕，咱干部不吃，是不是要死人咧……"说着，只觉胃里火辣辣的一阵刺痛，忍不住"呃——"地打起干呕来。那甄有仁知道贾宝执一向胃口好，又蛮喜欢吃软米糕。刚才被贾宝执说得两耳发烧，含羞带愧，一时无以答对。见贾宝执如此这般，胆儿一下子又壮了起来。只见他接上一支香烟，啐了口唾沫，装腔作势地"唉"了一声，不冷不热地说道："那软米糕又香又甜，吃下肚去，俺看也死不了人吧。唉，俺这个人哪，是个丈二杆子灯台哩。"
贾宝执听话里有话，回道："老甄唉，咱们都是共产党员，又是领导干
部，说话可要坦坦荡荡的，这的个不好哩。"甄有仁接道："唉，俺这个
人，你晓得的，就是这的个脾性。那毛毯俺也得了，那软米糕俺也吃了，
可……"

"甄副主任，你瞎说些啥？"

这声音突然从背后打断甄有仁话语，把二人都惊了一跳。回头一看，
是贾老棒。这贾老棒刚才去贾宝执家，听说为软米这宗事贾宝执恼了，饿
着肚皮找他去了，便急忙往回走。出了街门，没走几步，隐约传来贾宝执
说话声音，便放慢脚步。及至近前，却听甄有仁正说那番不干不净的话，
忍不住将他喝住。不等甄有仁张嘴，贾老棒接着说道："甄副主任，你咋
的还是那样，不调查研究就发言哩。老主任几时要毛毯来？又几时吃软米
糕来？今日从早到这刻滴水没沾，还在地里动弹一个后晌哦。"

甄有仁见一个队干部居然用如此口气对自己讲话，不由得一脸愠色，
说道："老棒，你在对谁说话？不要忘了，如今不是你们造反那个时候
了。骄傲自满，目无领导，如今行不通了。"

贾宝执听罢，压住嗓门说道："老甄，旧事已经过去了，就莫要再提
了吧。"

话音未落，那甄有仁霍地站将起来，咬牙切齿地说道："哼！这都是
'文革'闹的……"话没说完，一甩手臂，跌跌碰碰地走了。……（此处
残缺数字）一绺灰色的云遮没了圆月，蛐蛐儿停止了弹唱，青蛙也不再鼓
噪，只听得沟谷里溪水撞击卵石的潺潺浪花声，霎时间山野显得昏暗而沉
寂。贾宝执打起一阵干呕，贾老棒这才回过神来，心疼地催他回家吃饭。
贾宝执猛吸几口旱烟，压了压烧灼的心，却问道："老棒，你说说这软米
子札点①得合适不？"

"俺看问题倒是个问题，但没多大意思。"

---

①札点：是当地土语，为"解决""处理"之意。

"你听大家有甚反映？"

"没些甚。"

"后晌俺在地里听人说，甄主任那些旧货色在咱班子里还有市场哩。"

"谁说的？"

"别问谁说的。俺问你，当初付古兴拉拢你时，对你说甚来？"

贾老棒一瞪眼道："还不是那些，甚将来掌了大权，给你婆姨安排个轻省营生，给儿子找个可心工作……尽日哄人哩！"

贾宝执振作了一下身子，说道："老棒，你想想，他为甚要对你这的个讲？"

贾老棒一翘下巴说道："为甚？那不是秃子头上的虱子——明摆着的，那阵他是要俺跟上他夺你的权呢。"

"是哩，夺了权就可以搞特权。前一阵你批判付古兴咋的说来？说他夺权以后，打着批'走资派'的大旗，其实呢和'走资派'一样，大搞特权，任人唯亲，拉帮结派，损公肥私，你没啦忘吧？今儿甄主任的说道，和付古兴他们有甚区别？"

"他说干部们挺辛苦，特别是您，一辈子任劳任怨，照顾些些也是应该的，群众不会有甚意见……"

"老棒哩，这叫甚照顾？你不想想，对咱干部这也照顾，那也照顾，群众该照顾的却照顾不上。这，大家能没意见？"

贾老棒听贾宝执讲着，浑身凉一阵热一阵的，额头和鼻尖沁出芝麻大的汗珠儿来。他张大嘴巴，沙哑着嗓门说道："老主任，俺没想那么多。听您这一讲，俺机明了，这不是小事。"贾宝执点点头，突然猫下腰"呃"的一声，要吐却什么也没有吐出来。贾老棒连忙扶住他，他却一挥手，难过地猫着腰往回走。贾老棒将他送回家里，务东娘正一手端盘，一手舞筷，忙着往锅里剔剔尖。贾老棒着急地说："务东娘，还没熟哇？"务东娘顾不得回头，一面嚓嚓地剔，一面自责道："唉，他前脚一走，俺就挖出大半碗豆面调拌上了，可这倒运灶火，半晌起不来，急得俺到院里抱柴火，却听见你们圪吵，仔细听听，原来是在说软米子这回事，就站着听了一刻，不想把这事给耽误哩。"贾老棒听罢，哀叹一声，回头见贾宝执盘坐炕上，嘴唇黢青，脸色蜡黄。他眼珠一转，瞅见那碗软米糕还在碗柜里放着，连忙伸手端了出来，向贾宝执恳求道："老主任，您先吃上几口这个吧。反正都做成了，将来咱们照数还他软米就对了。"贾宝执执拗地一摆手，说道："放回去，别动。给俺来碗滚汤吧。"贾老棒双手捧着那碗软米糕，乞求地望着贾宝执蜡黄的脸，不肯放回去。贾宝执却低沉地说道："人总得有点骨气哩。"贾老棒当下只觉一股热浪打在心坎上，两眼顿时模糊了，好一阵子无法言语。须臾，务东娘端来一碗热汤，递给贾宝执，回头对愣在那里的贾老棒说道："放回去吧，赶明儿拿到队上，好好给干部们讲讲。你们当干部的，可不要像俺妇道人家一样糊涂咧。"贾老棒听了，脸上一阵发烧。他低下头看了看手里那碗软米糕，对着务东娘嗫嚅半晌，什么话也说不出，便带上走了。

却说次日，白家沟公社召开大队干部会，贾宝执传达县革委会议精神。临末，让贾老棒将软米糕及一袋黍子拿到会场，当众做了严肃认真的自我批评，引起会场一阵骚动。在白家沟方圆百里，谁人不知两袖清风的"老主任"，然而今日软米糕之事，再次令人无不因深深敬佩而动容。正是：两袖清风传佳话，一方正气慰梓乡。

众人正说着，一位年轻干部将贾宝执叫到一边，附耳如此这般嘀咕一气，只见贾宝执直是点头，也言数句，便回到座位。看官，这位年轻干部是西山峁大队新任党支部书记刘二虎，村里到底发生何事，他如此迫不及待向贾宝执汇报？欲知详情，且看下回分解。

第二十二回

冤家头三上鸡冠岭　刘二虎屡说负义人

第二十二天

钟先生坐定，对凯丽说道："中国有一部伟大的史书叫《史记》，其中记述一则著名的故事，说赵国大将廉颇不服丞相蔺相如位居其右，时以羞辱令其难堪。蔺却毫无计较，或上朝称病匿之，或路途绕道避之。众臣不解，答曰：'吾所以为此者，以先国家之急而后私仇也。'此种国家、民族至上的胸怀延续千年，只有到了毛泽东这里，不但自己一生践行，还成为他对所有共产党员及领导干部的要求，其胸襟之博大与纯粹，不可同日而语。女儿啊，我们今天将要读到的这一章，所以感人，正是这一要求，就连一位农村基层党员干部都做到了。"钟先生如此这般，说中国之古，道吾国之今，凯丽听着不由得肃然起敬，一种仰望之情在稚嫩而美丽的脸上绽放，令人难以描述。俄尔，她亢奋地问道："爹爹，我可以读毛泽东的书吗？"

"那自然。"钟先生答道，"毛主席的著作文字浅显优美，女儿读来不成问题。只是所言道理，需要动一番脑筋才是哦。"

"有爹爹一旁辅导，女儿不怕动脑筋。"凯丽歪着头想了想，说，"从最短的文章开始，好吗？"

"好，那就先读《为人民服务》吧。不过，今天我们得先读……"凯丽附和道："《英雄生死录》！"室内旋即响起父女俩轻松而欢快的笑声……

诗曰：以直报怨圣人心，赢得身前身后名。

扬善隐浊存厚道，千军万马战太平。

话说西山峁大队党支部书记刘二虎汇报情况之后，贾宝执也着了急，这天一早便向西山峁赶来。风后的清晨，鸡啼狗吠，山村显得格外宁静。贾宝执披着一身朝霞，踩着一路寒霜，一步一步往山上行走。他一边走一边看，时而蹲下刨刨黄土，看看墒情。冬麦地积满厚厚一层黄沙，白茬地却像被刀子刮过一般。这风打入冬以来，三天两头地刮，一直不曾停歇。1972年的冬季，倘若再这样下去，来年春墒就没有指望了。十年九旱的吕梁山区，看这来势，八成又是一个旱年哩。翻了两架山梁，跨过几道沟坎，爬上一个山头，放眼已能见到鸡冠岭脚下西山峁村的炊烟，便加快了脚步。猛然间，只听得山上有人放开嗓门喊道："老主任——"贾宝执抬头一看，社员们正在坡坎之上修筑大寨田，一个小伙子却像一只山鹰，从坎上跳下，踹着一串尘土向他奔来。贾宝执看那架势，便知是刘二虎。二虎飞也似的跑到贾宝执跟前刹住脚，惊喜地说道："老主任，这的个早啊？啊呀，早就盼着您来哩！老主任，这回干脆住下，就在咱村包队吧。要不，你瞧这鬼天，一个劲儿地刮……"

"咋的？老天爷不帮忙就泄气啦？"

"不是的。天大旱，人大干嘛！俺是说，咱年轻没的个经验，需要老主任帮扶呢。"

贾宝执望着这位年仅二十五岁，高挑身材，有一副粗手大脚的年轻人，笑道："是哩，越是困难大，越需要一个坚强的领导班子。俺早就要来的，那日听你反映，俺也急着哩，这回就是为这桩事来的。"说着便抬腿往工地上走去。

"不过，唉，咱这旮旯小村村，睁眼闭眼就这几个人，这班子难闹好哩。"

"唉，三个臭皮匠，合成一个诸葛亮，不用发愁。"

"嗨，秃子头上的虱子——明摆着的哩。"

"毛主席提出'三结合'领导班子，你们班子还缺个'老'，你看老志高抵不抵？"

刘二虎听了，禁不住笑起来。要是在运动前提起这刘志高，他尚有几分敬畏，如今这位老干部虽说还是他的长辈，可在他眼里，连狗屁都不如了。说起这刘志高，十里八乡无人不知。早在打日本鬼子那阵儿，贾宝执是自卫队长，因刘志高苦大仇深，曾带领他走南闯北。日本投降以后，国共和谈破裂，中国共产党号召解放全中国，贾宝执又亲自给他戴上大红花，送他参加了人民解放军。复员回到乡里，家里要甚没甚，贾宝执领着合作社的乡亲们给他修窑盖屋。那时，他一个三十挂零单身汉，对象没有着落，贾宝执东访西寻，男媒女妁，为他配偶完婚。后来孩子多了，家里生活困难，贾宝执又将他大儿子送进工厂。乡里人都说："唉，做爹娘的对自己的亲儿子还能咋样？大不过给成个家，就算尽了心了。可老主任比生身父母替他想的、做的还多呵。"不承想，付古兴篡权期间，刘志高却跟着坏人整起恩人来。一提起这事，乡亲都替贾宝执气得骂："唉，这小子真是猪八戒死了变成鬼，十八面没点人性味。"其后，在清算付古兴一伙罪行大会上，贾宝执却像压根儿没事一样，连一句话也没提及他。刘二虎想的是，这就够便宜他了，老主任居然还要将他结合进领导班子，岂不是天大笑话。刘二虎笑罢，问道："老主任，你是说耍，还是当真？"

"瞧你这后生，这事还能说耍！"

刘二虎两颊一红，赶前两步，面对贾宝执说道："老主任，运动中他捏造罪名，又是控诉，又是辱骂，还说要用刀子捅死你……这些，您真的一点点不记啦？"

贾宝执头也没抬，依然背着手一步一脚往山坡上走，一面用严肃的口气说道："干革命不能记个人恩怨哦。看一个人的好赖，也不能只看一时一事。这事俺只提议，你们支部先商议商议，要多听听各方群众的意见。"说话间来到工地，贾宝执撂下老羊皮袄，便同社员们一道干开了。贾宝执的话原本明白无疑，可刘二虎却蒙了。他一面翻土，一面寻思，始终没解开心头的疙瘩。看看日头一竿子高了，想起还没给老主任派饭，便提起铁锹急着先回村里去了。

这刘二虎是贾宝执在运动中发现的一棵好苗子，正直无私，干活不惜力气，是众人公认的好后生。自当上干部，那股子冲劲，也在全公社出了名。刘志高这号人还要重新上台，他连想也没想过。他一路上只顾头脑里圪转，不觉到了村口。正要抬腿跨一道沟，从一块大灰石背后兀地站起个人来，冷不丁吓了一跳。定睛一瞅，正是刘志高。

"唉，小侄子，你且稍停。"刘志高手提粪筐走过来，满脸赔笑道，"小侄子，你这是给老主任派饭不是？"

刘二虎爱答不理地"唔"了一声，说道："你有事？"

"俺正在东梁上拾粪，远远瞭见老主任和你到了咱大寨田工地，心想准是下乡来了。小侄子，今儿就把老主任的饭派到俺家吧。"

"不行。"

"小侄子，要么这的个，给俺传个话，就说俺有话与他讲。吃罢饭，请他来俺家坐坐。"

"你有甚要紧事？"

"唉，不说你也晓得的……。唉，要是世上有后悔药，就是倾家荡产，俺也情愿喝。"

刘志高想起自己曾经做下的灰事，在这小辈子面前也觉着短了半截，不敢抬头正眼。

"如今说这抵甚？老主任最待见没有私心的人，从今往后老老实实、规规矩矩当个好社员，比喝甚后悔药都强。"

"小侄子，俺也是这的个想。可一想起自个儿做下的那些昧良心的丑事，就觉得对不住老主任，心里难活哩。"

刘二虎心里说："哼，早知今日，何必当初！"因此上听了刘志高这番话，心里越发腻烦，说了声"就这吧"，一转身趋步走了。

却说早饭时候，贾宝执来到村大队部，听说刘志高有话与他交谈，当下起身道："走，今儿就在他家派饭吧。"见刘二虎好大不悦，笑道："咋的？"刘二虎道："他不够格儿！"贾宝执道："咋的不够格儿？他成了黑五类啦？"刘二虎道："他和黑五类一个立场，做的事比黑五类还灰！"贾宝执忍不住呵呵笑了起来，说："不怕，他再黑，也把俺染不了哩。"说完，披上老羊皮袄就朝门外走。刘二虎满心不爽，也只好跟着出来。行至半道，他实在憋不住了，便道："老主任，你一个人去吧，咱还得告二愣家别等您哩。"贾宝执不及答话，刘二虎却走远了。

　　这日清晨，那刘志高一直坐卧不宁。自见贾宝执来到西山峁，他那颗心便不由得直扑腾。及至在村口和刘二虎说过话，那颗心干脆跳到嗓子眼悬起来了。原想让刘二虎把贾宝执的饭派到自家，一者探探此次是否为处理自己的问题，二者欲借此机会向贾宝执赔情道罪。不料，刘二虎贵贱不让。他揣度，二虎是常到公社开会的，贾宝执对他的态度，二虎一定知底。在刘志高看来，二虎的话跟贾宝执嘴里说出一般，因此上刚才二虎的话好似刀子捅了心尖。过后细细一想，自己是个罪人，怎能让贾宝执到家吃饭呢？也觉着不合时宜，这才将那颗心稍稍平复些了。后来请刘二虎传话，也欲试探试探：如若贾宝执答应来家坐坐，哪怕脱钩淡场，也说明人家还没有完全嫌弃自己。这样一想，他又心烦意乱了。一会儿蹲在炕上闷闷地抽烟，一会儿颠到街门口瞭瞭。老伴几次催他吃饭，他恼了，骂道："死下人了咋的？俺不晓得自个儿吃咧？"老伴不知他为啥生气，一个人悄悄端上碗吃，再也不理睬他。刘志高心里也清楚，眼下各家各户正是用饭时候，贾宝执即便答应来，也得一阵工夫，可两条腿还是由不得迈出了门。这时，他闷住头走至院子当中，猛听得街门"吱嘎"一响，一抬眼，见是贾宝执笑纹纹地走来，不禁愣住了。以为看花了眼，使劲眨巴眨巴，揉揉双眼，贾宝执已然走至跟前握住了他的手，热乎地叫道："老志高，多时不见哩。"霎时，他只觉胸膛里咯噔一声，一个趔趄，心如敲鼓似的急跳起来。嘴上只是"嗯啊"地应着，惶惑地出了一头热汗。半晌定了神，这才赶忙将贾宝执拉进屋里，又是扫炕，又是拿烟，一时六神无主，不知做甚是好。刘志高老伴见贾宝执到来，丢下碗筷也手忙脚乱了。贾宝执从刘志高手里接过烟卷，盘腿坐上炕，说道："俺今儿就在你家派饭吧。"

刘志高先是一惊，接着迟疑了一下，这才问道："听二虎说，今儿给你派到二愣家了，没告你？"

贾宝执吸燃烟卷，答道："告来，俺对他说了，从你家派起。"

刘志高慌忙招呼老伴道："快，快，把火捅开！"

贾宝执连忙下炕阻止道："这是做甚？锅里有甚吃甚，要不俺就不来咧。"

刘志高老伴道："老主任哩，你多时没到咱家了，这饭咋的能叫您吃咧！"

贾宝执道："唉，老志高，这不是要把俺当外人待咧？"

贾宝执的生性老两口原是熟悉的，经这一说，只好将现成的饭端上。刘志高一旁难为情地直是哑嘴："这、这、这……唉！"

刘志高那颗心虽说早已从嗓门眼坠落下来，却比先前越发难受了。一个窝窝头掰了半拉给老伴还吃不了，稀米汤也只喝了大半碗，便拿起旱烟袋，闷着头吧嗒吧嗒地抽，好像霜打了草似的，少精无神的样子。贾宝执刚进门就见他气色不对，现在又见他这般境况，以为他身子骨不适，因此关切地问道："老志高，你是不是胃口病又犯啦？请医生看来没？瞧你脸黄的，比过去苍瘦哩。"刘志高摇摇头，长长地"唉"了一声。只听刘志高老伴说："他那胃口病自那年你请医生来看过，再也没啦犯过，如今是心病哩。前些年不知是跟上鬼了还是咋的，和付古兴那伙人瞎闹腾。听说那伙人往死里整你，他不但不帮扶你，反过来胡说白道。回来俺知道了，气得俺骂了他几天几宿。那伙龟孙子，鬼七魅八的，尽耍好弄巧，是人跟的么？俺对他说，老主任在咱这块地界带领众人几十年，毛主席他老人家咋的说，他咋的领。自打互助组到闹公社化，从没落下一步。对咱贫下中农比对他家里人还亲。俺说，当初要不是老主任说情，谁跟你这光棍汉来？俺又说，那年老二跌断了胳膊，去请老主任，正赶上人家孩儿有病，人家不顾，连夜赶来给老二接骨，人家为了甚？……俺这的个骂，他蒙在被窝里不敢吭声儿。俺说，你不去给老主任赔情道不是，俺这辈子不依你哩。他说，怕付古兴那伙龟孙子打他反革命哩。年时付古兴倒塌了，俺说你现刻不去还等几时，他说怕众人说闲话。唉，俺说你这老没出息的，亏你当了二十多年干部。罢、罢、罢，过些些时，让俺这老婆子去把老主任请到家里来赔罪吧。没想到，您今儿倒来哩。老主任哩，这不是在你面前自夸，俺这人心直口快，你是知道的，有甚说甚，生来就不会饶舌。"说着，见贾宝执吃罢，便忙着收拾碗筷。贾宝执瞅着刘志高把个脸埋在两个膝盖头中间，羞惭难当的样子，忙说："老嫂子，陈糠烂谷子的事，还提它做甚。俺也有错误哩，叫众人批判批判，有甚不好？群众运动过头一些，也算不了甚。付古兴那伙人别有用心，违法乱纪，那是另一码事。"刘志高一边听老伴数落，一边念想贾宝执多年对自己的恩德，再想起前二年跟着坏人做下的那些错事，愧天怍人，恨不能钻进地缝里去。这刻，只见他扬起脸来，两眼好似在水里浸泡过一般，老泪止不住吧嗒吧嗒滴落，嘴唇颤抖着说道："老主任哩，来世要能变牛变马，俺刘志高心甘情愿伺候你一辈子，随你使唤……"贾宝执一听这话，急忙大声说道："唉，老志高，你这话可是大错哩。你也是个老党员了，咱们共产党几时讲过个人恩怨？咱们可不要被那些疙瘩事迷住了眼、绊住了腿咧。只要咱们能拧在一起为集体出力，俺比甚都高兴。运动中摔了跤有甚可怕，能爬起来继续往前奔就好哇。"说话之间，听见社员们在街上说说笑笑往地里走，贾宝执又开导几句，这才收起旱烟袋，跳下炕，出门扛上铁锨上地去了。刘志高近二年做了饲养员，送走贾宝执，也急着去了饲养场。贾宝执今日一言一语，把几年来压在他心头的一块石头掀掉了，周身感到一阵说不出的轻松。铡起草来，铡刀也轻便了，看着集体的牲口，也觉着格外亲切。打这日起，贾宝执见天和社员们到地里动弹，夜里召开座谈会，就领导班子问题，征求众人意见。众人都说现在的班子全是后生，倒还朝气，就是缺乏经验，办事毛糙，要是有个老一点的人领着就好了。可提起刘志高，意见就有了分歧。有的说，刘志高干了二十多年领导，办法是有，就是太没立场。有的说，他扶起不扶倒，好坏人不分，绝不能让他再进班子。这种意见的支持者，便是刘二虎。

这天晚上，贾宝执召开西山峁党支部委员会，商议村领导班子候选人。一提到刘志高，刘二虎便站起来嚷开了："老主任，领导班子要老中青三结合，俺赞成，可要他重新上台，俺这阵阵还想不通。"贾宝执见这后生铁管子吹火，直截了当，很觉可爱，便笑道："二虎，把你想不通的事齐抖搂出来。"二虎一屁股坐回炕上，说道："抖搂就抖搂。第一宗，他在运动中跟着坏人诬害您，丧失立场；第二宗，他原先跟您跟得那的个紧，后来却又跟坏人，和叛徒一样；第三宗，您对他那的个好，关键时刻他翻脸不认人，忘恩负义；第四宗，私心重。就这！"贾宝执吸着烟，听他说罢，收起笑容，严肃地说道："老志高是有些个毛病，运动中是说了不应该说的话，做了不应该做的事。可二虎，俺问你，他反对毛主席来没啦？反对共产党来没啦？反对社会主义来没啦？……"二虎不等说毕，站起来理直气粗地说："他反对您，就把这些全都反对了，还要咋的！"这下好比辣锅里洒了一把盐，众人顿时噼噼啪啪嚷开了。一看这番场面，贾宝执猛地吸了一口烟，声音低沉地说道："同志们哩，这些年来，俺同大家伙一道，为党做了一些工作，那是因为咱们听了毛主席的话，照党的方针政策办了事。可俺这个大老粗，文化水平没啦，学习又差，这个头脑正在改造，每天起来紧跟慢跟跟不上，还犯了不少错误，咋的能说反对俺，就是反对党，反对毛主席，反对社会主义呢？可不能这的个想哦。要是别人给自己提过反对意见，就当后娘养的，那就没有共产党员的心胸。别忘了，咱们共产党的责任是解放全人类啊。老志高私心是重些，现在有了认识，又开始改正，咱们不解放他，等谁解放他呀？咱们连身边的同志都不能宽待，还当共产党员做甚？同志哩，说得难听点，屁股再臭也扔不下哦。为了把咱们这个国家建成社会主义强国，需要团结所有人共同出力哩。大家说说，是这个理不是？"贾宝执这一席话，支委们都听得浑身暖烘烘的。有的边听边点头，有的偷偷拿眼睛看刘二虎。那刘二虎涨红着腮帮子，眼睛都不知往哪里放了。停了一刻，众人你一言他一语地小声议论起来。有的说："这话没啦一点私心哩。"有的说："咱们是站在炉炕板，眼看米罐罐。老主任是站在西山峁，胸揣全中国咧。"有的说："人家老主任自己都不计较，咱们还有甚说的，就这哇。"贾宝执见众人意见不差甚了，便朝刘二虎问道："唉，二虎呵，你想通没啦？"刘二虎噘着一张嘴答道："大家都同意，俺还有甚不通的。"众人听了，拍了一阵巴掌。次日晚间，召开支部大会，经过民主选举，刘志高补进支委，担任副支书。第三天黑夜召开社员大会，又补选成大队革委会主任。另外，又选举了两名中年人。这个会差不多全村人都到了，开得热烈异常。散了会，众人一路议论不休。有个婆姨说，"啊呀，你看人家老主任那心胸，专把对头抓搂起来，世上少见咧。旧时说宰相肚里能撑船，俺看老主任那肚量，比那甚宰相还阔得多得多呢。"一连几天，这件事成了全村人议论的中心。这是后话。

且说那刘志高原本心想，只要贾宝执能原谅他的过错，就是死也闭目了。哪曾料到，还能叫他再当干部。更稀罕的是，前几日对自己还是横眉冷眼的刘二虎，居然也投了赞同票。这天夜里，刘志高躺在炕上翻来覆去难以入睡。次日一大早去找贾宝执，贾宝执因半夜接到电话通知，要他当日赶去县革委开会，天不明便走了。刘志高扑了个空，心事却又渐渐沉重起来。

贾宝执在县里一连开了三天会，第四天头上回到白家沟。前晌，在公社传达会议精神，人未到齐，却见刘二虎带着一股寒气闯进门来。不说别的，当屋站着便嚷道："老主任，死猫扶不上树哦！俺们的好心，人家当是驴肝肺哩！"贾宝执一听便知八九，笑问道："咋的啦？"刘二虎说："嘿，就是撒手不干哩。开会请他，脚疼呀脑热的。好不容易请到，说同他商量个事，嘿，把哑巴也能急出话来。你说这工作还搞呀不搞？"贾宝执说："瞧你这后生急的。人常说，性急吃不成热豆腐。人这头脑里的问题，不能过急呀。病来如山倒，除病犹抽丝哩，咱们要等待，要……"刘二虎接过话茬儿说："唉呀，老主任，搭着戏台等戏子，戏子不来活气死。再等下去，把甚事都误咧。"

贾宝执忍住笑，说道："瞧你说的，咱们坐着干等还行啊？站在树下等果子自个儿掉到嘴里来？"

"那您说咋的个办？"

贾宝执站起身，用力做了拉的手势，说道："拽咧。八头老牛拽不动，咱就用拖拉机拽；拖拉机还不抵，咱就在后面再加个推土机推。只要能把他拽上这趟车，咋的也行。"

"唉呀，老主任，俺可没啦那么大的本事。"

"加上俺还不行？"

"老主任，俺看再加您这样的两个也不抵！"

"俗话说，火要空心，人要实心。只要诚心诚意帮助一个同志进步，就没啦不抵的。"

原来，那天夜里，刘志高推辞不当干部，经贾宝执劝解一番，最后总算应承下来。会散之后，贾宝执躺在炕上也思谋了大半宿。他知道，刘志高素来疑心较重，他所以推辞，一来自觉腰杆不硬，二来多半是对俺贾宝执是否真心还不踏实。要不是接到开会通知，本打算多住几日，等刘志高消除顾虑再走的。这回，在县里学习党中央关于加强基层领导班子建设的文件，并重新讨论元旦社论有关精神，愈加感到自己责任重大。听了刘二虎讲的情况，他决定立马重返西山峁。因此开罢公社干部会，便相跟刘二虎往西山峁来了。他一边走，一边与刘二虎讲述自己对毛主席关于革命接班人五条标准的心得，特别提到"要善于团结那些反对过自己并已被实践证明犯了错误的人"一条。刘二虎听着，身上一阵阵发热，不觉好生惭愧。说话间，二人爬上山顶。天上蓝瓦瓦的不见一丝云彩，暖融融的阳婆照着山头，二人都出了一头汗水。贾宝执将羊皮袄扔到地上，坐下抽烟歇息。抽罢一袋烟，见前面拐弯处走出一个人来，这人正是刘志高，不由得一阵高兴。那刘志高披着吊面的羊皮袄，头戴制服帽，外面扎了一条白毛巾，脸色阴郁，眼睛上了火，湿乎乎的显得有点红肿。刘志高见到贾宝执，暗自一惊，便站住脚——他正是要到公社找贾宝执去的。一见刘二虎，二人都显得有点别扭。贾宝执连忙招呼他坐下，递过旱烟袋，他说心里难活不想抽，便闷闷地坐了。停了一刻，这才抬起头来，对贾宝执说道："老主任哩，这差事，咱实在干不了，给换个别的吧。"贾宝执笑着问道："为甚？"刘志高瞥了一眼刘二虎，说："人老了，不抵事哩。让后生们干去吧。"贾宝执一挺腰板，说道："唉，瞧你说的，刚五十出头，就老得不行啦？再说，咱们对年轻后生还有个传帮带的责任呢。"刘志高摇摇头说："不抵。俺是个罪人，谈不上哩。"贾宝执说："老志高哩，俺俩从小一搭，谁不知谁。过去一块闹土改，搞集体，如今革命没啦到头，还要一起干，再干十年、二十年，活到老干到老，革命到死哩。你入党那时说甚来，还记得不？"刘志高低着头轻轻叹了一口气。贾宝执继续说道："咱们共产党员要为社会主义和共产主义奋斗终身，如今离这个大目标还远着啦，咱们还没啦到终身哩，咋的个就不干啦？解放前，你们这西山峁是出名的穷窝子，周围团转四个财主像恶狼一样，张着口向着你们，打下一点粮食齐给他们吞食了。土改那阵，是你领着大伙儿闹得轰轰烈烈，后来搞合作化，也是你领着闹的。这些年，西山峁从根根上起了变化，大家吃穿不愁。就拿你来说吧，过去穷得连被褥都没啦，如今咋的个？现如今，天是咱们的天，地是咱们的地，咱们不干谁干？可还不够哩，咱们要像大寨那样建设社会主义新农村，才合乎党的要求。你是个老党员，儿子又在公家，不工作对得起乡亲们不？对得起组织不？咱们都到了这把年纪，党和毛主席把这穷山沟交给咱们改造，完不成任务，咋的个向他老人家交代？咋的个向咱们的子孙后代交代？老志高呀，咱们可不能忘了共产主义大目标哦。"刘志高低着头听着，句句话好似千斤重锤捣在心上，一时间思前想后，悔恨不已，痛苦难言。那刘二虎一旁听了，也仿佛句句都在敲打自己。回想自己对刘志高的态度，就像做了见不得人的丑事一般，含羞带愧，浑身火烧火燎的，很不自在。此刻，他一抬头，朝刘志高叫道："叔，咱年轻不省事，对您不起的地方，您还得多担待哦。"接着一五一十，从派饭那事检讨起，一直检讨到今天如何去公社告状，贾宝执如何批评他，又如何顾不上吃饭赶来西山峁。刘志高越听越觉得难堪，心里想道："唉，老主任呀，你那颗心比水晶还透哩，比黄金还值重。俺刘志高再不干，慢说对不起党和毛主席，就连您也愧对不起哩！"

想着想着，老泪如抛珠撒豆般直是滚落。他掏出手帕擦了擦眼，慢慢抬起头，沙哑着对刘二虎说道："虎子，咱们回村吧，老主任不是还没吃饭么？……"说着，三人慢慢起身，忽听得背后土塄上噗的一声响，都惊了一跳。回头看时，却是两只山鸡朝对面山坳飞走了。

这日，因公社另有要事，贾宝执吃罢午饭与刘志高又单独摆谈一阵，便匆匆赶回白家沟。过了数日，再次前往，算来前后三上西山崬，才理顺这一个生产队的领导班子，而其余生产队班子的整顿也迫在眉睫。复职近两月，千端万绪，领导班子自然最为当紧，然而生产诸事亦刻不容缓。众所周知，几年间付古兴胡作非为，一面将社员自留地、自留羊、自留树、小平车、缝纫机等私产充公；一面管理混乱，开小灶大吃二喝，肆意挥霍集体资产，借红白喜事公款送礼，中饱私囊，致使集体经济遭受严重破坏。为捞取"学大寨"政治资本，劳动管理生搬硬套所谓"标兵分"，酿成"上地一条龙，干活一窝蜂"出勤不出力恶果，社员生产积极性摧残殆尽。仅以1971年与1966年相比，全管理区粮食产量减少六十二万斤，圈存大牲畜减少一百二十三头，生猪减少八百五十口，羊减少一千两百八十九只；社员口粮人均仅二百九十斤，减少八十二斤；社员存款仅存一千元，减少九点五万元。抗旱不力的1972年，更不消提了。面对这般残山剩水，贾宝执痛心疾首，心急如焚。于是，刚刚收罢秋粮，他便一边整顿领导班子，一边带领白家沟干部群众拦河筑坝、开坡造地，掀起一场农田基本建设热潮。

却说这日，窑沟大坝工地来人报告，说："老主任，不好了，出事哩。"他立马放下手中活计，慌忙朝事故现场赶去。看官，那个年月，农田基本建设全靠手挖肩扛，伤人事故在所难免。今日到底发生何种事故，贾宝执这般着急？欲知详情，且看下回分解。

第二十三回

千钧力年轻人脱险　万仞山老主任殉职

第二十三天

如同往常，钟先生与凯丽父女二人准时入座，开始一天最有意义的朗读活动，不料手机响起。钟先生从桌上拿起手机，问道："哈罗，哪位？"片刻，他再次问道："您是哪位？什么？听不出来，您再说两句。"对方哈哈大笑起来，钟先生随即起身，惊诧地叫道："百里老弟？你怎么知道我的？"百里先生说道："友驴兄，你都快成网红啦，老弟怎能不知。你已回来多时，为何不与我联系啊？真不够意思哦。"钟先生说："哈哈，你不与我留电话，我从何联系？"百里先生笑道："好啦好啦，咱们总是赶上非常时期，半斤八两，扯平了，谁也莫怪了。告诉你，今日一早，我手机冒出一则'抖音'视频，把我吓了一大跳。那不是飞硕兄吗？人是苍老了一些，然精神头如昔。看你身旁有一位洋小姐，以为老兄尚在国外……"不待百里先生絮叨，钟先生便将如何归来之事陈述备细，临末又如何约定 Y 城解封 B 市相会诸事姑且不表。

却说钟先生与挚友通话罢了，依然激动万分，许久难以平静。他一边啜饮清茶，一边吟诵老杜诗句，感念道："人生不相见，动如参与商。今夕复何夕，共此灯烛光。少壮能几时，鬓发各已苍啊。"凯丽一旁也为养父欣喜，但她不知对方何许人者，因问道："爹爹，百里先生是谁呀？"钟先生指指她手里捧着的《英雄生死录》，说道："他便是作者行者叔叔！"

"啊！"凯丽惊讶道，"您刚才为什么不告诉我啊，女儿多想向他表示敬意哩。"

"哈哈，爹爹高兴得忘乎所以了。不过不要紧的，听张大妈讲，本城解封指日可待啦。莫急，今天这一章，我看是行者叔叔用泪水写成的，你要多多准备纸巾哦。"

"爹爹莫要吓唬我。好，我要朗读啦。"于是，只听得一个女孩子沉稳而虔敬的声音缓缓读来——

词曰：万里神州何渺渺，飞雪犹似蛟龙。欢天舞地庆穷通。长歌一曲起，迎赞老愚公。　　德重道高天也妒，危机方显英雄。一声巨响玉山崩。试看千载后，谁可与争功。

话说有社员前来报告，窑沟大坝工地发生塌方事故。贾宝执慌忙赶去，是两个社员被压在土里，经抢救无济死亡，不禁伤心落泪，数日寝食难安。他愧疚地对干部们说："咱们跟老天爷打交道，和从前打鬼子一样，共产党员和干部都要冲在前退在后哩。今儿出这的个事故，咱干部连个皮也没啦碰着，咋的个向群众交代？"又想起几年来，付古兴一伙倒行逆施，致使有的社员陷于一贫如洗境地，愈发惴惴不安，黯然神伤了。

古语云：春风风人，夏雨雨人。正当贾宝执心事重重之时，1972年12月22日，山西省西山农田基本建设经验交流会在柳林县召开，贾宝执应邀与会。会后于1973年1月2日，贾宝执偕同老友李顺达返回白家沟。消息传开，白家沟上下群情激奋，奔走相告。贾宝执心头自是喜不自禁，难以言表。李顺达何许人？一如贾宝执，大名鼎鼎的全国劳动模范也。时任山西省委常委、省革委会副主任、晋东南地委副书记、平顺县委书记。他的到来，贾宝执如逢春风夏雨，其喜洋洋，万千感慨。更何况陪同前来的，还有贾宝执的老上级、新任吕梁地委副书记王铭三。一回到白家沟，贾宝执便觉得天也高地也阔了，久违的心旷神怡。当着众人，李顺达朗声说道："俺与老贾1950年就认识了，1952年又一同相跟去苏联参观学习半年，也一同多次见到毛主席。早十几年俺就想来白家沟看看，今天总算如愿了。哈哈哈……"当晚，贾宝执将公社各大队干部与白家沟全体社员召集到中学一间大教室，欢迎两位老友到来。李顺达发表热情洋溢的讲话，说："俺一路看见，你们兴县和俺太行不同，有沟又有土，要是搞成沟坝地，亩产就能上千斤。几年运动耽误了，现在重新安排还不迟。俗话说，吃不穷，穿不穷，规划不好要受穷。有了规划就有了方向，就能鼓舞大家干劲。肯定一句话，山区要想富，全面发展农林牧。老贾，你说是呀不是？"次日，贾宝执领着老友兴致勃勃转游白家沟的七沟八梁，李顺达一路对他讲："白家沟有土，有沟，有坡，能植树能造地，只要按照毛主席'农林牧副全面发展'的方针，就一定能够改变面貌。"贾宝执则道："俺们打算改造四条大沟，两年完成一条，到1980年全完成，可增加八百五十亩水浇地，加上现有的，总共一千余亩。再修好一千一百亩高标准梯田，人均实现千斤粮是可以的。另外，每人植树两亩。"李顺达拍着巴掌笑道："老贾啊，你这是向山坡要钱，向沟坝要粮呵。好，等到1980年，俺再来祝贺你们！"

看官，这里不能不说说陪同李顺达一道前往的吕梁地委书记王铭三。他身材高挑，一身褪了色的普通中山装，外披军大衣，脚踏棉布鞋；目光慈祥而灵慧，言语沉稳而坚定；为人朴实而随和，处事贤良而方正。自中华人民共和国成立，曾担任地委书记长达二十余载。在山西省地委书记队列当中，有"北王南赵"盛名，享誉三晋。早在忻县地区期间，便与贾宝执结下不解之缘。白家沟畜牧业发展的经验载入《中国农村的社会主义高潮》史册，正是他亲自培养、指导、总结而成。"文革"期间与贾宝执同时经受磨难，算是难兄难弟了。贾宝执复职不到一月，他也刚刚复出一年，便亲临白家沟看望老友。二人久别重逢，同吃粗饭，同卧土炕，夜雨对床，无尽感怀；在此次会议私下里，多次促膝交谈，好似"酒逢知己千杯少"。如此杵臼之交，这般都俞吁咈之风，令贾宝执胸怀再度敞亮，愈发充满自信与希望，当晚兴奋地辗转难眠了。闲话不表。

却说李顺达一行走后，贾宝执重启"以粮为纲，以牧促农，全面发展"方针，恢复完善"三包一奖四制定"与畜牧"以产值计酬"等制度，同时解决当下干部群众生产、生活种种困难。不久，干部们各司其职，众人精神面貌焕然一新。一次，在党支部会上，贾宝执提议一边平整土地，一边修筑水库大坝。有支委提醒道："一个指头摁不住两个窟窿，兵力分散，恐怕东不成西不就哦。再说冬季筑坝，质量……"他立马意识到自己操之过急，意见欠妥，便道："是哩、是哩，你看看，把俺急得糊涂了。"七月的一天，山洪暴发，溪水猛涨，水库大坝决口，他带领大家奋战三天三宿，社员们疼他庞眉体疲，说："老主任，你回吧，有俺们哩。"他强打精神，道："哎，俺还行，俺还行。"其实，被付古兴一伙折磨几年，身子骨已大不如从前。他不是不累，而是心急哩。正是：率马以骥，不令而行；重整旗鼓，日月星辰。如此这般，一年奋斗，到1973年秋，白家沟大队粮食产量达到十八点四万斤，比之1972年增产一点六倍，人均口粮二百一十六斤，人均减少国家供应粮一百七十斤。尽管如此，与过去相比，仍不可同日而语。于是，收秋罢场，白家沟大队便全面铺开八年规划农田基本建设工程了。

且说这日，鸡已叫过头遍，大地一片漆黑。贾宝执从炕上起来，摸索着穿好衣服，跨到脚底，将爬山鞋穿了，披上老羊皮袄，便往出走。老伴在被窝里听他脚下咔咔声响，问道："你脚下甚响咧？"

贾宝执笑道："前儿俺钉了两块铁掌。"

"钉那做甚？"

"这个结实，多穿些时日，好走长路咧。"

贾宝执说笑着点燃一锅旱烟，出门扛上铁锨走了。

黎明前的山村沉睡着。没有一丝风，空气凝冻了一般。晨雾宛若洁白的薄纱，轻轻地覆盖着封冻的溪沟，山野莽莽苍苍，宁静而祥和。贾宝执吸着烟，哼着1942年延安大生产运动时流行的那支歌，词曰：

一组跟来又一班，劳动英雄做模范，领导干部加油干哦加油干。

往年荒坡变良田，解放区尽是米粮川，黄澄澄谷子堆成山哦堆成山。

哎呀哎，哎呀哎，今年的生产大不同，大不同哩……

他哼着哼着径自来到饲养场。槽头几十匹骡马，听到熟悉的脚步声，顿时刨蹄扇尾，咳咳地欢叫起来。他见饲养员尚未进场，便放下铁锨，拿起柳条草筛给牲畜们添起草料来。一面拍拍这个脖颈，扯扯那个耳朵，一面说道："别捣蛋，好好吃哩，快到你们出力的时候啦。"村里老一辈人都知道，贾宝执自幼疼爱牲口。自从组织起来，为发展集体畜力，几乎花费了他大半辈子心血。他不是饲养员，但论起牲口习性，比饲养员更胜几筹。多少年来，全管理区上百条牛马驴骡，哪一头脾性如何，该何时配种，多会儿下驹，他了如指掌。有一年，在离白家沟十里地的一个村子蹲点，接到电话，说他大儿子得了伤寒病，要他赶紧回家。白天没来得及，晚上摸黑往回赶。进了村，他却不由自主端端地走进了饲养场。原来他计算到，这天晚上有匹母马将要下驹，便顺道瞄瞄。不料，跨进马厩一看，母马难产，把个饲养员急得一头大汗，围着母马团团转，没有抓把。他二话没说，挽起袖管便与饲养员忙乎开了。饲养员过意不去，说："老主任，快回家吧，听说孩子病得不轻咧。"他却道："没事，俺又不是医生，回去也不抵事。"一直干到小马驹落地，这才放心回家去。二十多年间，白家沟由穷变富，人畜两旺，成了以农林牧副全面发展著称的全国先进单位。哪里料到，付古兴一伙趁运动一时混乱，非法夺权，仅仅四五个年头，便把白家沟折腾得面目全非。原先修起的水库干了，筑起的坝地也塌了，成林的树木砍了；大牲畜减少了百分之二十，粮食产量下降了百分之三十，分红从一元跌至五角，余粮队变成吃救济的困难村；原先集体存款上万元，可到年时结账，全大队只剩现金七分钱。一看这光景，他钻心地疼呀。刚一入冬，经过一场大讨论，制定了大干快上的八年规划。随即率领社员群众，拦河筑坝，改土造田。在西山农田基本建设经验交流会期间，眼见兄弟单位的成绩，令他既鼓舞又不安；兼以省、地领导亲临白家沟指导，他怎能不倍道兼进哩。眼下虽上了些年岁，身子骨不如从前，但精神头不减当年：社员身上有多少土，他身上有多少泥；社员出多少力，他流多少汗。金秋十月，传来中国共产党十大胜利召开的消息，他在支部会上对大家说："咱们要尽快把损失弥补回来，为党中央、毛主席争口气。不管老党员还是新党员，齐拿出十二分力气，拼死拼活干哩。俺老汉今年五十六岁，豁出这条老命，同大家一垯干到底。"此事诸多，姑且按下不表。

且说添罢草料，忽听饲养场大门外有脚步响动，回头见有人走来，正要问话，那人咳嗽着说道："是宝执吧？"贾宝执一听，忙道："三孟啊。"这贾三孟老汉曾是闻名全省的养猪土专家，是贾宝执办社三十年的老伙计。如今年岁大了，得了个气喘病，入冬就犯。这阵子，夜间气短得不能躺卧，加之惦记猪娃，每日也起得很早。他呵呵地喘着气行至贾宝执跟前，责怪道："夜里你们散会都快二更了，你这的个早便起。哎，你该安安生生多睡些觉哩。"贾宝执笑道："嗨，这阵你看，上级又来工作组协助，又派推土机帮忙，众人的心气这的个足，俺能睡得住么？咱得好好受哩，好好干上二年，每人平上二亩地，稳产高产打下粮食，乡亲们的日子就好过哩。"见贾宝执下陷的眼窝，瘦削的双颊，贾三孟心疼道："年岁不饶人哩。不管咋的说，都奔六十的人了，不为自己，为咱白家沟，也得顾惜自己个儿身子骨哩！"贾宝执放下柳条草筛，掏出旱烟袋，蹲在槽头脚地，一面装烟，一面笑笑说："有志不在年高，无志空活百岁。在这节骨眼儿上，不豁出来不行咧。"贾三孟披了件吊面的新羊皮短袄，靠槽头柱子蹲在贾宝执右侧。听了这话，不觉想起年时与贾宝执的一场谈话。那时，贾宝执重新被党员们推选为白家沟大队党支部书记。一日，贾宝执叫三孟老汉把养猪工作抓搂起来。三孟老汉却想，前几年就因养猪，被付古兴一伙又是捆又是打，因此推辞道："哎，那些年咱把八股套绳都拉断了，还没落个好。如今人老了，让别人干吧。"贾宝执说："你不干谁干？要说老，俺看咱干社会主义还年轻着哩，再干他二十年，咋的个？"……贾三孟想到这里，心头一阵发热，说道："干是要干，可像你这的个干，哪行？众人都说老主任这几年头发都白了，可不能叫他累病哩。看你这阵起早爬黑，眼睛都塌陷下去了，大伙儿心疼咧！"贾宝执说："老伙计哩，眼下众人有吃没喝，要国家救济，俺心里更不好受咧。你想，咱是种粮食的，却伸手向国家要粮食吃，这算个甚？"说着，不由得眼圈潮红，声音也沙哑了。贾三孟咳嗽一阵，宽慰道："这都是付古兴那伙灰鬼们给踢塌的，要不哪能成这的个？哎，事到如今，急也无用。俗话说，捏个泥人人还要时辰晒干哩。照眼下众人这股心气劲，俺看支部订的八年规划或许能提早实现。"二人又拉谈一阵，贾宝执抬头朝东望望，见东山上空起了一片鱼肚色。山峦、屋脊、树木的轮廓也渐清晰起来，炊烟袅袅升起，雄鸡"咯儿咯儿"地叫了两遍，山村新的一天拉开了序幕。贾宝执磕了磕烟锅，起身说道："说话天就明呀，俺该动身哩。"说着收起烟袋，取过铁锹要走。贾三孟呵呵地喘着气也站立起来，劝阻道："今早你就别去工地了，听说开队委会研究年终分配哩。"贾宝执道："都安顿好了，地、县下乡的同志都参加。俺先到工地看看再回。你不知道，昨日后生们一下掏了五十多个炮眼，说是今儿要炸成了，还要多掏几眼哩。"贾三孟担心地说："天爷呀，一次点这许多炮，危险哩。"贾宝执嘿嘿一笑，说道："是呀，俺也担心哩。可后生们说，你看人家大寨，一炮能搬走一座山，咱这也就是个小打小闹。俺也是这的个想呀。咳，这几年人家老陈开着火车在跑，咱走了弯道，如今得泼出老命赶咧。"说罢抬腿要走，贾三孟再三叮嘱道："老伙计，注意身子骨哦。不行了就歇一歇，苦重的营生让后生们干。"贾宝执边走边回道："晓下呢。"说完，扯开大步朝兑沟去了。贾三孟相跟着出了饲养场大门，望着老主任远去的背影，心内好一阵翻腾："哎，宝执呀宝执，你单晓得体恤别人。看你这阵子瘦成甚样了，这大清早的，唉……"想着想着，鼻子一酸，两汪老泪不觉模糊了眼睛，木呆呆地站了好一阵子。

　　话说贾宝执走在路上，心里也很不安然。他一面走一面想：党的十大精神要贯彻落实，还得继续办好党员学习班；公社后天搞教师培训，教育改革许多问题有待解决；滩上中学应届毕业生将回村务农，几次邀请作报告，这是对下一代进行革命传统教育的好机会，是要去的；八年规划的指标，需进一步修订……该办的事还不少哦。想到这些，他不由得加快了脚步。

隆冬的清晨，沟里白霜铺地，寒气袭人。贾宝执来到工地，十来个后生已经装开炸药，一连装了五十三炮。随后分成九个组，分别点燃引线，各自隐蔽起来。贾宝执同三个后生一起，蹲在一个山坳里。过了一刻，轰轰轰……连珠炮似的炸开了。只见冻土横飞，硝烟弥漫，殷天震地。开先众人还数着"一、二、三……"，临末，爆炸声连成一片，数不胜数。炮声停止，青烟缭绕，回音不绝，空中飘散着浓烈的火药气味，沟里一片空空蒙蒙，阴森岑寂。有个后生因道："老主任，又饥又冷，咱们先回吧，等吃罢饭再来检查哑炮。"正说着，沟外传来推土机的轰鸣声。贾宝执便道："不行。推土机已经发动了，说话他们就来呀。哑炮不及时排除，推土机上去，一旦有个事故，那损失就大了。等咱们回村吃罢饭再来干，那要耽误推土机多少营生哩，坚持一刻吧。"贾宝执吸了两口烟，看了看三个后生，笑道："说起冷，俺给你们讲个冷的故事。"众人皆知，贾宝执文化虽不甚高，可要讲个典故，说个笑话，文化人也难以比他。因此上，三个后生一听他说讲故事，都叫起好来。贾宝执于是不紧不慢地往地上一坐，清了清嗓门讲道："这个故事发生在打日本鬼子那会儿。有一年，正是数九寒天，下过一场大雪。有天夜里，忽然接到通知，说八路军要夜袭鬼子据点，叫咱们村派一个民兵领路。这位民兵立马前去，带着咱八路军就出发。说话快到据点那垯，咳，一道水沟挡住了去路。他蹲下一揣，沟里全是冰碴，这民兵心里就寻思开了：几十号人这的个走过去，嗽哩喀嚓，扯旗放炮的，那不等于报告敌人说，'俺们偷袭来了，快出来迎候吧。'不行！只见他眉头一皱，计上心来，随即猫下腰去把鞋子一脱。八路军排长马上明白他的意思，当下传话，让战士们都跟着也把鞋子脱了。俗话说，三九四九，拉门换狗。你们想想，又是黑夜，赤脚片子踩在冰碴上，那是咋的个滋味？呀呀，一脚下去，好似踩在刀刃刃上，钻心地疼哩。可大伙儿为了消灭鬼子，咬着牙关，赤脚片子一直走到敌人的炮楼底下。他们摸了鬼子的岗哨，爬进鬼子的炮楼，一瞅，嗬，一个个死猪似的躺着，腆着肚皮呼噜呼噜拉风箱哩……"三个后生听到这里，禁不住哈哈大笑起来，不觉间寒气也被驱散了。一个后生余兴未尽，问道："老主任，咱们那位民兵是谁呀？"贾宝执笑眯眯站起身来，抖抖泥土，说道："走吧，查完哑炮，再给你们讲一段，告诉你们那个民兵姓甚名谁。"说着出了山坳，朝刚爆炸过的地方走去。这道沟，因东西两面是陡峭崖壁，阳光来得迟去得早，阴冷地湿。这早晚，日头刚刚倚着东山峰顶，只能瞭见西山梁脑畔一抹金色的霞光。沟里雾气未散，晨曦朦胧。三个后生又说又笑，兴致勃勃从贾宝执背后跟上来，待要前去，贾宝执阻止道："慢些些！"看官不知，这排除哑炮是件危险事，闹不好轻则断腿折胳膊，重则丧命。再说眼下究竟有无哑炮，尚不清楚，危险就更大了。因此上，贾宝执格外仔细。及至靠近爆炸坡前，他又将三个后生叫住，举目左右细瞧，只见炸起的冻土，大的如箩筐，小的拳头一般，一块挤着一块，龇牙咧嘴，横七竖八，堆下一坡，隐约还能闻见火药气味。后生们叫道："咳，今日足够两台推土机干哩。"说着又要往前走，贾宝执连忙喝住："慢些些，瞅机明了再走。"于是一齐站定，往四下又仔细看了一遍，这才走到坡上，一眼一眼排查。三个后生手脚灵便，走在了头里，贾宝执被拉开两步远近，却紧紧跟着。或许因为贾宝执吆喝了两次，三个后生不在言喘了。只听得崖顶上山鸡凄厉的叫声，近处松树林间或沙沙的声响，沟里异常宁静。一个后生不觉有点紧张起来，一下踏翻了一个土块，绊了一跤，将那两个后生吓了一大跳，一边骂道："干甚哩！"贾宝执因又叮嘱说："当心呢！"说罢，他朝前刚挪了两步，心里猛然一紧，原来他见眼前仿佛有一缕淡淡的青烟冒起。怕是看花了眼，他再瞪大两眼时，看得真切：就在三个后生的脚下，香头大的一点火星贴着土坷垃嗞嗞地燃烧。眨眼间，那火星刺溜一闪，窜进土里，随即突突突直冒青烟。爆炸不可避免，千钧一发就在眼前。贾宝执一看三个年轻后生，头脑里"嗡"的一下，毛发顿然倒立。说时迟，那时快，只见贾宝执大吼一声："卧倒！"噌地跳将起来，抢上前去，双手猛力一展，将三个后生一拨拉，齐齐翻倒在地。话音未落，只听"轰隆"一声巨响，一柱尘土腾空而起直冲云霄。忽而沙石土块黑压压又从半空倾泻下来，打在两边丛林中，裹挟着树枝残叶，噼里啪啦坠落地面。躲在对面山坳里的社员听见贾宝执一声呼喊，知道不好，赶忙跑出来看时，见贾宝执那件老羊皮袄从空中飘落下来，掉到山崖上了。三个后生在沟里横东倒西地躺着，却不见了老主任的身影。随即只听见烟尘中一个后生撕心裂肺喊道：

"快救老主任呀！……"

——凯丽读到此处，忙将右手捂住小嘴，泪水扑簌簌涌出……克制住接着读道——

众人一看这般光景，当下都吓呆了。半晌，另一个后生忽地疯也似的尖叫一声"啊——！"转身便朝村里没命地一路狂奔，一路哭喊道："不好哩，老主任，不好哩！"其余几个社员这才惊醒过来，齐朝坡上扑去，如何抢救姑且按下不表。

却说那个后生跑回村里，一声声凄厉呐喊，霎时间整个白家沟哭号声响成一片。正开队委会的干部们听了，一个个眉眼唰地煞白，丢下笔记本就往工地跑；上早课的老师孩儿们听了，顾不得收拾课本也往出跑；做早饭的婆姨们听了，碗勺掉了一地也顾不得了……全村男女老少一窝蜂向出事的沟里跑去。不一阵儿工夫，跑在头里的一些社员哭喊着老主任，跟跟跄跄，返回来了。不知是谁"哇"的一声，于是从出事地到村里，一个个顿时号啕呼喊起来。一位八十多岁双目失明老人，扶着小孙女的肩头，颤颤巍巍，点着拐棍，从村西走到村东，从村东走到村西，一面失声哭唤道："宝执呀！你在哪垯？你在哪垯呀！……"——凯丽此时已经泣不成声，良久，强忍悲伤接道——

一位久卧不起的病人，从炕上爬将起来，摔倒在地，挣扎着又爬到门边，撕心裂肺地哭喊："老主任咧，你死不得呀，咱白家沟不能没有你呀！"

——凯丽终于忍不住哭出声来，嘴里喊道："爹爹呀，女儿读不下去了……"那钟先生一直强忍着悲伤，用纸巾拭拭双眼，说："好，好，让爹爹来读。"凯丽却突然止住哭声，说："NO, I want to keep reading! 我要读。"说罢，声音沙哑着又读将起来——

那得救的社员家属，跪在地上，呼天抢地，一呼一把泪，喊道："老天爷呀，你咋的不叫俺那没用的人替他去呀！老天爷，你好狠心啊……"受伤的后生也哭着嚎着，一个说："快吧俺死下吧，把老主任替下吧！"另一个说："把咱这没用的死下十个替他吧，老天爷呀，求你啦！"贾宝执老伴在家得知噩耗，当下几次昏厥过去，医生一次次将她救醒，只见她起身颤颤巍巍从锅台拿起两块冰凉的玉米窝窝，一面伤心地哭诉道："你没吃上一口，就走了啊……"原来这两块窝窝是她昨天给老汉备下的一顿晚餐，贾宝执忙着队里的营生，竟然没有顾上吃一口。众人这才知道，昨日一天一宿，老主任只吃过一顿午饭。众人本是忍着悲痛劝慰来的，这时哪里还能忍住，顿时屋里屋外，男人女人，大人小孩，哭作一团，泪如瓢倾。这天前晌，凄厉的哭喊声撼动了整个白家沟上空，悲风呼号，天昏地暗……

——读至此处，凯丽大颗大颗眼泪如断线珠子抛落，仰面悲悯。那钟先生早已潸然泪下，见养女这般光景，接过书本来，附过身子去，拍拍凯丽肩头，镇静片刻，接着低声沉重地读道——

且说那三孟老汉，气喘吁吁地哭泣着来到饲养场。那驴牛骡马都在惊惶地刨蹄踢腿，引颈挣绳，发出哀哀嘶鸣。老汉一惊，连忙前去细瞅，只见一个一个眼角眉睫，悉将泪溅。当下颤抖道："宝执呀，你不该死咧！……"回头走至刚刚同贾宝执谈过话的地方，痴痴地站着，想道："宝执哩，月前让你进省党校学习半年，你说队里正忙，没去；前日县委叫你进城参加常委会，你说抽不出身，没去；昨日滩上中学请你做报告，你说眼下正紧，改天再去；今儿社里开队委会，俺苦苦劝你留下，你说不放心，硬是要去。唉唉，四回回呀，你咋的个不听众人一回呢？"念到这里，不由得一声仰天长叹，一屁股蹲到地上，又呜呜咽咽痛哭起来，其声其情痛之气断，哀之欲绝。哭了一场，这才站起，昏昏迷迷走出饲养场大门，面向南沟，停着喘息，蓦然间仿佛听得天上地下一片鬼哭神嚎。他疑惑地抬头看天，天黑乎乎的，风卷云走，看不见头；举目远望，吕梁山冰封千里，苍苍莽莽，无边无涯。忽然间，他恍惚看见贾宝执头顶蓝天，脚踩绿地，笑微微朝他走来。可叹没等他高兴，一眨巴眼，却又不见了。他老泪横流，悲怆地冲着苍天责问道：

"老天爷呀，你为甚要夺走他啊？"

老天爷没有回答，依然乌云密布，无声无息。他耳边，却又仿佛听见劈山填沟的隆隆炮声，从四面八方震天动地呼吼而来，其形其色好不悲悲壮壮，凄凄切切……

这天，正是 1973 年 12 月 2 日。

——钟先生读罢，不禁黯然神伤，闭目良久，含泪沉吟道："身既死兮神以灵，魂魄毅兮为鬼雄。……死生亦大矣，岂不痛哉！"待他睁开眼来，见凯丽眼泪汪汪，如梨花带雨，呆呆地把他望着，委实令人怜爱。

却说接下来数日，全村不见一缕炊烟，但闻哭声阵阵。附近公社的机关、学校、工矿、供销社、医院及旅店皆自行停课停业，另有外地的、本县城关的军人、干部、居民等众，纷纷赶来。白家沟本村外出做事的干部、社员、知青，闻之无不奔丧而归。甚而道途相闻者，亦加入其中。一时间，百草萋萋，万木萧萧，哀风寒波，田田殷殷，人皆不知阴晴圆缺了。这日，只见耄耋老人贾福郎，挂着拐杖，颤颤巍巍来到大队部，哀告道："俺的棺材是松木的，你们替俺给他吧，千万不要给他赖棺材哦。"说着止不住老泪长流。看官，贾宝执突然离世，自然无有棺木之备。临了，那棺木究竟从何而来，最终何以装殓？欲知详情，请看下回分解。

第二十四回

虽死犹生铮铮英烈　前赴后继佼佼占荣

第二十四天

　　昨日父女俩读罢第二十三回，怅然若失，茶饭无心。后晌，张大妈领着该市宣传部一位干部前来造访，商议钟先生讲演具体安排事宜，相谈甚洽，这才把情绪缓解了些许。晚餐过后，钟先生自觉精疲神乏，便早早就寝。那凯丽则进得"无聊斋"，寻找与中共有关书籍，欲求贾宝执行为答案，竟获"二胡"①著述。阅至夜深，不得要领，亦未解其谜团。今日便向钟先生问道："爹爹呀，贾宝执那样大仁大义，却叫魔鬼掠了去，那万能的上帝干吗去了呀？"钟先生舒缓一口气，说道："这与上帝无干。就说中国此次抗疫，数万医务人员不计个人安危，第一时间从全国各地浩浩荡荡逆行而来，闪耀着这个世界罕见的人性之光。网上有人评论说，这光盖源于日积月累之热。如若你还不知那些白衣天使平日里如何积累那热，回头想想本书所述贾宝执皇皇事迹，便不言而喻了。换言之，贾宝执最后一刻闪耀的生命之光，正是他一生日积月累的一次核聚变，故而那光足以感天地、泣鬼神哦。"

　　"爹爹，女儿的意思是，像贾宝执这样的中国英雄，为何在我们那里没有啊。"

　　"女儿问得好。不过爹爹要先问你：你们有五千年不曾中断的历史

----

　　① "二胡"，一指胡绳，著有《从鸦片战争到五四运动》等；一指胡乔木，著有《中国共产党的三十年》《关于若干历史问题的决议》（1945年）等。

吗？有《易经》《诗经》《尚书》《论语》《史记》《汉书》《资治通鉴》等典籍吗？有老子、孔子、庄子、墨子、孟子、韩非子、司马迁、班固、司马光等明星吗？有三皇五帝、秦皇汉武吗？都没有。至近现代，我们又有了马克思主义、毛泽东思想及中国共产党，你们有吗？也没有。马克思主义原本产生于你们欧洲，你们弃之不用，中国人却欣然拥抱，将其于中华大地生根、开花、结果。"

"爹爹，女儿才疏学浅，没能听懂，您可解释一下吗？"

"好。这样说吧，我们中国人的祖先，五千年前就已经开始讲天道人道，这便是中国英雄的心道。天道讲天理（或曰真理），人道讲仁义，中国自古以来之英雄好汉，无不是为这四个字而前赴后继。毛泽东思想融汇马克思主义精髓，传承并发扬光大中华五千年全部优秀文化遗产，用以武装中国共产党及中国人民，故而在中国共产党引领之下所出现的英雄，有着与以往英雄不同之鲜明特质，这就是为劳苦大众自由民主幸福之崇高信仰。行者叔叔笔下的贾宝执，就是这样一位杰出的代表哩。"听着钟先生一席话语，凯丽噙着热泪绽露出一脸芳华，说道："爹爹，您与行者叔叔真了不起，你们中国人都了不起。"稍停，问道："女儿要做个Chinese——中国人，您说成吗？"钟先生答道："Very good，自然自然。不过，此事得见了行者叔叔再议，现在诵读下一章要紧。女儿啊，爹爹我何以解忧，唯有此章哟。开始吧。"

凯丽镇静片刻，唇启声哑，便抿一口茶水，清清嗓子，竟比平日朗读格外沉稳而畅快了——

诗曰：黄金入柜马归槽，香火熊熊绝地烧。

忽报人间传喜讯，倾盆顿作泪淘淘。

话说白家沟一时间凄风苦雨，众人含悲忍泪，不知昼夜，忙忙碌碌，为英烈张罗后事。贾宝执一生精明能干，可牺牲当日，众人在他家所见，却是烧火无炭，煮饭有粮而无米。可想，连眼前家中吃喝用度都无暇顾及，谈何百年后事。故而家无棺木实属情理之中，非意料之外。面对此况，干部们正一筹莫展，却有贾福郎老人前来献棺，这才松了一口气，立马安排启用。不料，贾老棒突然赶来阻止道："不抵事，俺家伯父那棺，俺清楚，说是松木的，实际材质一般般，不能用哩。"众人一听又都傻了眼，问道："那咋办？"贾老棒说："俺知道一家还有，真真上好松木，就是晓不下人家情愿不？"

"情愿哩，情愿哩。"正说着，从门外进来一位老汉，一迭声说道，"就用俺的吧，俺这棺木，老主任他才配用咧。"这老汉就是田宝堂，年逾花甲，近年从地里退下来，在公社机关煮饭。见众人愣着看他，急道："还站着干甚，走吧，这事耽误不得哦。"在场的干部们听了，个个热泪盈眶，说不出一句话来，片刻才回过神来，都默默跟上老汉去了。

随后一切顺意。公元1974年1月4日，由公社、大队主持将贾宝执遗体隆重安葬，数千民众临场。1月6日，中共兴县县委、县革委会于城关"革命广场"举行万人追悼大会。中共山西省委、省革委会，中共吕梁地委、地革委会及有关县市均派员到会参与悼念，其后，山西省革委会追认贾宝执为"革命烈士"。前后数日，无论安葬抑或悼念活动，寒蝉凄切，云悲海思，林林总总，说不尽道不完，这里姑且按下不表。

却说《水浒传》第六十回《公孙胜芒砀山降魔，晁天王曾头市中箭》说晁盖不幸身亡，次日清晨，林冲与众等便在聚义厅坐定，说道："国一日不可无君，家一日不可无主。如今晁头领归天去了，山寨中事业，岂可无主？"请求宋公明坐坛主事。兴许兴县县委书记陈明光、县革委会主任温亮信二人此时心境，与林冲心有戚戚，故而追悼大会开过，即刻进驻白家沟。所料未及，首次召开队干部与部分群众座谈会，当一人说道："老主任哩，你给咱计划下的四条沟还没啦动工，八百五十亩地还没啦完成，后沟的水库、崖窑沟的坝地、南沟的人造平原、兑沟平整土地等工程都才刚刚开始呀……您就走啦，留下俺们该咋办啊？"说着"呜哇"一声，便号啕痛哭起来，其他人等早已哽哽咽咽，抽抽搭搭，如同长城崩塌，哭声响成一片，风号雨泣一般。陈、温二位见状，忍不住也跟着泪流满面了。这般光景，更令二位深感此事刻不容缓。于是，经过紧急磋商，多方征求意见，临末将一个名叫贾占荣的年轻人推到台前。

自古有云："木有根，水有源。"这贾占荣是"老八户"贾孩之子，正是贾宝执当年着意培养的接班人。早在1958年，贾宝执看他根正苗红，初中毕业便送他去畜牧学校就读。1961年学成回村，贾宝执对他言道："你有了书本知识，还得有实际锻炼。"便分配他到兽医站，每日早起跟着其他社员上山劳动。怎奈少不更事，他却想不通，与母校书信，请求将他调离白家沟。哪知学校党委却复函贾宝执，将其原信一并寄了回来。这日，他正在山上劳动，只见贾宝执气喘吁吁从山下上来，一脸铁青，便知情况不妙，赶紧迎上前去。贾宝执停住，怒容未消，训斥道："你看看这是甚？翅膀长硬啦？当初保送你去上学，为的甚？咱社里过去只有一个土兽医，困难得很哩。是希望你学成回来，把咱白家沟的畜牧业搞得更好呵。为啥只保送你，不保送别人？"说着讲起当年与他父亲艰难办社往事，说："你爹现在都五十好几的老汉汉了，还在山上带领大家苦干。你家几辈子没啦文化，好不容易有了你这个读书人，有知识就该明事理，可不能忘了本哦。"

"老主任，您说的这些，俺都晓下哩。"

"那你为甚想走？"

"有人在背地议论，说，上了几年学又回到这旮旯来。你看一起出去的，人家都在外面有工作。有的还说，不好的才回来哩，好的谁舍得让他回来。还有的说，咱这垯苦重，回来有甚出息。这的个议论，俺家里人听了也不高兴了。"

"社会上的风言风语，要好好识别哩，看它对谁有利，也要看你自己咋的个认识。"说到这里，贾宝执已经平静下来，随便捡个土坎坐了，掏出旱烟管，抽得几口，接着说道："咱们这垯是山区，不错，苦重。那也是革命根据地哩，中央好多首长，还有那些大知识分子，都在咱这一带住过，人家咋的没啦嫌弃。不要光瞅着现在，把眼光往远处看哩。只要咱们按照毛主席的革命路线走，坚持社会主义这条道，山区也能改变面貌哦。所以说不能光看地方，主要看人的思想。没啦无私奉献的思想，任谁也吃不开，到哪也吃不开。”

　　快马不用鞭抽，响鼓不用重槌。贾宝执一番谈话，令贾占荣羞愧难当。临了，除却大会点名批评，又让他在共青团会上做深刻检讨，青年们也都跟着获益。从此，他安下心来，做了兽医，勤奋好学，踏实进取。次年因财务需要，当了大队出纳。

　　话说这年冬季，运输队修理车围子，他却把饲养场圈门来毁了当材料。贾宝执得知，好不痛心，正颜厉色道：“你这的个当家还行？俺们那会儿，毛驴没啦鞍垫，宁愿把自己的棉裤撕了。跑运输无钱住店，就歇山洞。如今集体家业大些了，也不能这的个铺张浪费哩。”有一回，向国家交售肉羊，定额完成还剩下四十余只，贾占荣却打算给社员分着吃了。贾宝执闻讯，对他讲：“凡事要先想国家。咱们粮食上不能多做贡献，畜牧上多给些国家也是应该的哦。”他听后，很是惭愧，赶忙将羊群赶去悉数交了。一日，贾宝执走进财务室，说：“你们不能光坐着拨拉算盘珠子，还要关心队里的生产哩。”其时队里榨油坊所用原料，需每日到外村换取，贾宝执便将此事交与承担，他一丝不苟，尽心竭力，未负厚望。1963年夏，贾宝执意觉水到渠成，便提交支部将其吸收为中共党员。年底，党中央毛主席向全党提出培养革命接班人问题，他被支部视为未来佳器不二人选，即推选为党总支副书记。会上，贾宝执语重心长地告诫道：“共产党的干部是为百姓谋利的，一不能自私搞特权，二要站得高看得远。平常可不能老坐在办公室指指画画，这的个不灵哩。哪里有问题，就要到哪里去。”说来也巧，这次谈话不久，天洼生产队队长与贫协主任闹纠纷，贾宝执便派他前去调解，临行嘱咐他说：“你去了可不要偏袒一方哦。先好好调查研究，搞清楚了再解决问题。”他不辱使命，不几日便圆满而归。当年，省、地、县但凡有个会议，只要没有指定谁去，贾宝执定准让他去。开先他怕带不回会议精神不敢去，贾宝执就说：“你老不去咋行？俺们老汉都是五十开外的人了，将来的事情全靠你们哦，现在不锻炼锻炼，咋的个行咧。"1966 年运动初起，贾宝执更是千叮万嘱，说："咱们时时刻刻要想到党中央的路线方针，想到社会主义事业，不要做墙头草，东风大向东，西风大倒西。就是上头来的指示啥的，也要动动脑筋想想，看它合不合实情。眼下社会乱了，咱们说甚也不能胡闹。县委有缺点错误可以造反，可不能把对的说成错的。"皆如上述诸事种种，足见贾宝执之深谋远虑与良苦用心。

却说那付古兴篡权，借"保皇派"之诬名，违纪罢免贾占荣党总支副书记职务，勒令其不得乱说乱动，每日只可与社员上地劳动。1967 年，《人民日报》发表正确对待老干部的社论，他敏锐地意识到，这是戳穿付古兴一伙伪装"造反派"之武器，便在干部群众中传播，揭露他们迫害贾宝执的非法行径。也因此，连当红卫兵的权利也被付古兴剥夺了。那些时日，夜来他常自寻思：眼下付古兴遮天昧日，倒行逆施，老主任陷入"虎落平阳、龙游浅水"的境地，自己却无力回天，不免愁云惨淡，不堪其忧。此外，令他难活的是，这般空抛时光，却不知何日是个尽头，内心总有说不出的痛苦与烦恼。这日，他突然灵机一动，想起县良种场，若能前往彼处，发挥一技之长，哪怕白干也总比这样耗着有益哩。幸而那良种场得知其处境，竟也表示求之不得，便将其收留。于是乎他如良禽，择木而往，获得一线生机，姑且有了用武之地。

十年树木，百年树人。历经如此这般修炼，白家沟第一秀才蝉蜕龙变，眼下正赶天降重任之时了。时年三十又四，年富力强自不必说，其忠贞不贰，方正不苟、处事公道、古道热肠，正是当初为贾宝执所看重。今次召回，自然是众望所归了。

常言道：新官上任三把火。这贾占荣甫一上任，正是新春到来之前的隆冬腊月，他把百事且放一边，首先办起个"政治思想夜校"，组织队干部与青年骨干，学习毛泽东的"老三篇"。这一时刻，他以锦绣之腹，以衷情之肠，大讲党的基本路线、为人民服务宗旨，以及"愚公移山"精神。重点批判"中庸之道"，以解决不敢斗争的好人主义；批判"天命论"，以树立人定胜天思想，克服畏难情绪。他对大家说："温主任给俺讲，老主任这面红旗不能倒了，要俺举得更高。咋的举？他说，老主任为了尽快改变白家沟面貌，不惜抛出自己的五脏六腑，咱们活着的人能不能继承他的这种精神，完成他的遗愿，就看咱们的行动了。老主任他不要看眼泪哦，他要看咱们的意志和成果。"紧接着，以青年民兵为骨干的"贾宝执战斗队"即日成立，由党支部副书记贾挨明担任队长，带领大家首战崖窑沟。数九寒天，地冻三尺，改河淤地却要掘开一道山梁，挖出一条沟渠，谈何容易。

有老人看着新任年轻支书这般仓促上阵，内心难免担忧，说："占荣哩，这垯土又是红胶泥，推土机推不了，恐怕炮也炸不开哦，等到开春暖和了再说吧。"面对此情此况，贾占荣自然心知肚明，解其善意，不便多言。但他更清楚，当下情势是气可鼓而不可泄的。

于是这日，他问队员们："大家说咋的办？"

那队长贾挨明心领神会，立刻接过去说道："咱们刚刚学习了伟大领袖毛主席的《愚公移山》，又批判了'天命论'，俺想起当年老主任'三战灰崖湾'的事情，大家要不要听？"众人答道："听哩。"于是他讲道："那是1955年，老主任瞅准灰崖湾筑坝可得旱涝保收地，就下定了决心。可老一茬们反对，说甚那是咱白家沟的风水湾，动不得的。老主任不信这的个邪，秋后就带领八十多人干开了。一冬一春动土三万方，成了！1956年，为了引水漫地，留了一个豁子，不承想，那年八月，猛下大雨，山洪把刚修起的坝毁了。贾恒珍老汉说，人能不如天巧，人的力量再大，还有天大？他对工地上的年轻人说甚，你们闹吧，屈死鬼怕要找你们哩。老主任担心大家迷信，就在工地开会批判'天命论'，统一了认识，接着二次大战灰崖湾。1957年一冬又把大坝立起，1958年春按上玉米种，好家伙，到了夏季那玉米秆长得一人高，跟锄把一般粗，刚刚结上棒子，一场洪水下来，又冲成了河滩。那老一茬又说话了，现在年轻人不怕天不怕地，敢想敢干。没啦想想，那是天造地设的风水湾哦，人还能与天斗？大家都知道，咱老主任是个宁可挣死牛也不倒退车的人，经过党支部仔细研究分析，再战灰崖湾。这次出动二百多号人，分成三队，一队挖沟垒坝，一队劈山取土，一队背土垫地。这的个奋战三个月，重建大功告成。"说到此处，队员们已耐不住吼着鼓起掌来。贾占荣则止住众人说："莫急，听挨明继续讲，好戏还在后头哩。"贾挨明接道："到了1959年秋天，咱灰崖湾玉米获得老辈子们从来没啦见过的丰收，打这以后年年丰产。那贾恒珍老汉总算服输了，见人就说，唉，俺做梦也没啦想到，这湾里还能长出这的个好庄稼，真真众人是圣人哩。"队员们这一听，一边鼓掌一边开怀大笑。此时，贾占荣接过将话锋一转，高声问道："看看老主任一不怕苦二不怕死的精神，咱们还怕眼前的困难不成？大伙儿说是呀不是？"

"是哩！是哩！是哩！"

二十多位小伙子齐声呐喊，声震屋瓦，大有穿云裂石之势。谁料这般阵势，如同山鸣谷应，全村于悲戚之中悄悄地涌动开来。平日里从不上地的媳妇、姑娘们，也纷纷要求加入"贾宝执战斗队"了。过去各样农活都不能做，现在忍悲争气，叫做啥就做啥，无一人推诿。贾白圪坨，年方十九，以往只管家务，会不开地下不了，如今哪里活儿重，她就到哪里。当年"老八户"之一贾孩老人，年将七旬，儿孙满堂，贾宝执在时已有退休之想，怎奈老伙计离去，每日以泪洗面。看着年轻人这般志气，主动请缨，将妇女们领导起来。他说："唉，咱还想，他走了，没啦依靠，不顶事哩。不承想，年轻一茬这的个争气。俺豁出老命还能干上些年，好歹把他的计划完成了，也就歇心了。"说着又禁不住老泪纵横。自此每日少言寡语，早出晚归，拼命动弹，无不令人咨嗟长叹。村里有个哑巴叫贾国谊，老婆跟人跑了，上有老父老母，下有四岁小女，平日队里的活爱干就干，一年做不下几个工。贾宝执出事当日，他"嗷嗷"哭号。未过两日，突然变了一个人似的，除却照顾家里老小，队里干活一人顶俩。最危险的地方，他"嗷嗷"叫着让别人闪开，自己却冲上前去。他识字不多，却在一个小本本里，写上"贾宝执"三个大字，逢人便打开本子一边指点，一边竖起大拇指，眼里噙满泪水。此情此景，亦无不令人揪心而动情。那些日子，干部们都忙着贾宝执后事，工地却一天未停。中年妇女刘五宽，六个孩子的母亲，身体羸弱，年时队里规定她十天出勤即可。但从那日起，却跟上"贾宝执战斗队"一气干了整二十天。重活险活抢着干，每日早起不辞辛苦，为工地送去滚汤热饭。一次一脚踏空，滑进坝里，陷入泥坑，被人救起却硬撑着无事一般。党支部以贾占荣为首的一班人马，更是一马当先，废寝忘食，白日工地晚间会议两不耽误。正是这股劲仗，看似无法完成的工程，他们用炸药炸，用洋镐刨，硬是动土七千八百余立方米，二十天填平六亩地，比原计划多出两亩来。

　　且说这个冬季，贾占荣高擎贾宝执旗帜，带领众人终于度过天凝地闭、悲风凄霜的日子，宛若梅上枝头，让人看见春的希望，全村生机渐渐弥漫开去。原本打算离开白家沟的几户手艺人，得见贾占荣亦如贾宝执可以解决其生计，也便安居乐业。前些年被付古兴一伙折腾而外流的诸多人等，因贾宝执牺牲而归来，见到这般形势也不再走了。值得一提的是，一个叫贾由儿的年轻人，"老八户"贾建宜之子。其父因公牺牲之后，在家与母亲吵，在外与社员吵，在队与干部吵，横竖不得顺心。年时赌气要走，贾宝执就对他讲："人穷不要看一时，被人瞧不起，也不是一世。只要自己个儿努力，一切都会好起来的哦。"临了，还是偷着走了。家里丢下老母孤苦伶仃，贾宝执切切之心，拳拳在念，上门嘘寒问暖，解衣推食。常言道：儿行千里娘担忧，娘行千里儿不愁。老母念儿心切，时不时就找贾宝执询问儿子下落。这日，贾宝执刚从地里回村，她站在村口，及至贾宝执走近，怯生生地问道："宝执叔哩，听人说，那不争气的东西，在内蒙古给收容哩，你帮打听一下，是虚说呀还是真的个？"

　　"他婶，你放心好了，那收容站是政府办的，管吃管住。赶后儿，俺问问县里，看送回来没啦。唉，谁家不亲自己的孩儿。不怕，只要送回来了，俺去把他接回来就是。"

　　"那敢情好，那敢情好。"说着，老人感激得止不住泪眼婆娑，又是谢天又是谢地。可叹的是，在外饥寒浪荡数月的贾由儿，此次赶回来时，已然不见了恩人。老母将他走后贾宝执如何照顾之事，一一从头道来，边泣边诉，含怨带慕，吐不尽心中的悲伤与愁苦。临末，说道："儿啊，你爹死时你还小哦，你老主任爷摸着你的头，说，不怕，俺们无论咋的都要把他培养成个人。如今你成人了，老主任他却走了。儿啊，你要为娘争口气哦。"说罢，母子俩抱头哭作一团。贾占荣知他归来，当日专门到家探视，叙谈之间将当年"老八户"如何创业，其父如何为集体牺牲，贾宝执又是如何壮烈的，娓娓道了个备细。临了，语重情深地问道："小由子哩，你想想，他们没啦完成的事业，咱们不去完成，谁们去完成？"贾占荣一席往事之言，如三公之教，已把他三魂击醒。这一问，那瘦削憔悴的脸，哪能撑得住，霎时竟红了又白，白了又红，难掩羞愧之色。沉默片许，犹豫半晌，他这才说道："占荣哥，俺实在对不住老主任爷哩，是俺一时犯浑。年时，有人对俺说，不要怕，你跟他们闹，大事不犯，小事不改，他们拿你没啦办法。再不行了，你就提出迁户，看他们咋的奈何你。"

"唉，小由子哩，你不说那人是谁，俺都知道。"贾占荣说道，"那是黄鼠狼给鸡拜年，不怀好意。表面上好像多关心你，实际哩，他是煽动你与队上闹别扭，好看咱们的笑话哩。你也不问问老辈子，他祖上是甚人，你祖上是甚人？两条道上跑的车，不是一路人哩。是阶级敌人，总不会死心的。这的个道理，千万莫忘了噢。"

"占荣哥，你说俺还行不？"

"行，咋的不行？"贾占荣鼓励道，"瘦马三年变肥马，笨人三年变诸葛。只要你安下心来，想着老主任和你爹他们为集体事业，咋的吃苦耐劳，没啦不行的。"

有道是：浪子回头金不换。见贾占荣如同贾宝执生前一样关照他一家，心下思想：再不安心定志，足履实地，到时在父亲墓前有何颜面为人？因此上，这天与老母说过，便把铺盖卷搬到大队部去了。你道为啥？原来从前他赖床不起，如今他要效仿贾宝执，每日四点起床，以便招呼众人。贾宝执牺牲之后，此事本由大队干部轮流值班的，他却自告奋勇，一人承担了。每到工地，若是队干部不在现场，他便主动安排诸事。时间一长，众人戏称他是不当干部的干部。论起干活架势，更是生龙活虎一般，与旧前判若两人。时常滚得满身是泥，只剩黑眼珠子可见。一日，沟里水管断裂，泥土塌陷，他二话不说便跳了去。事后队干部提醒他，这样危险，他却说："别批评俺，俺是怕管子埋在土里哩。"一次，派他进城拉炸药，无钱住店，想起贾宝执当年赶着蛤蟆驴住山洞的事迹，他连夜回赶，不料途中翻了车，也便在野地里过了一夜。早上进村，家也不回，就径直到工地去了。上述诸事难尽，姑且就此打住。

　　且说这日前晌，那谭基则从地委机关再次来到白家沟。公社副主任贾维藩陪同用过午餐，便闲聊起来。聊着聊着，谭基则问起贾由儿近况，说道："上次有人说他是'公鸡拉屎头遍香'，大半年过去了，现在表现怎样？"贾维藩说道："好着哩。有老人说，这小由子，怕是老主任的魂附上身哩。"谭基则听了不禁笑道："老贾啊，此话看似迷信，我看有道理。如果把这个'魂'字，换成'精神'二字，岂不好理解了？"贾维藩微笑说："谭记者，还是你们这些个文化人看问题透彻。"谭基则接着说道："所以，这样看来，贾宝执的魂何止附在贾由儿一人身上，那哑巴贾国谊，那贾白圪垯、刘五宽一群妇女，那'贾宝执战斗队'一帮小伙子，他们身上恐怕都附上贾宝执的魂了，否则如何解释他们的表现那样不同凡响？"贾维藩听着，眼里露出欣幸之情，从制服兜里掏出芒果牌香烟，抽出一支递给谭基则，慢慢地又抽出一支夹在手指间盯着谭基则，微微笑道："是哩，是哩。"说着划燃一根火柴，先给谭基则点了，再点着自己手里的，一口深吸，吐着一缕缕青烟，在空中盘旋，说道："照你这的个说，俺看咱白家沟多数人都附上贾宝执的魂了。"言罢再猛吸一口香烟，一脸过足烟瘾的惬意神色。接着，这位"活字典"便打开了"话匣子"："说到这垯，谭记者，俺告诉你一组数据，从今年元月开始一个冬季，贾宝执生前计划的四项工程：劈山造地二十二亩，提前三十天完成；改河坝地十七亩，提前二十五天完成；起高填低造地三十二亩，提前十天完成；洪水冲毁地，大家利用早晚时间，恢复成地十三亩。一个冬天，共完成十一项工程，动土十一万两千五百立方米，造地一百二十亩，其中八十四亩今年已经受益。另外，崖窑沟淤地大坝，原设计坝高二十八米，已完成二十米，底长一百二十米，已完成六十米。动土共计九万六千立方米，贾宝执生前完成的五万立方米，以一万个工计，每个工五立方。后来完成的四万六千立方米，以两千一百个工计，每个工为二十一立方米。在贾宝执生前完成的兑沟十亩地上，全都种上榆树苗与谷子。后沟水库，在兄弟队协助下，原计划十一万立方米，已完成八万立方米。全公社（除却白家沟）由贾宝执亲自规划的五项工程，原计划十一万九千立方米的工程量，已完成五万三千五百立方米。"贾维藩一口气报完这一串数字，抬头看着谭基则，那神情仿佛说："谭记者呵，这就是贾宝执精神引发出来的力量哦，你说是呀不是？"二人四目相对，只见那谭基则眼里闪着泪光，无以言说了。如此良久，贾维藩一边快意地吸着香烟，一边说道："谭记者，这次你来也看到了，地里作物长势实在是好哩。告诉您，今年这的个风调雨顺也不多见，加上大家齐心协力，丰收已不成问题。看到这的个情况，大家也从悲伤中开始走出来了。"两位"瘾君子"吞云吐雾正说得入港，公社主任裴丕明从外面走了进来，向贾维藩说道："老贾，听说今年水库蓄水挺多，鱼儿肯定不少。谭记者前些日子在咱这垯辛苦，少吃没喝的。他是南方人，肯定喜欢吃鱼，大伙儿说，今儿去闹些鱼回来，也招待一下记者吧。"见贾维藩直是点头，便转向谭基则，说："俺们这垯不习惯吃鱼，更不会做，谭记者不要笑话噢。"谭基则听了不由得喜出望外，说道："好，好。我会水，跟你们一道去。"

说话间，只见公社书记武子玉人等已经带上渔具在门外等候。随即，谭基则别了贾维藩，相跟着四五人出了村子，走上一条羊肠小路。两旁杂草丛生，齐腰没膝，地气熏蒸烤人。正是晌午时分，天上白云朵朵，艳阳高照。农谚道：六月六，看谷秀。一路山坡梯田，玉米高粱如丛如林；沟壑坝地，谷子黍子绿油冉冉，如波如浪。蝉鸣声声，此起彼伏，好似比赛一般。不多时，行过一道斜坡，到得一块土坝，只见一汪湖水泛着粼粼波光，几只野鸭划破水面，扑扑棱棱朝对岸飞去。大家停下来，解开渔具，谭基则一看，竟如网球场的中心网，心中暗自纳闷：以往所见渔具不是圆形，便是杆、兜、箕、叉等状，何曾见过这般模样。于是问道："这是什么网啊？"裴主任答道："他们说，叫甚粘网。"此时有人已将其展开，谭基则细看，宽约数尺，长有数丈，尼龙绳编制，金属坠坠底。心想：

"原来还有这般渔网，孤陋寡闻了。"一边又想，这家什如何捕得鱼儿，便又将信将疑起来。见二人拉开那网，一字排开，已经涉入水中，便脱掉衣裤，身上只留裤衩，一扑腾向水的深处游走。少顷，便觉腿脚已不能触底，却听得岸上众人呼喊："谭记者，往回游，往回游。"谭基则游转身来，只见湖水已将那二人淹没齐腰，但不见那网。

"谭记者，来回游，搅和搅和水。"

听得这般呼叫，谭基则立刻明白，这是要他朝渔网处驱赶鱼儿，顿时兴致勃发，便来了一番哪吒闹海动作，一时间惹得岸上等众拍手称善。就在这当儿，却见那两个执网者退至岸边，提起网来，网上白花花一片，噼里啪啦，击波拍浪，闹得不亦乐乎。裴、武二人也赶忙提来木桶，手忙脚乱，将鱼儿一一从网眼里取出放入桶中，临末一数，大小足有三二十条之多。这时，谭基则注意到，武、裴两人脸上数月以来那肃穆忧郁之色悄然消失，终于有些快活了。返回村头，途径学校，远远听得孩子们的歌声，谭基则一听便知，这歌曲名叫《毛主席我们永远歌唱您》，词曰：

> 毛主席呀，您是灿烂的太阳，我们像葵花，在您的阳光下幸福地开放。
> 您是光辉的北斗，我们是群星，紧紧地围绕在您的身旁。
> 您的思想是春天的雨露，我们在您的哺育下茁壮地成长。
> 您亲手……（残缺数字），把我们百炼成钢。
> ……（此处残缺）

谭基则走在后面，不由自主地也哼唱起来。众人接着齐声跟唱，好似队伍凯旋。未料此时狂风大作，一片乌云压顶，刹那间播土扬尘，天昏地暗，雨点啪啪，飘洒如豆。有人呼道："不好，快走，大雨将来了。"于是，众人加快步子，刚刚跨进公社大门，滂沱疾水铺天盖地而至。众人进屋方才缓过一口气，正欲解衣换鞋，忽然却风停雨歇。只听得伙房田大爷站在院地，高声叫道："龙来哩，龙来哩！"众人闻声冲出房门，举头瞭望，蓝天如洗，只见双双山上空，一道彩虹五彩缤纷，耀眼炫目，不禁万分惊讶。那谭基则站着仰望，一动不动，默然凝视良久。临了，口中喃喃吟道：

潇潇苦雨逝流兮，浩浩春潮喷雪来。

后浪前波激荡兮，彩虹一道挂天台。

......

——那凯丽读罢，自言自语道："Rainbow, rainbow. 爹爹，好美呀！"钟先生则道："彩虹是美，哪有文章之美，文章之美哪有其意境之美，意境之美哪有意境之中人心之美呀。'士隔三日，当刮目相看'了。我这位同窗，行者叔叔，岂止刮目相看，恐怕合当'换珠视之'也。凯丽啊，这二十余天以来，文章洋洋洒洒，诵者清清朗朗，一边华章丽句，一边金声玉嗓；一边宫商角徵羽，一边抑扬顿挫唱，好马配了好鞍，妙不可言哦。女儿啊，经此朗读，你的中文水平，好比跟随季凌老先生上了一回鹳雀楼矣。"说罢会心畅笑。那凯丽则笑面含羞，轻轻拍着纤纤玉手，说道："爹爹说得好！只是对女儿夸奖了。爹爹，那我们几时才能见到行者叔叔？女儿还要以莛叩钟呢。"钟先生道："快了快了，指日可待了。"父女俩正说得高兴，钟先生手机响起。说到曹操，曹操就到。打来电话者，正是行者先生。二人当即商定，W城一旦解封，行者先生便前来相聚。于是，凯丽喜上眉梢，充满期待。不过，庚子之年确也易出奇闻，他们究竟能否相聚，会有何等轶事，欲知详情，请看下回分解。

第二十五回

贾巧香含悲痛忆父　钟飞硕隐秘慈托孤

第二十五天

　　话说钟先生接到行者电话之后，原本喜形之颜，今日却渐渐陷入沉思。许久，仰起头来，口中轻轻吟哦道："我居北海君南海，寄雁传书谢不能。桃李春风一杯酒，江湖夜雨十年灯……"吟罢，又是一阵沉默。俄而，再度吟诵，声若一池清波，徐徐疾疾，咏道："噫吁嚱！……别来沧海事，语罢暮天钟。明日巴陵道，秋山又几重？"到此一声哀叹，如涛袭岸，戛然而止。凯丽一旁口呿目瞪，看着钟先生如此这般，不知所措。须臾方问道："爹爹，今天怎么啦？"钟先生抿一口茶水，说道："无事，无事。爹爹一想，很快就要见到老友，感慨浮生如梦呵。"自此一连数日，钟先生心游神荡，惘然若失。每天不是翻开《英雄生死录》看了又看，便是吟唱凯丽不知所云的诗词歌赋。直至这日，行者打来电话说："老兄，告诉你一则好消息，我与贾宝执的女儿联系上了。"这才云开雾散，豁又精神起来，对行者说道："贤弟，可否让她谈谈贾宝执的后人境况？"行者回道："老兄，这也是吾之关切呢。待过几日，恐怕就会有消息来了。届时，定叫老兄闻之快慰。"未几，钟先生翻开《英雄生死录》第二十三回，将凯丽叫到桌旁坐下，言道："阴阳者，天地之道也，万物之纲纪。昔人云：阴极生阳，阳极生阴，阴即是阳，阳即是阴。故而阴阳之间，当乎平如砥直如绳之通衢。由此吾云：既然生阳死阴，那么可谓醒即是阳，梦即是阴；静即是阳，思即是阴。"凯丽听着如坠五里雾中，因问道："爹爹，您在说什么呀？女儿听不懂哦。"钟先生笑笑，答道："譬如，本书开篇引诗云，'有的人死了，他还活着'，他活在哪里？活在人们的心里，对吧。

如果你梦见他，他便在你的梦里，是死的还是活的？活的。如果你思念他，他便在你的脑海里，是死的还是活的？活的。这就是英雄灵魂的归处。你们基督徒说，好人死后将与上帝同住。而我们的上帝不是别人，是人民。明白否？我的好女儿。"凯丽直是点头，却又若有所思不提。

却说过了约莫两周，果然邮政快递寄来贾巧香一封信函。钟先生见了这信函，一则以喜，一则以惧，便急不可待让凯丽朗读开来——

诗曰：座座青山几度秋，重荫树下有吟讴。

一封信件恩泽恩，三代儿孙楼上楼。

忏悔地无良药治，愧惜天欲子牙收。

行云步雨磻溪去，却见黄庭碧水流。

"行者老师：您好！我是贾宝执的女儿贾巧香。老师，先不说我们晚辈们的情况，先说说父亲对我们的影响，好吗？

"父亲离世距今已有近五十个年头了。每当提起这事，悲伤的泪水总要模糊我的双眼，忍不住想起和父亲在一起的往事，以及他那慈祥的面容、慈爱的眼神。与父亲最后的一次见面，至今历历在目。

"那年我刚满十八岁，就读高中。记得那是父亲牺牲前一个星期六的上午，学校党支部王书记把我叫到他的办公室，说给我一项任务，要我本周务必回一趟家，替学校邀请我父亲为师生做一次关于革命传统教育的报告。我愉快地接受了任务，下午便和同学们相跟踏上回家的路程。父亲当时已经复职，算是脱产干部。可他仍然坚持一贯的工作作风，除了公社和县上开会，总是坚守生产第一线，和群众奋战在一起。这天照例和平时一样，我回到家里，直等到上灯时分，他才从地里回来。他满身尘土，显得十分疲惫，见到我却十分高兴。我拿笤帚一边替他清扫尘土，一边转达王书记的邀请，他很痛快就答应了，只是说，'这几天抽不开空，再过几天一定去。'说来也怪，这一夜父亲跟我谈了好长时间的话。他既问我的学习和生活，又问到他所熟悉的老师，特别是对我以后的成长谈了许多。这一夜的谈话，是我记事以来，父亲跟我谈得最多的一次。可万万没有想到，这竟是我们父女的诀别。时隔几天，当我再次回到家的时候，见到的竟是静静地躺在棺木里面面目全非的父亲。

"父亲去世以后，我陪母亲住了一段时间。从母亲的口中，我才知道以前不知道的许多事情。据母亲回忆，那次我回家走后，父亲一再说，近期他一定抽空去我们学校，并说这次无论如何要给我买一双暖鞋，不能再让我把脚冻坏了。提起买暖鞋，那是头年冬天的事。当时是我入学的第一学期，学校的教室、宿舍虽然生着火炉，但因地处村外三岔路口，还是冻得不行。我的座位离火炉较远，脚上穿的又是单鞋，因此没过几天，脚就冻得流了黄水。而我们班里，多数女生都是买了暖鞋穿的。鉴于这种情况，我向父亲提出想买一双暖鞋。我知道就在当时，政府给我父亲补发了他停职期间的工资（大概有两千多三千块钱吧）。我想，买双暖鞋应该不困难。可没想到，父亲找了个理由委婉地拒绝了。我当时怎么也不能理解，甚至还跟他老人家赌气，连着好几个星期都没有回家。就是父亲捎话让我回，我也没有回去。总认为父亲不亲我，放着那么多钱还舍不得给我买一双暖鞋。母亲这次才道出原委。事情是这样的：就在父亲补发工资后不久，政府给群众拨来了救灾粮。那几年社员分红很低，绝大多数人家根本就没有积蓄；加上集体经济削弱了，实在无法解决购买救灾粮的问题。当时我们家，也有好几件事情急等用钱。在这大家小家都急需用钱的时候，父亲只考虑了全公社这个大家，把补发工资全部拿去买了救灾粮。母亲说，父亲给她的解释是：停职那几年没有工资，咱还不是照样过来了？现在党和国家不但给咱恢复了工资，还把那几年的补发了，这是党和国家对咱的关怀。现在集体和群众遇到了难处，咱不能只要国家的关怀不图回报吧。何况这又是救灾粮，要是不能及时发放到群众手里，万一出现饿死人的情况，我怎么向党和人民交代？知道了事情的原委，我真后悔当初向父亲提出的要求，更不该跟他老人家置气。

"按理说，我家生活不应该这样清贫。且不说父亲是有薪金的干部，单凭他一手祖传接骨医术，在村里就可以过上富裕的生活。然而，我家却一直过着拮据的日子。记得父亲平反复职后不久，地委王铭三书记专程到我家看望，执意要跟父亲吃住一起，而我家竟连一床像样的被褥都没有，只好到公社机关借来对付。一天早晨，母亲边给我们盛饭边絮叨着说，'家里快要无米下锅了……'，就在这时，村里一位大婶突然推开我家的门，带着哭腔说，'老主任哩，快救救我家吧，家里实在是揭不开锅了。'见此情形，父亲没有搭理母亲，急忙放下碗筷，对那位大婶说，'你回家拿上家什到大队去。'说着，赶到大队部叫上保管，给大婶称了几斤高粱以解燃眉之急。在我的记忆里，替群众排忧解难就是他的天职。他时时想着他人的困难，却从不顾及自家的处境。

"在平常生活中，父亲对他人热情包容，而对自家人却是严苛要求。经常教育我们，要和同事、同学、同伴和睦相处，遇事要站在对方立场考虑，要放宽胸怀，理解包容。任何时候都不能贪图便宜搞特殊，更不能给党和国家找麻烦。对待工作、学习要积极认真，做一个对国家、对人民有用的人。就说我大哥，当初无论拜师学医，还是后来读卫校，都做到了刻苦认真。因此，他的学业得到学校和老师认可。毕业时，学校根据他各方面表现，打算留他在当时的地区所在地忻州就业，大哥也巴不得如此。可征求父亲意见时，父亲说村里缺医少药，要大哥回乡为乡亲们服务。那时，只有公社机关所在地有一家医院，村里人有病都需走老远的路才能就诊。如遇行动不便或者紧急情况，医生出诊就得翻山越岭。这无疑是一件辛苦的事，但大哥从不为难患者及其家属。有一次，大哥感冒，晚上母亲做了白面汤给他喝了，正躺在炕上蒙住被子发汗，来了一位外村患者家属，想让大哥出诊。母亲解释说，'他刚躺下，发着汗哩，恐怕去不了哦。'可大哥听到来人声音，立马起床穿好衣服，二话没说背上药箱就跟着去了。据大哥同事讲，单位有一个增资名额，无论从哪方面说，非大哥莫属，可单位却给了另外一位同志。大哥不满意，在工作中带了点情绪。这事不知怎么让父亲知道了，不但没替大哥说话，反而好一顿批评。

"父亲一辈子分得最清楚的，就是公与私。1963年的二三月间，老舅出嫁不到一年的闺女到公社离婚。经公社有关干部劝解，没离成回去了。过了些日子，老舅也来了。公社干部再次劝解，小媳妇表示非离不可。小伙子见这桩婚事无法挽救，就提出退还他家的彩礼钱。公社干部按照政策，要女方先把彩礼钱交出。老舅心想，外甥是公社主任，找他来说说情，兴许还能免了。到了中午，父亲刚从地里回来，老舅跑到家里，对父亲说，'宝执，我有件事要你替舅办办。'父亲说，'舅舅直说吧，能办我一定帮办。'老舅说，'你表妹年时嫁到郝家沟，过不下去，非闹着离婚不行。舅舅我使唤了人家一些钱，公社要按政策办事，非让退还不可。你是公社主任，替舅说两句吧。'父亲听罢吃了一惊，说，'唉，是这么一件事？你不知道，现在是自由恋爱，自主结婚！你怎么搞买卖婚姻呢？舅舅，你犯了法了，我能替你说甚话？'老舅听我父亲这么一说，不敢吭气了。父亲接着说，'买卖婚姻是旧社会的东西，你怎么也学起来了？牲口才买卖哩。你把咱表妹当牲口一样卖了，我还要批评你咧。这件事，我不知道便罢，知道了非处理你不行。走，咱一块到公社去。'说着就领着老舅去了公社。到了公社，我父亲详细询问了情况，又问那个小伙子，'订婚彩礼你都给了些啥？'那小伙子说给了多少衣服，多少被褥，外加九百元钱。又问表妹，'是不是这些？'表妹说是。回头又问老舅，老舅说，'钱是说下那么些，实际只给了四五百。'我父亲听完情况，对老舅说，'照这的个情由，我不能替你说情。按政策把钱退出来，然后办手续。'老舅说，'身上没有钱，等办完手续，过几天我拿上来呀。'我父亲说，'不行。非先退了钱不行。'把老舅气得半天没有吱声，过了一阵说，'我身上只有百十来元，先办了，其余过几天拿来。'我父亲说，'身上有多少，你全交了，剩下的你找一个保人。'又对公社干部说，'软的保人不行哦，得找个硬邦的。'老舅立马说，'你就够硬了，就找你吧！'我父亲说，'我可当不了这个保人。'最后有了可靠保人，这才把有关手续办理了。老舅心里老大不高兴，办完手续说声，'宝执，我回呀。'这时我父亲笑了，说，'唉，今天可不能回。咱公是公私是私，他老舅来了，还不请回家吃顿饭？走，今天还不能让你吃赖了。'说完，硬是把老舅拽回家里，吃了一顿白面面条。老舅吃罢饭，到村里老友家串门，一迭声对人说，'唉，宝执这孩儿，真厉害哩，认真起来连舅舅的情面也不给哩。'

"行者老师，从小给我印象最深刻的，是我们一旦与别人发生争执，闹了不愉快，只要让父亲知道，得到的总是批评、指责。记得一次，小伙伴和我吵了架，心想，别的小孩吵了架都要回家找大人告状，我今天占了理为啥就不能？于是我就去找了父亲，想让他出面为我出气。结果不但没出面，反而把我训斥了一顿。然而，有一次却是个意外，父亲不但出了面，还解救了我。

"那是 1967 年冬天，也是'造反派'批斗我父亲最为猛烈的时候，学校语文课老师要大家写一篇揭批我父亲的作文。那时，我还是小学三年级学生，根本不懂得什么叫批判，更谈不上写作。想来想去，我想墙上那些大字报，大概就是批判吧。见一张写的是我父亲'卖牛买布'的事，回家问了问母亲，就照母亲说的写去交了作业。老师看后，说那不是批判，是歌功颂德，并上交给了校领导。在当时的形势下，学校不敢遮瞒，又反映到'造反派'那里。一天晚上，他们召开会议，单就我的这个问题进行批判。'造反派'言辞激烈，让我一直胆战心惊。熬到宣布散会，心想总算可以回家了，没想到却把我单独留下，要我反省自己的问题。这样，教室里就剩下我一个小女孩，只有昏暗的煤油灯陪伴我。又冷又怕，哪里还能想什么问题，就盼着有人出现，哪怕是他们再来批判我。正当我害怕得无法忍耐的时候，门外传来熟悉的脚步声。原来，有人偷偷地告知了父亲，他冒着'罪上加罪'的风险，来把我带回了家。这次惹祸，不但没有批评我，还安慰了我，让我深切感受到父亲的慈爱，父爱的伟大。'造反派'要我与父亲划清界限，可这件事反而增进了我们父女的情感。

"关于'卖牛买布'的事情是这样的：有一年，地委在大同召开地区劳模大会，授予我父亲农业劳动模范称号，并奖励耕牛一头。那个年代，这头牛要从大同牵回兴县白家沟，几百里路程谈何容易。为省时省钱，父亲就地卖掉耕牛，把钱带回县里。其实，父亲得奖后就想到，这奖品虽说是给他的，可成绩是全体社员干出来的，所以这奖品理应由全村社员来分享，让每个人都能感受到党和政府的关怀和鼓励。于是，就在县城，用卖牛的钱买了做衣裳的布料带回村子。经大家商量，决定按'全劳力一身，半劳力一件'方案分给了大家。当时我母亲的衣裳也已破旧，早就需要更换添置。因此，有不少社员说，奖品毕竟是奖给我父亲的，建议给我家多分一些，结果都被父亲谢绝了。

"有一种观点说：没有相应的物质基础，是不可能去帮助别人的。而父亲用他一生的行为，完全颠覆了这一观点。不论自己生活如何困难，甚至身处逆境，他都会尽一切努力帮助他人。作为一名共产党员，他真真实实地践行了全心全意为人民服务的宗旨，最后又真真实实地用生命诠释了中华民族舍生取义的崇高精神。

"行者老师，现在汇报一下我们后辈的简况：我们姊妹一共六人，父亲牺牲后，通过自己的努力，克服重重困难，都挺了过来。大哥卫校毕业，当了一辈子医生，在县妇幼保健站领导岗位退休；二哥（送人者）与四哥（送人者）农中毕业，先是务农，后来经商；三哥卫校毕业从医；小弟初中毕业，个体经营；本人高中毕业回村，曾担任党支部书记，先后被选为全国及省人大代表、党代表，后调县妇联等单位工作直至退休。孙辈共十六人，初中毕业三人，高中毕业二人，中专毕业五人，大专毕业三人，研究生毕业三人。重孙辈共二十七人，除去幼儿、中学生，大专四人，本科生六人，研究生三人，博士生一人。他们在各自岗位，不管当领导还是普通干部、员工、学生，个个勤勤恳恳，兢兢业业，没有一个孬种。大哥的外孙女王文娟，大学毕业就职检察院，是一名优秀检察官，多次被评为省、市先进个人，被誉为破案能手……"

……

——钟先生不待凯丽读罢，仰天感慨道："好啊，好！长江后浪推前浪，一代新人胜前人呵。"凯丽接上说："爹爹，还有一句：青，取之于蓝，而青于蓝；冰，水为之，而寒于水。对吗？"钟先生答道："Very good! 完全正确。你还记得出自何处？"凯丽嫣然一笑道："记得。荀子

《劝学篇》第一，首句是：君子曰，学不可以已。对吗？"钟先生随之续道："是啊。君子博学而日参省乎己，则知明而行无过矣。爹爹此生就犯在这里了！"凯丽不知所云，也未探究便过了。不提。

却说这日黎明，W城钟声突然敲响，跟着轮船火车的汽笛声、汽车的喇叭声响彻全城，两江四岸则灯火璀璨，犹如黎明前一抹繁星。钟先生与凯丽站在院子里昂首竖耳，正惊奇疑惑，街道办张大妈推开院门，喊道："解封了，解封了！"二人一听，霎时幸喜不已，那凯丽跑上前去将张大妈一阵拥抱，眼里噙满泪水，连声道："Thank you, Thank you. 谢谢，谢谢。Very good."那张大妈笑道："啥子山口地口，你鼓捣起把大妈箍痛了。"钟先生听了一阵好笑。众人跟着笑了一回，那张大妈这才故作正经说道："我是特地来通知你们的，政府宣布解封了，你们可以到各地旅行去了。好了，我还有事要做。"说着正要出门，扭转身来说："差点忘了。在离开之前，你们父女两人的捐款证书，梁主任说，她要亲自送来哦。洋娃娃，记住了？"见凯丽点点头，笑着摆摆手，扭着肥腰去了。这里钟先生与凯丽用罢早餐，收拾停当，便接到行者打来的电话，说他将乘当晚班机前来W城，要他们务必在家等候。凯丽又是好一阵兴奋，按捺不住，说着就拉上钟先生上街寻找超市，准备迎接客人到来。不想蜗居两月，乍一出门，哪里经得住满街疯走，直到下午丰载而归，父女俩已力尽筋疲，草草吃过晚饭便各自就寝。这一夜，凯丽睡得好生香甜，睁开眼来天已大亮，正欲起床，便听得一阵急促门铃声，顾不得更衣，便披上外套，靸着鞋，朝院门跑去。打开门来，只见张大妈领着一位老先生焦急地站在门外，那老先生急切地说道："你是凯丽，你爹爹呢？"凯丽回道："在家呀，还没起床呢。"

"走，叫你爹爹去。"老先生不容分说，就往屋里急走。凯丽见状，心里也不由得紧张起来，朝钟先生卧室跑去。推门一看，钟先生床铺整齐寂淹，空无一人。凯丽转身一边叫着"爹爹"，一边从卫生间到厨房再到书房，皆无半点踪影。张大妈跟在一旁，瞅见凯丽一脸煞白，长睫毛已挂满泪珠，怜惜道："闺女，不找了，不找了，先见见客人哦。"此时，那老先生端坐客厅等候，待凯丽进门，起来将她拉到身旁坐了，说道："我就是行者叔叔。凯丽姑娘，Sorry，叔叔来迟了。"随即将昨日一早收到钟先生一则蹊跷文字事告之，凯丽因道："叔叔可以给我看看吗？"

"当然可以。"行者从行李包里取出一页文印纸来递与凯丽，说："我已打印了，你好好看看。"

凯丽接过看时，那纸上文字如是："行者贤弟，见字如面。近日所获信息，见面在即，我却失眠了。人生不可欺啊。原以为带上忏悔归来，便可心安理得。不承想，读了您的大作，得知贾宝执事迹，又亲睹全民抗疫，愈加无地自容了。一介农民加入了中国共产党，用他一生的奋斗表明，他既是人民的代表，又是党的化身。原来，在我们的国度，党与人民是如此骨肉一体，难解难离，难怪能够同甘共苦，生死与共，所向披靡。这是我从前不曾想过的，也是古往今来不曾有过的。贾宝执的子孙后辈们，作为普通公民，赓续其精神，贫贱忧戚，玉汝于成。其蔓蔓日茂，有芝成灵华之势。何以？生于如此厚土国度之必然也。而我，离开祖国三十年，可悲可叹，祖国栽培了我，我却于盛年离去，对祖国无毫末贡献。我戴罪而去，负疚而归，有何颜面见于江东父老矣。贤弟即至，更生'近乡情更怯，不敢见来人'之愧，还望贤弟宽恕耳。……"余下文字是拜托行者先生如何收留凯丽，如何处理其他诸事。凯丽不忍卒读，掩面哇哇痛哭起来。那张大妈抹着泪眼连忙将凯丽搂到怀里，儿啊女的百般抚慰。行者先生则强忍悲伤，说道："凯丽，叔叔知道你是个坚强女孩儿，莫哭。明天就跟随叔叔回家，家里哥哥姐姐们还等着你呢。"半晌，凯丽抬起头来，一边用纸巾擦拭眼泪，一边抽泣着说道："NO，NO。爹爹他没有死，他会回来。"

"是的，是的。"张大妈与行者异口同声道，"钟先生还要回来的……"

二人正说着，只听得门外脚步声纷纭杂沓，张大妈因道："梁主任他们来了。"于是，行者先生与张大妈起身一起迎了出去。那梁主任得知钟先生失踪，十分惊诧；见凯丽哭成泪人儿，顿生怜悯之情，上前将凯丽搂住，一面劝慰道："好闺女，莫哭莫哭。我们马上派人找去。"即与行者见过，并道："钟先生挺好一个人，心地善良，是个爱国知识分子。前儿我们请他做报告，他都答应下的，想必他不会走远。他要真走了，那真个是可惜哦。总书记都说了，我们欢迎海外华人华侨回来，共谋中华民族的伟大复兴事业哩……"不等梁主任说毕，行者插道："钟先生是个自尊心极强的人，把颜面看得忒重。我想，他刚刚回到国内，眼前的一切，太出乎他的意料了，情绪一时转不过弯来也是有的。再说，他又是一个重情重义的男子，对凯丽母女的承诺，他怎么会轻易放弃呢？因此，我赞同梁主任所讲，他确实不会走远，让我们一起耐心等等吧。"听行者如此一番言语，众人如释重负，那凯丽眼睫毛还闪着泪珠，也露出了笑容。于是，梁主任招呼众人回到客厅就座，凯丽则忙着烧水沏茶。小小庭院又安静下来，只听得远处飘来鸽哨声声，随即一群白鸽从庭院上空呼啸而过。

正是：

复兴大势浩汤汤，海内万民齐奋扬。

有志报国无贵贱，自惭形秽好荒唐。

2021年早春二月修订
2021年初秋再修订

后　记

好事从来多磨折。本书始作于四十年前，因社会形势变化而中辍；时隔十年，本可正常出版发行，却因"现管"无视而不了了之；又过十年，迎来重新整理问世之机会，又因作者病弱而未能如愿。足见大凡时事，局部必服于全局，县官确然不如现管，人算敌不过天算。然则，人生一世总有时来运转，柳暗花明之日。果不其然，岁至2020年开春，适逢天时地利人和，于是敲锣击鼓戏重开，今日可算落幕了。

俗语云：一个篱笆三个桩，一个好汉三个帮。况乎作者非为好汉，故而委实难忘一路良师益友，心心相印者。四十年前，白家沟村的乡亲们，不顾田间地头劳顿，不分昼夜，向作者深情倾诉本书主人公大量感人肺腑事迹。这是本书真实细致之基石。此后写作过程中，兴县干部闫润苓与贾炎明二位先生，尽其所能也提供了一些素材。山西人民出版社编辑安增一老先生，审稿期间批注诸多卓见，亦难能可贵。三十年前，吉林省委原书记王大任同志（此书源于其山西省委副书记任上策划），作者曾信函求助书稿刊印之事，旋即批转山西省有关部门，令作者备受鼓舞与激励。两年以来，贾宝执之后人与部属，以及兴县人事局原局长张巨轮先生，兴县老促会王崇宝先生等干部公众，或补失建言，或匡正讹误，或解惑释疑，不辞其责，不厌其烦，真真叫人感佩。这里特别需要提到的是，香港贤达高继标先生，读罢拙稿竟兴致勃然，命笔一鼓作气，评点挥洒数千余言，令吾铭感五内矣。今岁审稿期间，中国社科院院士王宁同志于百忙之中，又添一序，玉成之意，实属难得。故而作者戏吟一律以表殷殷情怀：御笔朱批识忠烈，卧龙高手著文心。知音为我从天降，一世因缘两界人。同时，中国红色文化研究会会长刘润为同志，承蒙错爱，不吝珠玑，为拙书题词，亦令人鼓舞。此外，作者播送书稿征求社会各界人士，诸如公务员、教师、商者、律师等众读后意见，无论长幼，也不管文化素养厚薄，均给予一致认同，并纷纷发表恳切之感悟。在此，一并表示最诚挚的谢意。

书名"英雄生死录"五字墨迹，因系方家好友王联生先生所书，甚为快慰。兄弟之情，拳拳之忱，概不在话下了。

作　者

时壬寅仲秋于苦志斋题记